高殿の古代学

豪族の居館と王権祭儀

辰巳和弘著

白水社

辰巳和弘著

高殿の古代学

豪族の居館と王権祭儀

白水社

高殿の古代学

——豪族の居館と王権祭儀

目次

第二章　形象埴輪と古代王権祭儀

第三章　神社建築の創造

第四章　高殿と古代王権祭儀

第一章　古代豪族の居館とその性格

一　「ハレの空間」と「ケの空間」

1　三ッ寺I遺跡の発見

群馬県のほぼ中央、「上つ毛野　伊香保の嶺《ね》ろ」と『万葉集』に歌われ、山上に峨々たる峰を擁して聳える「巌《いか》秀《ほ》」榛名山《はるなさん》は、浅間山とならんで、古来、幾度かの火山活動によって上毛野地方の人々の歴史に大きな影響をもたらした「怒《いか》つ峯《ほ》」であった。その長く関東平野へ延びる裾野の末端近く、群馬郡群馬町の水田地帯の一画に、周囲より一メートル前後高くなった一辺約八五メートルの方形微高地がある。

その微高地は、一部は宅地となっているが、現在なお大半が畑地であり、その地形のゆえに、古くから「島畑」と呼ばれてきた。「島畑」の四周には、周辺一帯の水田面からさらに低く、濠の存在を推察させる水田区画がめぐっており、人工的に造成された土地であることを物語っていた。従来、東国一帯における、このような環濠を伴う方形区画は、古代末から中世における土豪の館跡とみるのが常識であり、「島畑」もそうした遺跡とみられ、三ッ寺I遺跡と名づけられた。

この三ッ寺I遺跡(1)を南北に貫通して上越新幹線が敷設されることとなり、それに伴う発掘調査が、一九八一年から八三年にかけて㈶群馬県埋蔵文化財調査事業団によって実施された。

調査の進行にしたがって、当初の予想よりもかなり古い、古墳時代中期後半〜後期の掘立柱建物跡・竪穴住居跡・

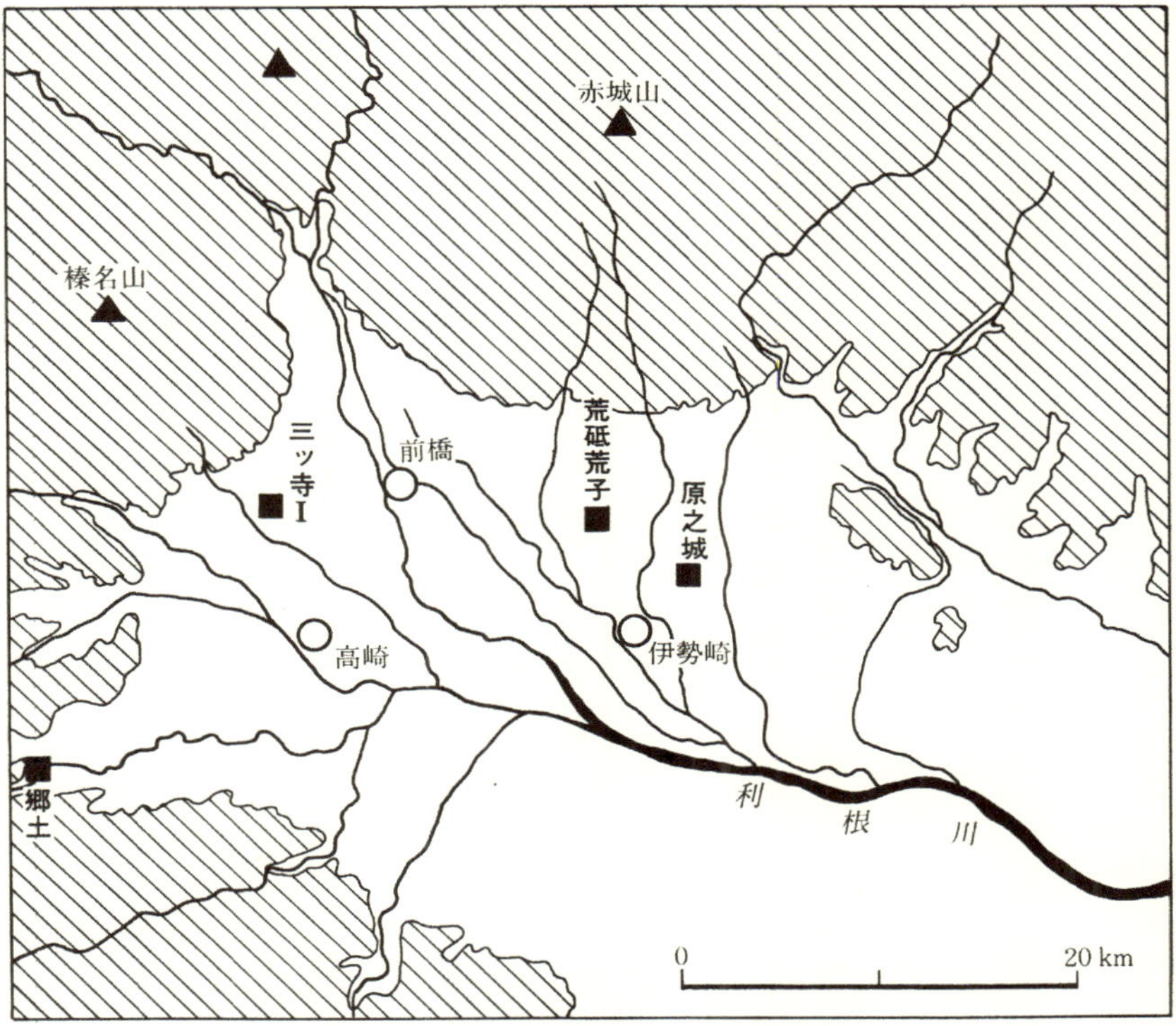

図1　群馬県における主要な豪族居館遺跡

祭祀遺構や、それらを囲繞《いにょう》する幾重もの柵列、さらには、これら諸遺構群のある微高地（「島畑」）を取り囲む最大幅四〇メートルにもおよぶ大規模な濠などが検出され、従来知られることのなかった、古墳時代における首長の居館の存在とその実態を明らかにし、古代史研究に多大な成果をもたらした。

　三ッ寺I遺跡は上毛野の地の一画に存在する居館遺跡であり、おそらく在地の、いわゆる地方豪族の居館跡とみることができるが、同遺跡の発掘調査以来、全国で三〇余ヵ所にのぼる古墳時代居館遺構が明らかにされたにもかかわらず、同遺跡以上に大規模で、計画的かつ整備された遺構配置を示す遺跡が明確でない点を考慮すると、同遺跡は上毛野地方最大の勢力をもつ有力首長の居館であり、最も完成した居館の姿を示すものであると認識できる。以下、三ッ寺I遺跡の調査結果を中心としつつ、古墳時代の居館がもつ諸性格と、そこから明らかになる首長像を究明してゆくことにしたい。

2　水利・水運の支配者

三ッ寺I遺跡の発掘調査は、居館部にあたる前述の微高地について、その西寄り部分を中心に実施された。まず一辺約八五メートル四方の広さをもつこの方形微高地の四周には、地形から推察されたとおり、幅約三二〜四〇メートル、深さ三〜三・七メートルという大規模な濠が巡らされ、この濠の掘削によって生まれた約一万立方メートルにもおよぶ大量の排土を内側の方形部分に盛土利用することによって、周辺の土地よりも約一メートル近くかさ上げして居館用地を造成していたことが明らかとなった。また居館の建設にあたり、居館の中心軸（後述）を西北西―東南東方向にとり、それを基準としてすべての建造物の配置がなされたようであり、それは現在猿府川と呼ばれている小河川の流路を居館の北濠としてとり込む必要性から決定されたとみられる。すなわち、榛名山の裾野を西北西方向から流れ下る猿府川の流路をそのまま北濠として活用しようとしたのである。

居館をとり囲む濠の内側斜面には、濠の底から、かさ上げされた上辺に至るまで、榛名山麓一帯に分布する角閃石安山岩の河原石のみを使用した石垣が、最大傾斜角六五度にもおよぶ急傾斜面をなして築かれている。こうした大規模な石垣施設は、他の居館遺跡には認められない遺構である。斜面に石垣を築く点では古墳の葺石《ふきいし》に共通しているが、その構築法は異なり、石を水平に並べて段積みを行ない、石と石の隙間にシルト質の土を詰め込む手法を用いている。ただし、この石垣構築法は、三ッ寺I遺跡の北西約〇・八キロに築かれた、居館と同時期の前方後円墳、二子山古墳や八幡塚古墳の葺石とは共通した点があり、居館とその経営者の奥津城《おくつき》の関係を知るうえで興味深い。

居館の四辺は直線ではなく、調査がなされた西辺に二ヵ所、南辺に三ヵ所、濠に向かって突出した張出部があり、

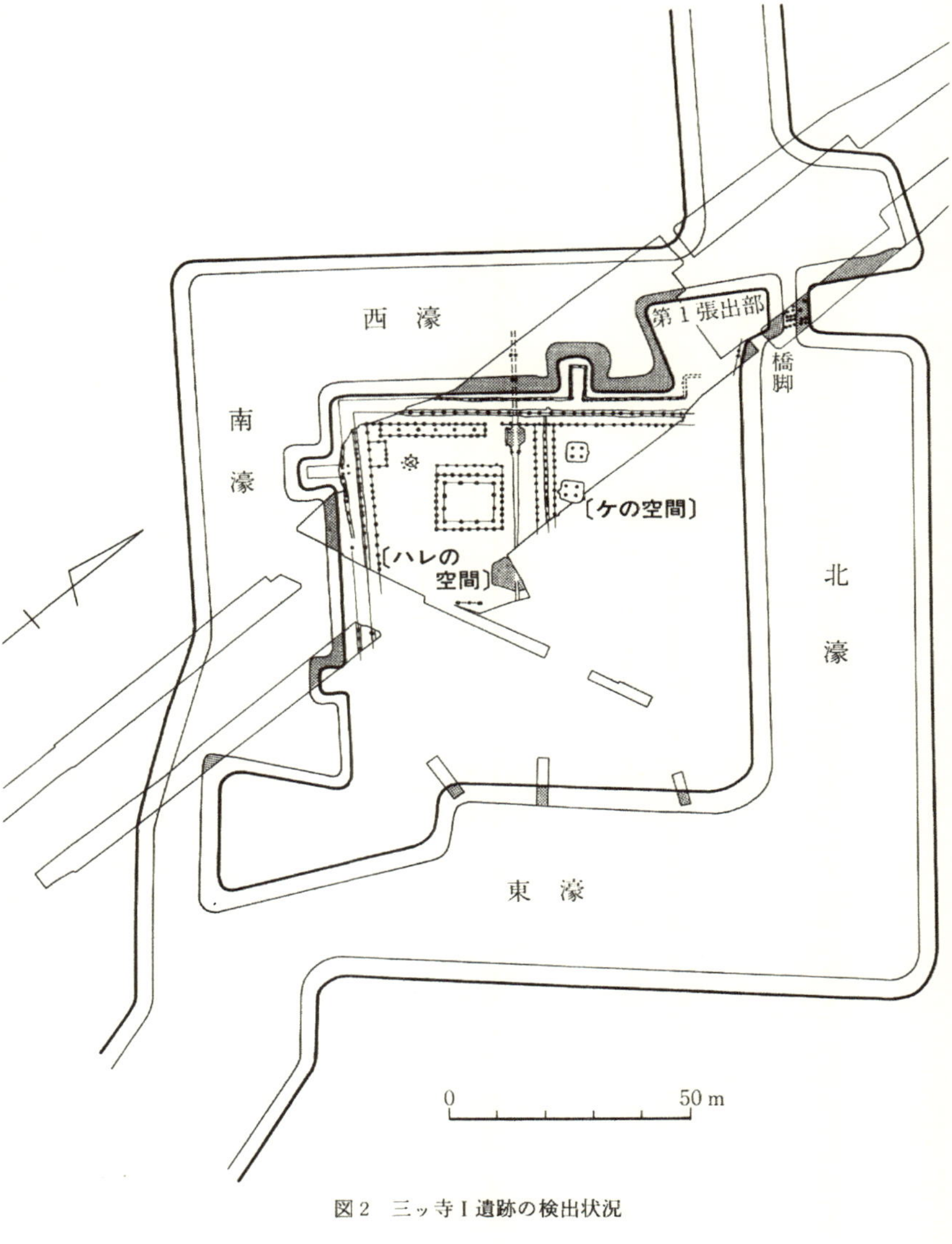

図２　三ッ寺Ｉ遺跡の検出状況

写真１　濠の外からみた三ッ寺Ｉ遺跡

それは濠を渡って侵入しようとする敵に対して矢を射掛けたり、物見などをする防禦機能を主とした施設であったとみられる。居館の東辺と南辺にも同様の張出部の存在が推定できる。張出部のうち北西隅角部に位置する西辺第一張出部は最も大きく、濠に向かって拡がるように張り出しており、居館の北辺に、濠の外側から延びてきた狭長な張出部と対峙して、濠の幅を極端に狭めて（約七メートル）つくられている。その底から四列の直立する柱列が検出されたことから、ここに橋が架けられ、第一張出部に門などの入口施設が設けられていたと考えられる。

濠には上述したように小河川を流入させており、西辺第一張出部の橋を架けた濠幅の狭い部分は、濠に流れ込む小河川の正面にあたり、そこからは橋脚の基部とともに堰《せき》とみられる杭列が検出された。さらにこの部分の底面は多少高くなっており、石を張って補強していたらしく、濠の外側北岸から張り出した狭長な張出部とともに、四周の濠全体に水を巡らして水位を保つための丁寧かつ堅固な工法が観察できる。なお、濠の水位は約一メートル程度と推察されている。

西辺第一張出部の南側には西辺第二張出部があり、この両張出部の間は、水流の影響を直接には受けない小規模な入江となっている。この入江に面した第一張出部の付け根は、石垣の一部が段状をなしており、ここに桟橋を設けたり、あるいは直接に船を着けたことが推察でき、河川水運を考慮することも必要である。本遺跡から出土する、埼玉県南比企窯跡群や愛知県猿投窯跡群、大阪府陶邑窯跡群などで生産されたとみられる須恵器も、水運を利用して搬入されたのであろう。河川の流路をそのまま濠に取り込んだこの館の居住者は、そうした河川水運を掌握するとともに、当該の河川流域一帯を政治的に掌握した首長であったとみられる。

居館用地の盛土造成にあたっては地鎮祭祀が行なわれたようで、盛土層内や石垣の裏込めから祭祀遺物である滑石製の勾玉・臼玉・剣形・有孔円板が出土している。

3　居館にみる二つの性格

濠に囲まれた居館内は、さらに、濠に沿って巡らされた二〜三重の柵列に取り囲まれ、その内部は同様の二〜三重の柵列（中央柵列）によって南北に二分されているが、この中央柵列は居館の中軸線上に位置している。便宜上、中央柵列によって二分された居館内の区画を、北区・南区と名づけて論をすすめたい。この両区画内に存在する遺構群を比較すると、そこには実に瞭然とした性格の違いをみることができ、筆者は古墳時代の首長像を分析する鍵がそこにあるとみている。

まず居館の入口[2]（西辺第一張出部）を含む北区には、調査範囲はごく小規模ながら、南区との境をなす中央柵列に沿って二戸の竪穴式建物があり、その前面には広場があって、この広場が館の門に通じるらしい。竪穴式建物は、その一辺に竈《かまど》が造りつけられた、古墳時代中期後半以降の一般的な住居であり、中央柵列に沿ってさらに数戸の住居跡の存在が想定できる。また第一張出部上には青銅の精錬を行なった工房とみられる一戸の竪穴式建物がある。上述したように、第一張出部の基部付近に水運に伴う施設が存在したことも注目される。調査によって明らかになったこのような遺構からみて、北区はこの館を営んだ首長とその一族の日常生活の場であったと考えられる。北区の調査はごく一部が実施されたにすぎず、残された部分には、首長自身の日常生活を行なう大型竪穴式建物や高床倉庫などの存在が予想される。

他方、中央柵列によって区画された南区は、ほぼその西半部が調査され、調査地区の中央部に、この居館の正殿と

写真2　三ッ寺Ｉ遺跡の正殿跡

みられる大型掘立柱建物が検出された。上屋三間×三間、下屋八間×八間の桁行一四・一メートル、梁行一二・一メートルの規模をもつこの建物は、その東側にひろがる広大な空間地に面しており、背後には庇《ひさし》が付設されている。

この大型掘立柱建物の周囲から検出された諸遺構は、正殿としての当該建物の性格を決定づけるうえで大きな役割を果たした。それは二基の石敷遺構と、その両者を貫いて掘られた溝状遺構、さらに一基の井戸である。

石敷遺構は正殿の北西隅と北東隅の方向、正殿と中央柵列の間に位置し、いずれも不整六角形に浅く掘り下げた中に拳《こぶし》大の河原石を敷きつめたものである。この両石敷遺構のほぼ中程を、正殿北辺に平行して掘られた溝状遺構が通っており、その部分には石敷がみられない。これらの諸遺構からは子持勾玉・勾玉・臼玉・剣形などの滑石製模造品や、多数の土師器高杯《たかつき》や杯《つき》が細片となって出土し、両石敷遺構が祭祀場であったことを物語っている。さらに石敷遺構と溝状遺構は同時期の遺構であり、石敷遺構での祭祀にこの溝状遺構が何らかの機能を果たしていたことは間違いない。

この溝状遺構は正殿北東隅にある石敷祭祀場を貫いてさらに西へ延び、館を囲む柵列で西端となるが、その延長線上にあたる石垣の基部近くと濠の底には、それぞれ一対の橋脚状の柱が遺存していた。しかし、この柱が正殿の背後にあたること、柵列と溝状遺構の延長線の交差部分に門などの施設が認められないこと、さらにそれぞれの柱がいずれも内傾して立てられている点などから、これを橋脚と考えるには無理があるものの、祭祀場を貫く溝状遺構の延長線上に位置することから、両者は密接に関連した施設に伴う遺構であると考えられる。

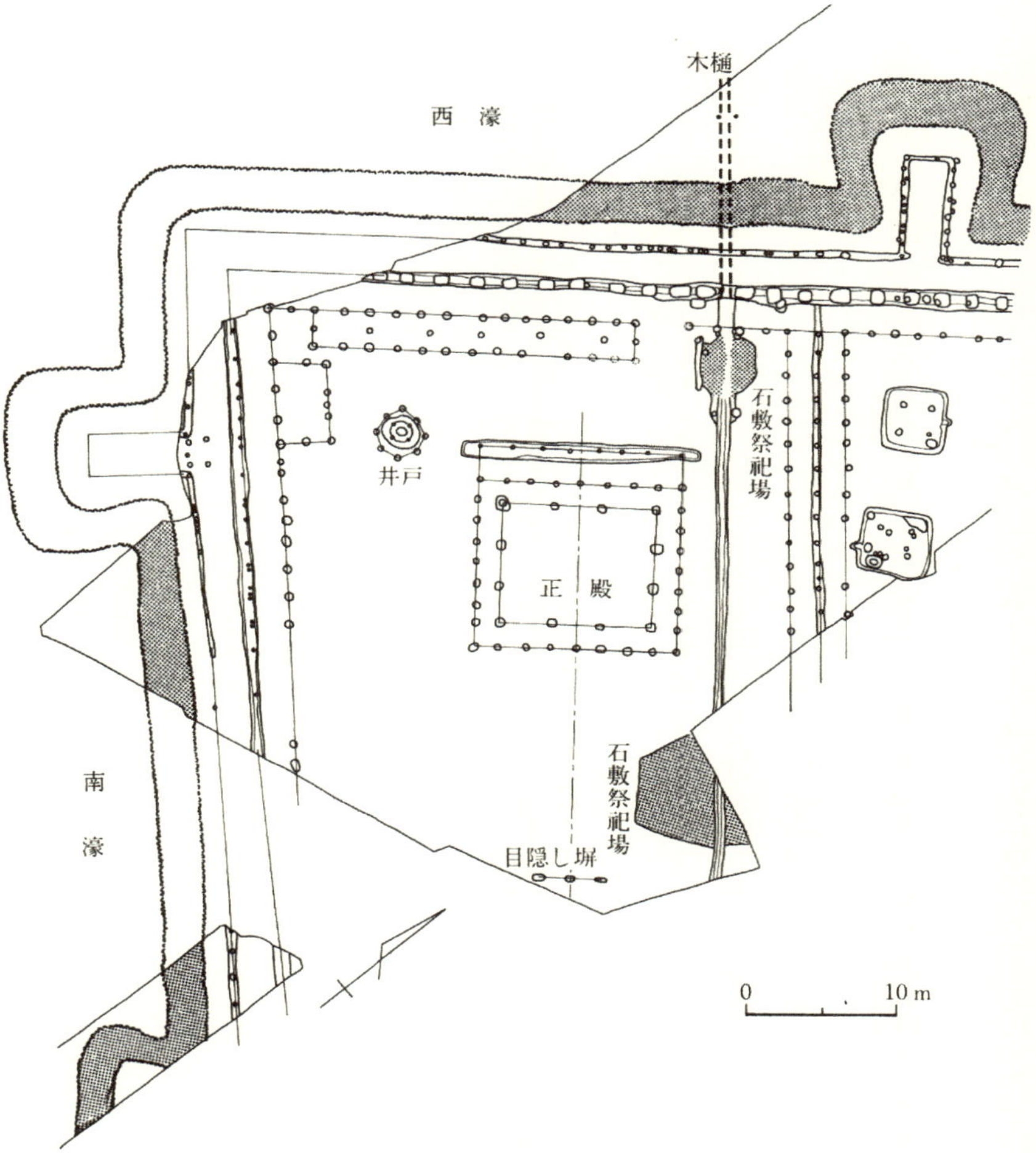

図3 三ッ寺Ⅰ遺跡の「ハレの空間」

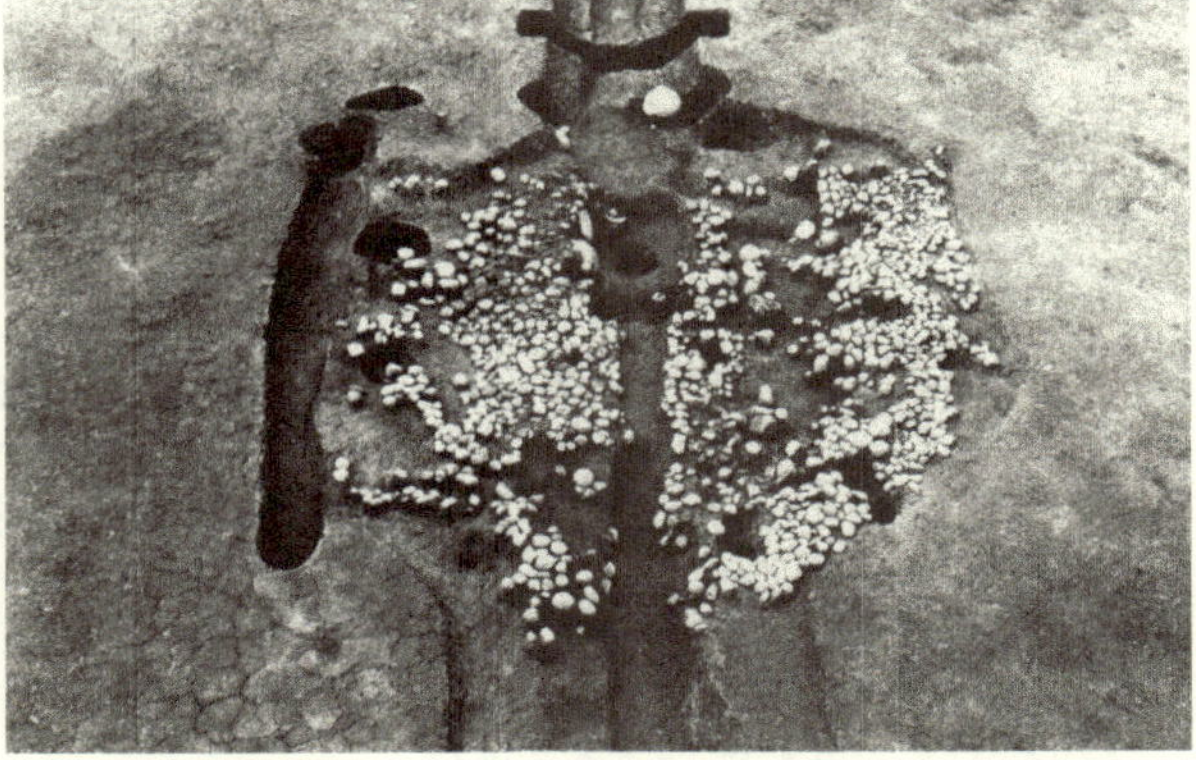

写真3　三ッ寺Ⅰ遺跡の石敷祭祀場

筆者はこうした検討に基づいて、この二対の橋脚状の柱は、祭祀場を貫く溝状遺構へ水を送るための木樋とその先端に付設された揚水施設を架けるための基礎で、木樋は柵の間をぬけて、溝状遺構に水を落とすように設計されていたという予察を発表した。(3) はたして後に刊行された本報告書(4)は、橋脚状の柱の基部近くから木樋の部材が出土したことを報じている。報告者は木樋を利用して濠の外から居館内に水を供給したとみているが、筆者はその可能性を否定しないものの、濠の水を揚水施設（水車など）によって汲みあげ、木樋を利用して石敷祭祀場へと供給していたとみる点で異なっている。いずれにせよ、流水が石敷祭祀場での祭儀に大きな役割を担っていたことは明らかであり、首長による禊《みそぎ》・沐浴《もくよく》の儀礼が行なわれていたのであろう。

なお、同様の祭祀施設は大和における地域首長の居館とみられる上之宮遺跡(5)（奈良県桜井市・六世紀後半）からも検出されており、両者についての検討は本章第三節で詳細に行なうことにする。

正殿に隣接するように検出されたもう一つの遺構である井戸は、正殿西南隅近くに位置し、二つの石敷祭祀施設とは正殿を中にして対照的な位置を占めており、上述したような石敷遺構と溝状遺構の祭祀的性格を考慮すれば、この井戸が日常生活に伴う単なる水汲み場でないことは容易に想定できる。日常に必要な水を汲みあげる井戸は、おそらく上述した北区（日常生活の場）の一画に掘削されているであろう。また居館の四周には河川をとり込んだ濠が巡っており、この水を利用することもできたであろうから、あえて井戸を掘る必要はなかったかもしれない。南区の井戸は直径（上端部）約一・五メートル、深さ三・五メートルで、底に杉材による刳抜《くりぬ》き合せ口の井戸枠が据えられ、上に八本柱の覆屋《おおいや》を設けるという、当時の井戸としては規模も大きなもので、特別な性格の井戸であることが窺える。さらにこの井戸には排水のための施設も認められず、いっそう非日常的な性格を濃厚にしている。さきに述べた石敷祭祀施設とともに正殿を囲む位置にあることも重視すべきであり、この井戸が石敷祭祀施設と相互に関連して、正殿を中心として執行される祭祀や儀礼に重要な役割を果たしていたことが推察できる。大地から常に湧きあふれ出る井水の生命力と永遠性は首長権の象徴であり、その水こそは地霊や国魂の表象にほかならない。それゆえに井水は聖水として祭祀の対象とされ、首長の執行する祭儀には欠かせないものであったと考えられる。本章第三節で詳述するように、『古事記』『日本書紀』や『風土記』のなかに地域首長による大王への服属伝承としての聖水供献説話が散見されるのも、その傍証となるであろう。まさに「水の祭儀」こそ三ッ寺I遺跡を営んだ首長にとって首長権執行のうえで重要な儀礼であったことが、その調査成果から分析できる。

正殿の前面には広い空間地がひろがり、首長が執行するマツリゴト（祭事・政事）のための公的な儀礼の場であったと考えられる。またその空間地を隔てた正殿の正面には、三つの柱穴が一・三メートルの等間隔で並んでいる。しかもその中央の柱穴は、正殿の棟行に直交する中心線の延長上に位置し、計画的に正殿の正面に配置された施設であったことがわかる。その施設は、正殿およびその前面にひろがる儀式空間を隠すための、いわゆる目隠し塀であったとみられ、さらにその前面（東側）には、このマツリゴトの場への入口である門の施設が配置されていたと想定できる。

この目隠し塀は下野国庁跡（栃木県栃木市）、払田柵跡《ほったさく》（秋田県仙北郡仙北町・千畑村）、志波城跡《しわ》（岩手県盛岡市）などの律令期の官衙《かんが》政庁跡とみられる遺跡でも確認されるだけでなく、平城宮第二次朝堂院朝庭域から検出された大嘗宮《だいじょう》の南門および北門にもその存在が認められ(6)、三ッ寺I遺跡の南区が聖なるマツリゴトの場であったことを証明するとともに、目隠し塀が律令期よりもはるかに起源を遡ることを示している。聖なる空間や施設を隠そうとする古墳時代の思想については、第三章第二節で詳述する。

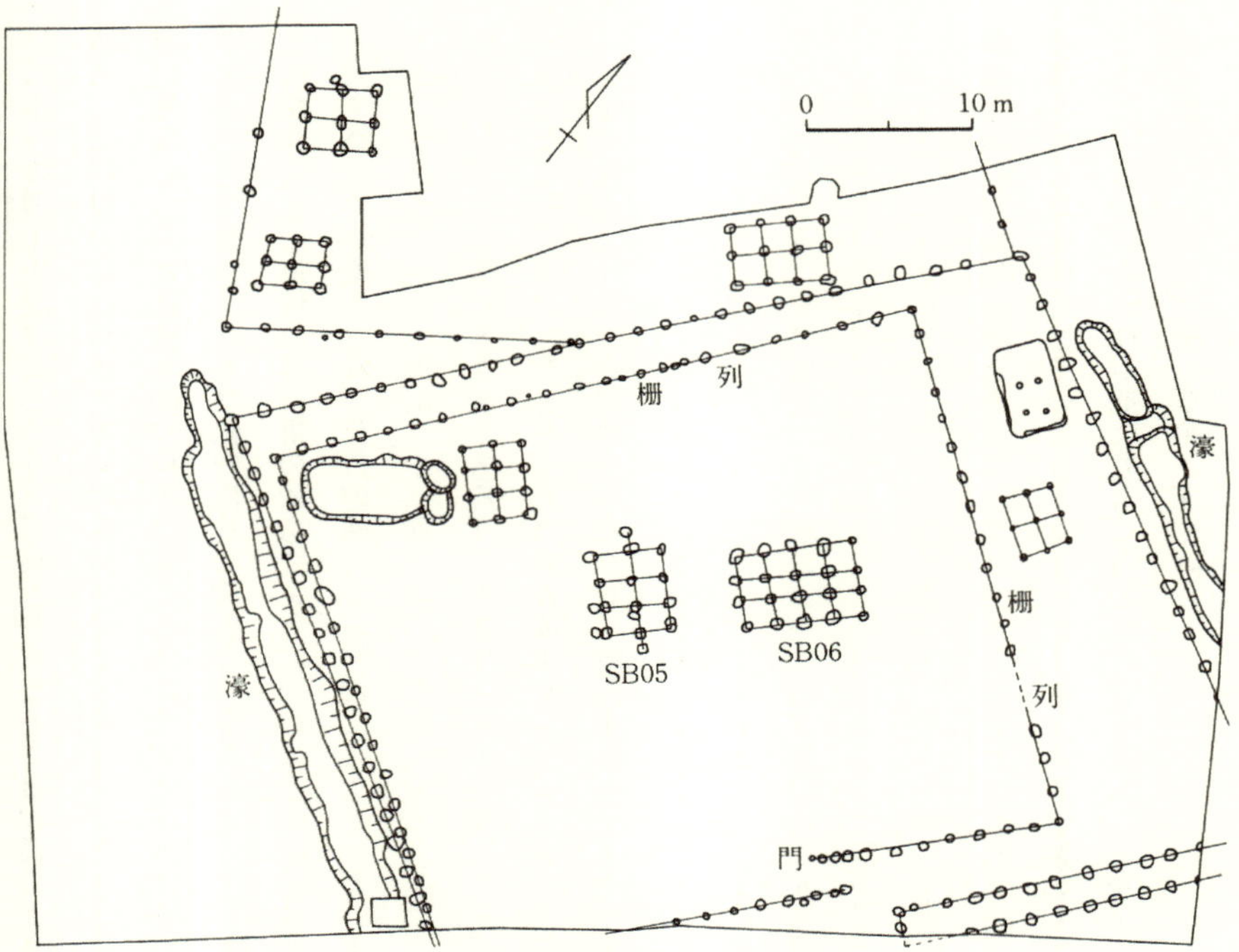

図4　松野遺跡の「ハレの空間」

このように、中央柵列によって分割された居館の二つの区画は、まったく対照的な性格をもった空間であることがわかる。すなわち南区は首長がマツリゴトを執行する公的な空間、すなわち古代地域王権執行の場であり、北区は首長一族の日常生活にかかわる私的な空間であった。換言すれば、前者は「ハレ（晴）の空間」であり、後者は「ケ（褻）の空間」にあたる。一つの居館が厳密に機能分割されていたのである。

4　居館の諸相

このような居館内の分割利用を類推させる例として、松野遺跡（兵庫県神戸市）、荒砥《あらと》荒子《あらこ》遺跡（群馬県前橋市）、小迫辻原《おさこつじばる》遺跡（大分県日田市）などがある。

松野遺跡(7)は一重あるいは二重の柵列に囲まれた掘立柱建物群を中心とする居館遺跡で、三ッ寺Ⅰ遺跡とほぼ同時期に営まれている。外側の柵列は幅約五〇メートル、奥行約四〇メートルの範囲をとり囲み、内側の柵列は幅約四〇メートル、奥行約三三メートルを測る。内側の柵列は館の後半期に設けられたようである。柵に囲繞された中央には、桁行三間・梁間二間で南北棟をもち棟持柱が妻側の壁から離れて直接に棟を支える建築様式の掘立柱建物SB〇五がある。SB〇五のすぐ東隣りからは、東辺部に一間幅の露台を付設した三間四方の掘立柱高床式建物SB〇六が検出された。SB〇五は棟持柱をもつ点から切妻型屋根の建物で、SB〇六は入母屋型屋根と露台を復原できる高床式建物と考えられ、本章第四節で詳述する家屋文鏡に表現された首長居館正殿とみられる建物に、きわめて似かよった外観を想定することができる。この二棟の建物を復原した宮本長二郎(8)は、SB〇五に、「建築的に伊勢神宮本殿の祖型とも云える形式をもつ点から、神殿的な性格の建物である可能性を与え」ており、SB〇六については「祭式儀礼に際して主宰者の居所であり、直会殿ともなった」建物と考え、両建物を中心とする柵列で囲まれた空間に祭祀場的性格を付与している。

SB〇五・〇六と、入口施設をもった南辺柵列との間には、柵列で囲繞した全空間の約半分の面積を占める広場があり、その正面中央にSB〇五が位置することとなる。南辺柵列のやや東に偏した位置にある入口施設は、それぞれ東と西から延びてきた柵列が約一・八メートルの間隔を保ちつつ約四メートルほど並行して終わっており、広場に至るには東から西の方向へと進まなければ入れない構造となっている。これは三ッ寺I遺跡の目隠し塀と同じように、外から直接には柵列の中の空間を見ることができない仕組みである。

こうした二棟の中心建物とその前面にひろがる大きな広場、さらには外から直接に内部を見ることのできない入口構造をもった柵列などの遺構群からみて、この施設もまた首長居館の「ハレの空間」に該当することは間違いなかろう。

一方、この「ハレの空間」の背後には、外側柵列と一部を共有する一重の柵を巡らしたもう一つの空間の一部が発掘された。柵列内からは、柵列に沿って二間×二間の総柱の掘立柱建物跡二棟と、二間×三間の建物跡一棟が検出さ

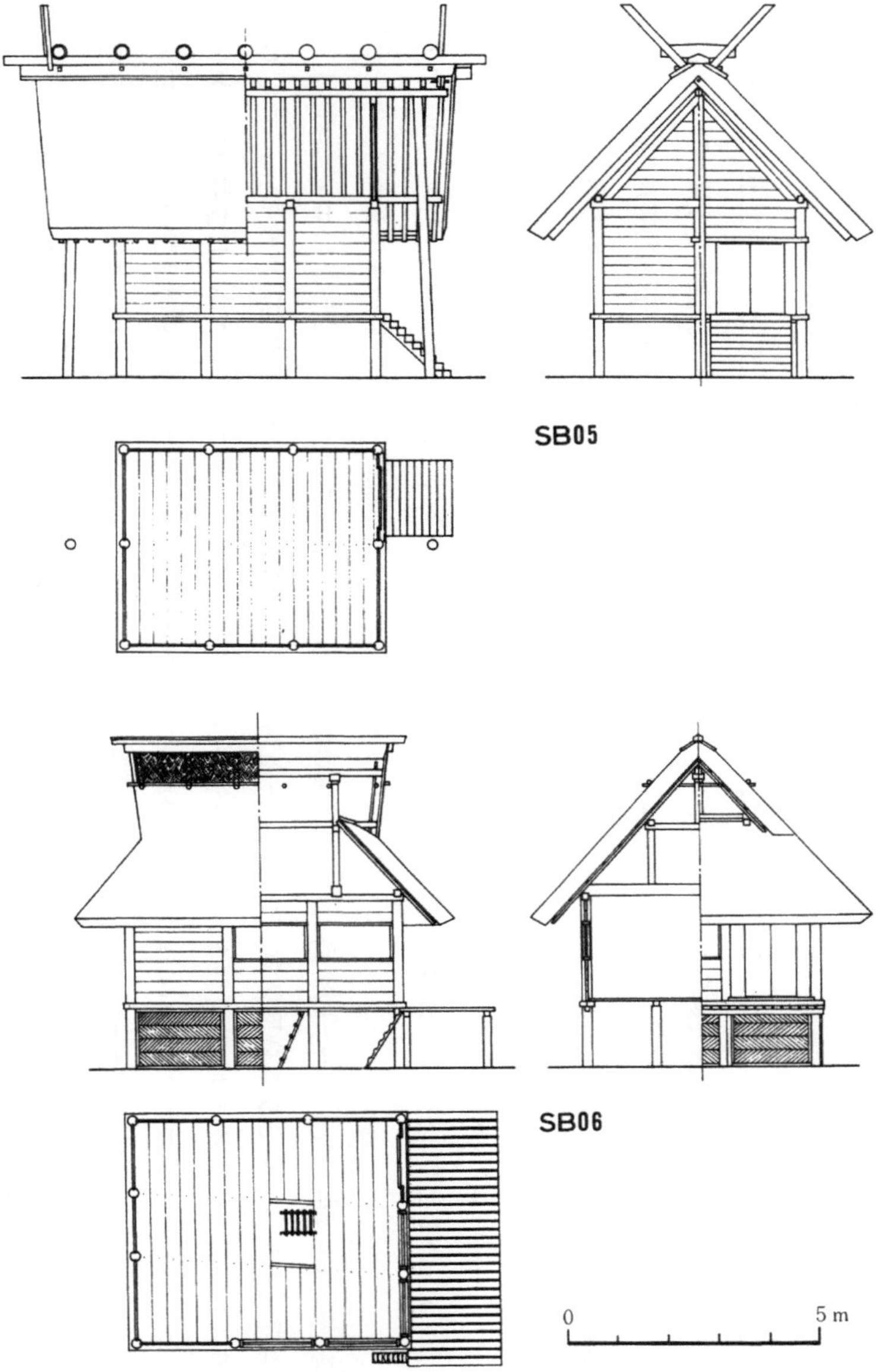

図5　松野遺跡の祭儀用建物復原図（宮本長二郎による）

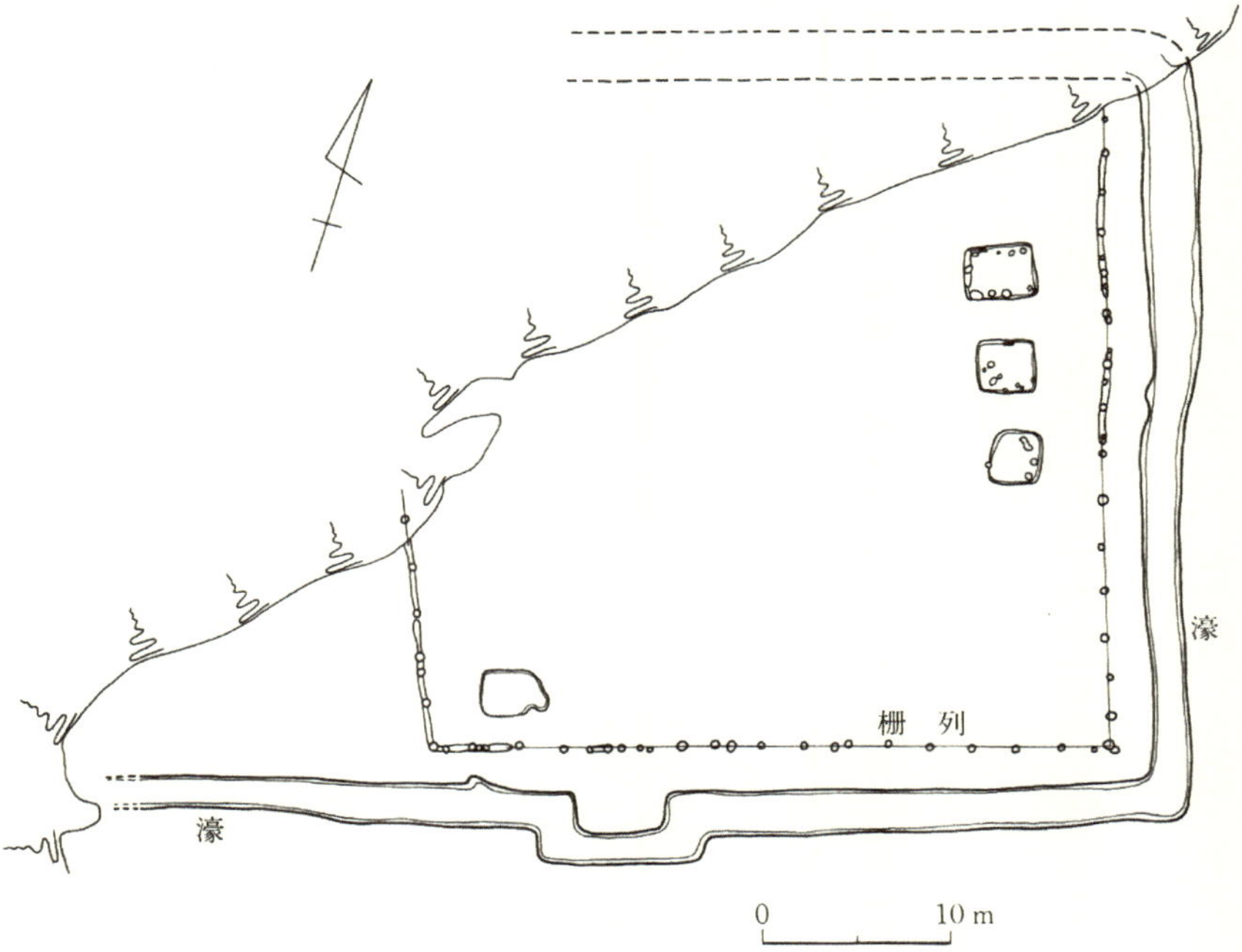

図6　荒砥荒子遺跡の居館遺構

れており、いずれも高床倉庫跡と考えることができ、この区画は首長の居住する「ケの空間」に比定できる。

荒砥荒子遺跡[9]は三ッ寺Ⅰ遺跡から約一七キロ東の赤城山麓に位置し、五世紀中・後葉に経営された居館遺跡である。東西六〇～七〇メートル、南北約四五メートルの矩形を、幅約二・五メートル、深さ四〇センチ前後（現状）の濠で画しており、南辺に幅五メートル、長さ約二メートルの張出部が付設されている。濠に区画された範囲の東寄りに、東西約三六メートル、南北約三四メートルの正方形に近い柵列を巡らした区画がある。その内部には、東辺柵列に沿って二戸の竪穴式建物と一戸の竪穴状遺構があり、柵列の西南隅に一戸の竪穴状遺構があって、両者の間にはかなり広い空間が存在する。

濠で囲まれた居館内の、方形柵列の外側（居館西寄り）の過半は、後世の河川による

写真４　小迫辻原遺跡２号区画の濠と柵列（布掘り）

侵食によって流失しており、遺存地域からは、居館にかかわる明確な遺構は検出されていない。しかしこの方形柵列外の面積は居館全体の約三分の一を占めると想定でき、居館において何らかの機能をもっていたことは確かであろう。柵列内外の両空間ともに、その機能を分析するうえで特徴ある遺物の出土はないものの、柵に囲繞された空間と、柵を巡らさない空間の並存は、両者の間に機能や性格のうえで大きな相違があったことを示しており、三ッ寺Ⅰ遺跡や松野遺跡の検討結果からみて、この居館内にも「ハレの空間」と「ケの空間」が並存した蓋然性は高いといえる。しかし両区画のいずれがいずれの性格を有するかを特定することは、遺構の遺存状況や遺物のうえで両区画に差を認めることができない以上、困難である。

小迫辻原遺跡[10]は、大分県の山間部、日田市の丘陵上に位置する古墳時代前期前半の居館跡である。この遺跡では、二基の環濠をもつ方形区画が約二メートルの間隔をおいて、東西に並んで検出された。東側の一号区画は、幅二・五〜三メートル、深さ一・五メートルの環濠をもつ、一辺四七メートルの正方形プランをもち、区画内の南半分が調査され、三間×二間以上の平面形をもつ掘立柱建物跡一棟が検出された。その西に接する二号区画はやや小規模で、一辺三七メートルの正方形プランを有し、幅一・五〜二メートル、深さ一・五メートルの環濠をもち、濠の内側約二メートルのところに柵を巡らしている。区画内の調査面積は少なく、明確な建物遺構は検出されていない。この両区画は同時期の遺構とみられており、方形区画の面積と柵の有無が、遺構からみた両者の明らかな相違点である。

さきに検討した荒砥荒子遺跡では、濠を巡らした居館の敷地内が、柵列で囲まれた地区と柵を巡らさない地区に分

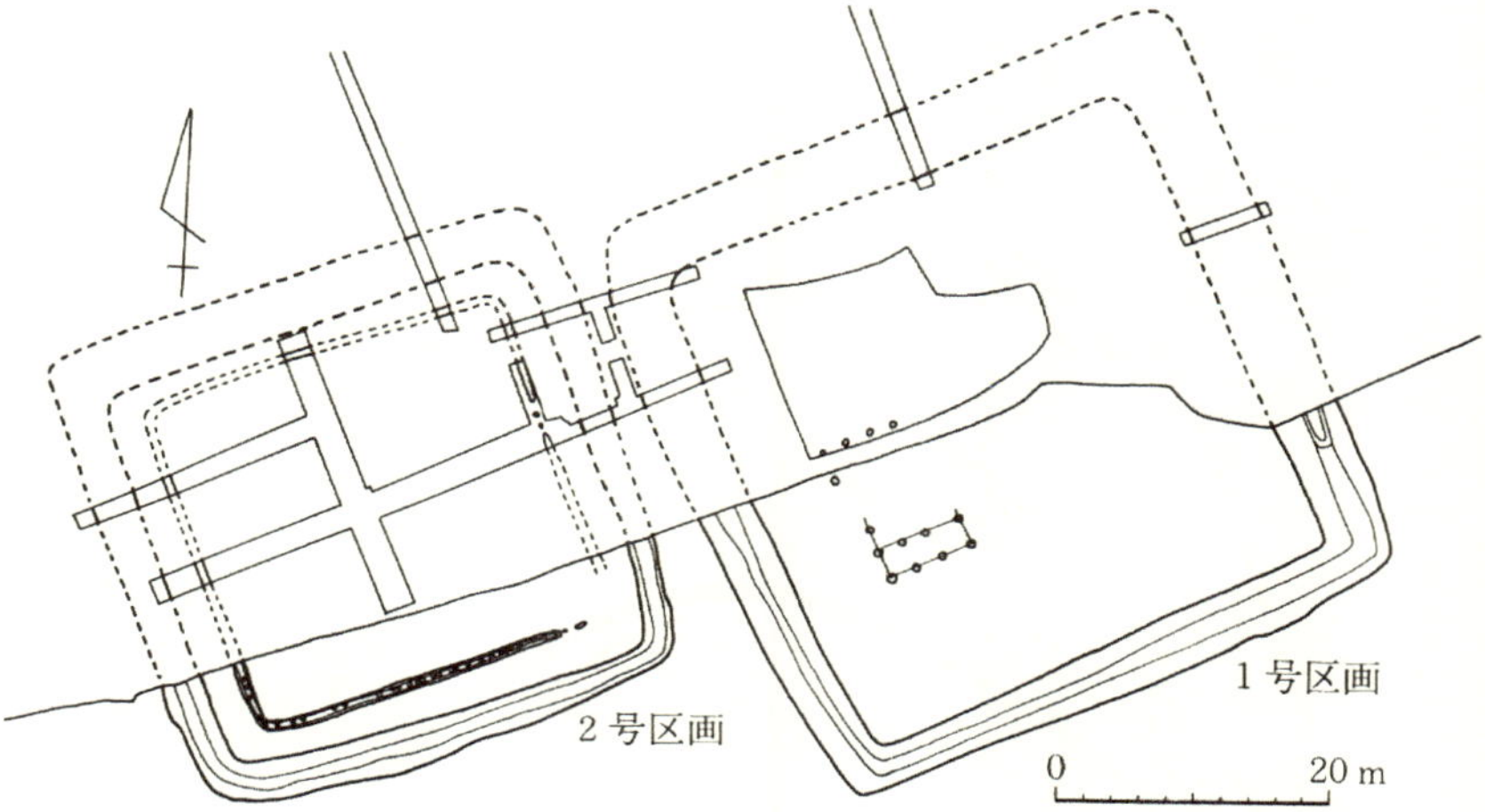

図7　小迫辻原遺跡の居館検出状況

割できることを指摘し、三ッ寺Ⅰ遺跡で分析した首長居館の「ハレの空間」と「ケの空間」に関連づけた（柵列の有無がいずれの空間の性格にかかわるかはさらに検討する必要がある）が、小迫辻原遺跡については、その両空間がそれぞれ環濠によって独立した存在であったと理解できよう。もとよりこの両地区が約二メートルというきわめて短かい距離しかおいていない点は、両地区が有機的に関連しあっていたことを推察させ、両地区に挟まれた未調査部分に、両地区を関連づける遺構が存在することも期待できる。この小迫辻原遺跡は、古墳時代前期前半の段階で、すでに九州の山間部にも「ハレの空間」をもつ豪族居館が出現していたことを語っており、大和や河内地方など当時の政治中枢部については、より整備された居館の存在が予測できる。

5　居館の発生

『魏志』倭人伝は次のように記している。

倭国乱れ、相攻伐すること歴年、乃《すなわ》ち共に一女子を立てて王となす。名づけて卑弥呼という。鬼道に事《つか》え、能《よ》く衆を惑わす。年已《すで》に長大なるも、夫婿なく、男弟あり、佐けて国を治む。王となりしより以来、見るある者少なく、婢千人を以て

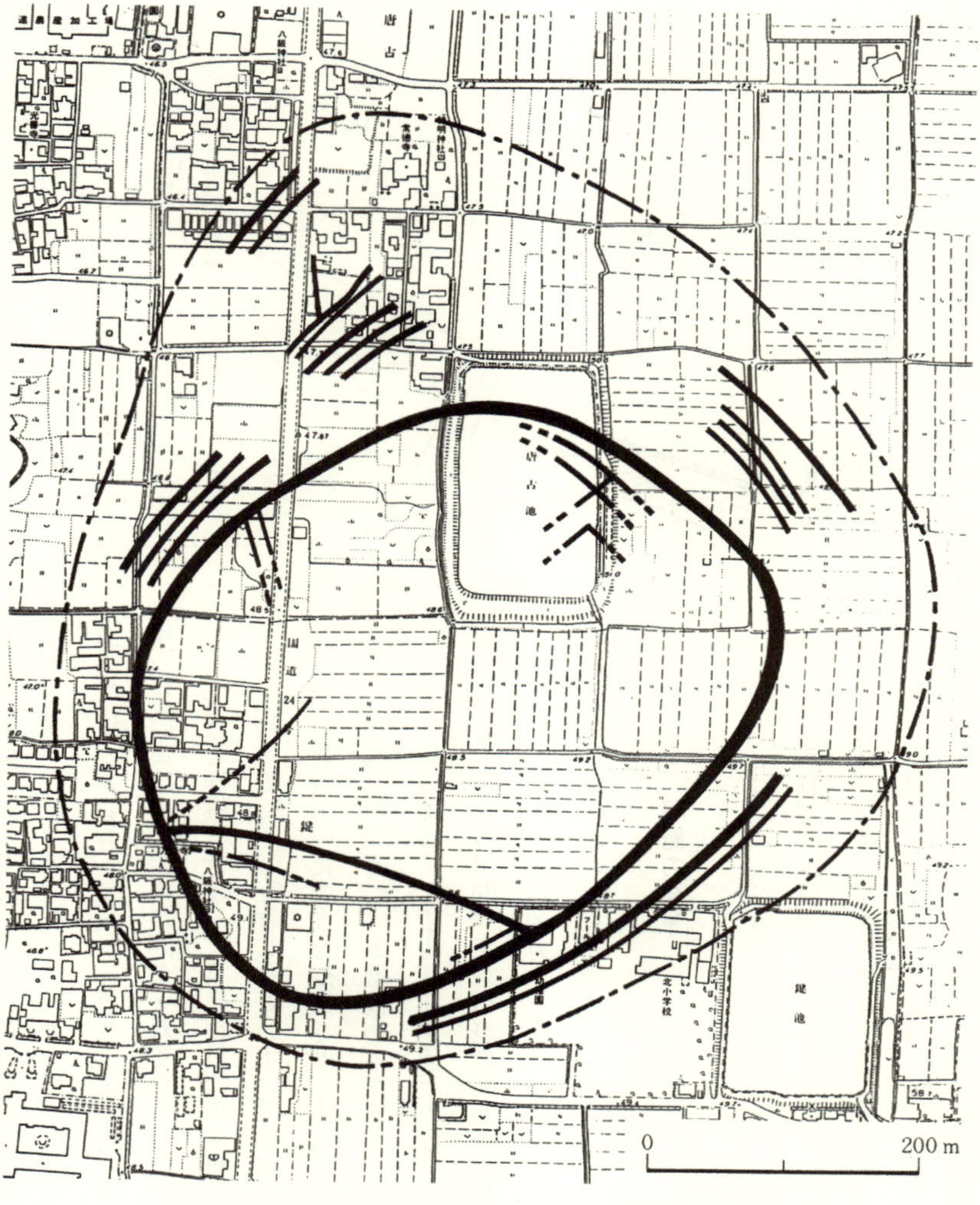

図8　環濠を巡らした弥生時代の集落（唐古・鍵遺跡——弥生中期段階）

自ら侍せしむ。ただ男子一人あり、飲食を給し、辞を伝え居処に出入す。宮室・楼観・城柵、厳かに設け、常に人あり、兵を持して守衛す。

これには、卑弥呼の居住する地域に宮室・楼観があり、城柵によって区画されていたことが記されるとともに、一般の共同体成員が卑弥呼を目にすることがなかった状況が示されている。すなわち、卑弥呼の居所は城柵によって一般集落とは隔絶していたと考えられる。しかも卑弥呼はそこにおいて「鬼道に事え、能く衆を惑わ」した（鬼道に従事し、人々の心をとらえ、おさめることができた）[11]という。卑弥呼はこの区画の中でマツリゴトを行ない、日常の生活も行なったのである。すでに古墳時代の豪族居館の形態がここに窺えることに注目しなければならない。

写真５　唐古・鍵遺跡の環濠

弥生時代には板付遺跡（福岡県）、池上遺跡（大阪府）、唐古・鍵遺跡（奈良県）などの例にみるように、多くの集落にはいずれも環濠が巡らされていた。灌漑をはじめとする土木工事などを行なううえでの政治的統率者としての、また農業祭祀の司祭者としての首長によるマツリゴトの場も、その住居とともに集落内の一画に含まれていた。そして環濠の外には生業の場である水田と、首長をはじめ共同体成員の墓域が展開していた。

やがて生産力の向上とともに、可耕地や水利権などをめぐる集落間の対立・抗争（倭国の大乱）を通して、より大きな範囲の統一が有力な集落とその首長によって行なわれる。その結果、政治的支配・被支配の関係を含む、新しいタイプの地域共同体が生み出されてくるとともに、集落のまわりを巡っていた環濠は姿を消す。他方、そうした新たな形での地域支配をせまられた首長は、政治力・軍事力、さらには神話の創出に裏打ちされた多様な祭祀（もとよりそれは前代からの農業祭祀の延長線上にある）によって首長権の維持をはかった。地域王権の成立である。そうした首長の共同体成員からの隔絶を示すかのように、首長のマツリゴト（祭事・政事）の場「ハレの空間」が明確化され、首長の日常生活の場「ケの空間」とともに、濠や柵に囲繞された姿で出現してくる。首長の墓も共同体成員とは区別され、かつ巨大化し、王権神話の創出にともなって葬送も儀礼化をいちだんと強め、従来みられなかった新しい墳形を採用した巨大首長墓（前方後円墳・前方後方墳）が出現する。したがって豪族居館の成立は、前方後円墳や前方後方墳の出現と軌を一にしており、ここに古墳時代が始まると筆者は考えている。

次に、豪族居館にみる二つの性格が、三ッ寺Ⅰ遺跡や松野遺跡に続く六世紀段階にはどのような変化をみせるかについて検討したい。

6　居館の変質と豪族

居館の占める面積において三ッ寺Ⅰ遺跡を凌駕する原之城《げんのじょう》遺跡（群馬県伊勢崎市）[12]は、六世紀中頃を中心として上毛野地方の平野部に経営された居館跡である。それは幅約二〇メートル、深さ約一・五メートルの濠を巡らした、東西一〇五メートル、南北一六五メートルの不整長方形の空間であり、南辺中央に土橋を設けて入口としている。土橋の両側には、それに平行して濠への張出部があるが、それは土橋から侵入しようとする敵の防御機能をもった横矢掛の施設とみられる。また濠にそって土塁や柵が巡らされている。土橋の両側の横矢掛の他にも居館の各辺に一〜二ヵ所、張出部が設けられているようで、居館造営の土木工事が荒砥荒子遺跡・三ッ寺Ⅰ遺跡の系譜をひくものであることを示している。

居館内には幅約二メートル、深さ約一・五メートルの溝（中溝と呼称）が北西寄りに屈曲して掘削されており、居館内がこの溝によって二つの地域に分割使用されていたとみられる点は上述した各遺跡と共通する。しかし中溝で区画された両地域の性格は、三ッ寺Ⅰ遺跡や松野遺跡例と大きく異なっている。すなわち中溝で区画された北西側の地

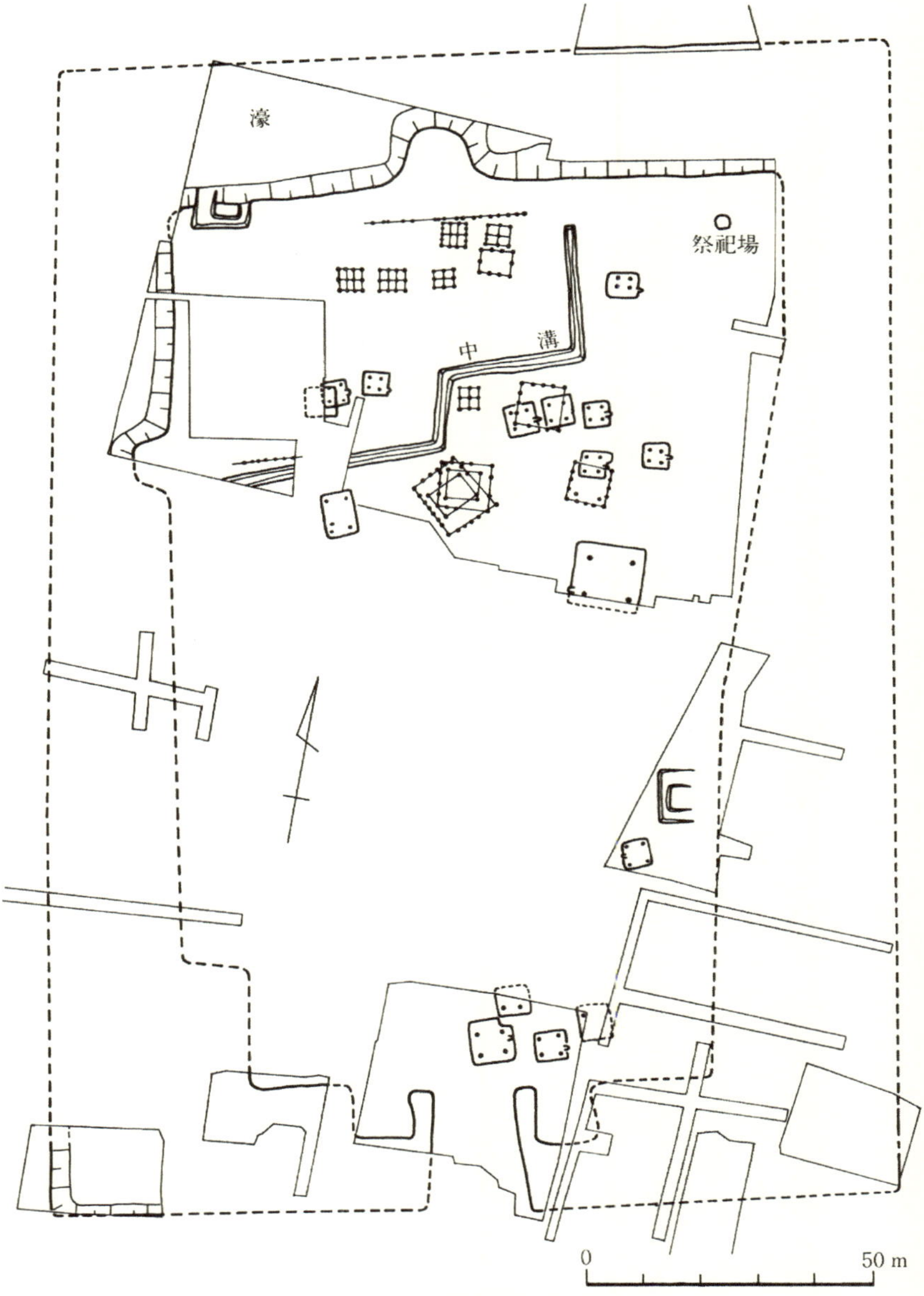

図 9　原之城遺跡の遺構検出状況

域には、その北寄りに掘立柱の高床式建物群があり、南寄りには竪穴式建物群が分布している。おそらく倉庫群とそれを管理する人々の住居と考えられる。この地域は、居館の最奥部にあることから、居館にとって重要な施設であったとみられる。

他方、中溝の南東側は、居館の大半を占める広い範囲であるが、中溝を挟んで北西側の倉庫群と相対するように、大型の掘立柱建物跡三棟が品字形に並んでいる。そしてその三棟の建物に囲まれた小広場を共有するように、一辺一二メートルを超える大型の竪穴住居跡があり、その背後にも何棟かの竪穴式住居の存在が予想できる。品字形をとる三棟の掘立柱建物の配置は律令期の官衙政庁にみることができ、他方、大型の竪穴式建物は居館内の他の竪穴式建物に比較して群を抜く規模である。三ッ寺I遺跡での分析法を援用すると、前者の掘立柱建物三棟とその間にある小広場が「ハレの空間」を構成するものであり、後者の大型竪穴式建物が「ケの空間」の中心的建物と考えられる。すなわち一つの小広場を共有して、ハレとケの両属性が並存していたと理解できる。

三ッ寺I遺跡で明確なあり方を示していた祭祀遺構は、掘立柱建物跡の周辺や小広場にはなく、居館の西北隅部の土塁が直角に屈曲するコーナー部分で検出された。その状況は、平地の「北縁に土師器の杯を並べ、その四至は須恵器の大型器台を立てたと思われる範囲内に手捏土器を含む土師器・須恵器および石製模造品など、おびただしい量が検出された。出土状態はすべて口縁部を上に向けて重ねており、その中に石製模造品の臼玉や剣形品などを置いて」[13]いるが、明確な遺構が存在したわけではなかった。この祭祀遺物の出土地点と、三棟の大型掘立柱建物との間には何らの関係も認めることができず、その地点が居館の北東隅にあたることから、これは艮《うしとら》（鬼門）に対する屋敷祭祀にかかわる遺物群と理解でき、三ッ寺I遺跡の祭祀遺構とはまったく性格を異にする家政的な祭祀跡と考えることができる。

原之城遺跡では首長権の行使が首長の日常生活空間と同じ場で行なわれており、ハレとケによって共有される広場

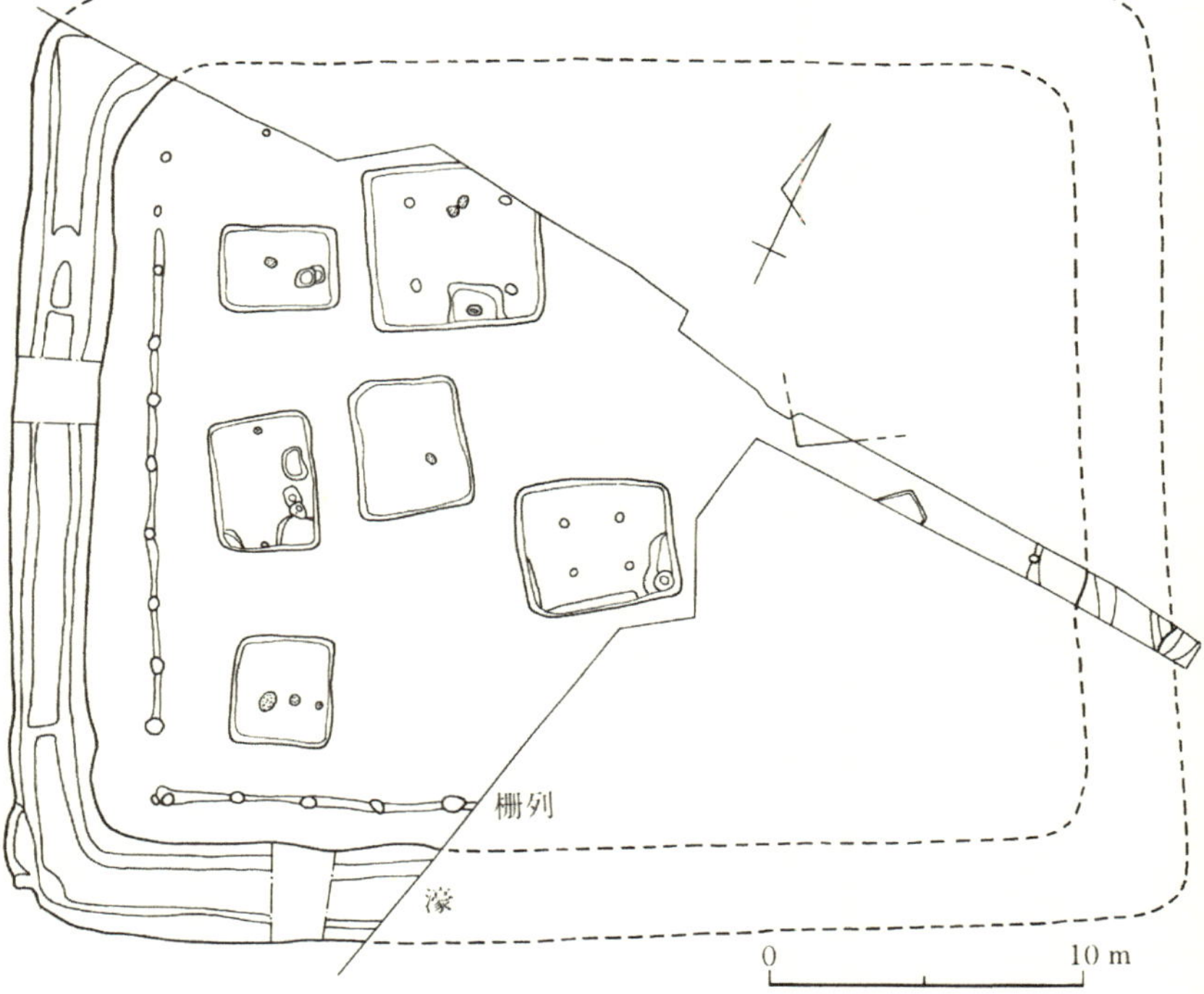

図10　濠を巡らした屋敷地（丸山遺跡）

も、三ッ寺I遺跡に比較して極端に小規模である。さらに三ッ寺I遺跡では、「ハレの空間」の核となる大型掘立柱建物をはじめ、それと有機的な関連をもつ石敷祭祀施設と、そこへ聖水を送る木樋や溝状遺構、さらには聖水を汲みあげる井戸などが一体となって祭儀の場を構成するが、原之城遺跡では、祭祀にかかわる遺構や遺物が広場とその周辺からまったく検出されなかった。そこには三ッ寺I遺跡でみられた強大な首長の姿を窺うことができない。こうした原之城遺跡における「ハレの空間」の不鮮明化は、原之城遺跡の経営者よりもさらに上位の政治勢力（中央政権と考えられる）への首長権の一部割譲、換言すれば、祭祀権の収斂・掌握がなされた結果と考えられる。

古墳時代の首長の居館にみる「ハレの空間」と「ケの空間」の存在とそのあり

ようは、当該首長の自律性を知るうえで重要な意味をもっている。

近年、「古代豪族の居館」という言葉で性格づけられる、濠や柵で囲まれた古墳時代の遺構群の発掘が各地にあいついでいる。

それらは、居館内の「ハレの空間」と「ケの空間」の存在が明瞭でなく、祭祀遺構や祭祀遺物が検出されない例や、居館の規模が非常に小さく（群馬県前橋市の丸山遺跡(14)では東西三一メートル、南北二六メートルの範囲を濠が囲み、さらにその内側に一本の柵列があるから、柵列で囲まれた実質的な居館の範囲は東西二八メートル、南北二一メートル程度である）、広場の存在も認められない例や、また建築遺構が住居としての竪穴式建物のみで倉などの付属屋が認められない例など、さまざまな個性をもっている。そしてそこには、多少の時代差を考慮しても、当該居館を営んだ古墳時代の有力者相互間の階層差、また地域におよぼす政治的・社会的な力の格差が反映していると考えられる。

しかし古墳時代における「豪族」という用語は、政治的・経済的・社会的な権力と機構をもって地域を支配した氏族をさしており、当然その首長の日常生活空間「ケの空間」の近くに、地域支配のためのマツリゴト（祭事・政事）を執行する「ハレの空間」が存在したはずである。三ッ寺Ｉ遺跡のごとく整備された豪族居館の姿をみるならば、屋敷地内に「ハレの空間」の存在を指摘できない遺跡の場合には、これを「豪族居館」の範疇に含めるべきではない。

三ッ寺Ｉ遺跡の居館の様子は、その主が、上毛野地方の諸豪族のなかで最も強い政治力や軍事力をもつ豪族であったことを推察させる。以下、視点をかえて、三ッ寺Ｉ遺跡とそれを営んだ豪族について考えてみたい。

二　居館の経営者像

1　三ッ寺Ⅰ遺跡と保渡田三古墳

三ッ寺Ⅰ遺跡の北西約一キロ程の、群馬町保渡田《ほどた》から井出にわたる畑中には、北から保渡田薬師塚古墳、保渡田八幡塚古墳、井出二子山古墳（以下、字名を略して呼称する）という三基の前方後円墳があり、前二者の所在する字の名称を採って保渡田古墳群あるいは保渡田三古墳と総称されてきた。近接して築造されたこれらの古墳は、最も規模の小さな薬師塚古墳でも墳丘全長が約七五メートル、八幡塚古墳と二子山古墳では一〇〇メートルを超え、地方においては大型前方後円墳の範疇に属するとともに、群馬県箕郷町から群馬町、高崎市北西部周辺にかけてひろがる榛名山東南麓一帯の広大な丘陵地を基盤に成立した唯一の大型首長墓群として著名である。

これら三基の前方後円墳は、はやく江戸時代前期に、その埋葬施設のある後円部が乱掘を受けている。すなわち天和三年（一六八三）四月、地元民によって薬師塚古墳の後円部から舟形石棺が掘り出されたことが、同古墳を境内とする西光寺に残された文書にみえる。またこれと前後する時期に、残る二古墳も乱掘を受け、竪穴式石室とみられる埋葬施設から舟形石棺が露呈するに至った。その後、一九二九年とその翌年に、それぞれ八幡塚古墳と二子山古墳の発掘調査が墳丘や周濠・周堤に対して実施され、周堤部において多量の形象埴輪の樹立が知られ、また後円部に沿った周濠内から四基の小円墳状施設が検出されて、ひろく学界の知るところとなった。さらに一九七〇年代以後、各古墳について墳丘や周濠・周堤の規模や範囲を明らかにするための範囲確認調査が数回にわたって実施されるなど、そ

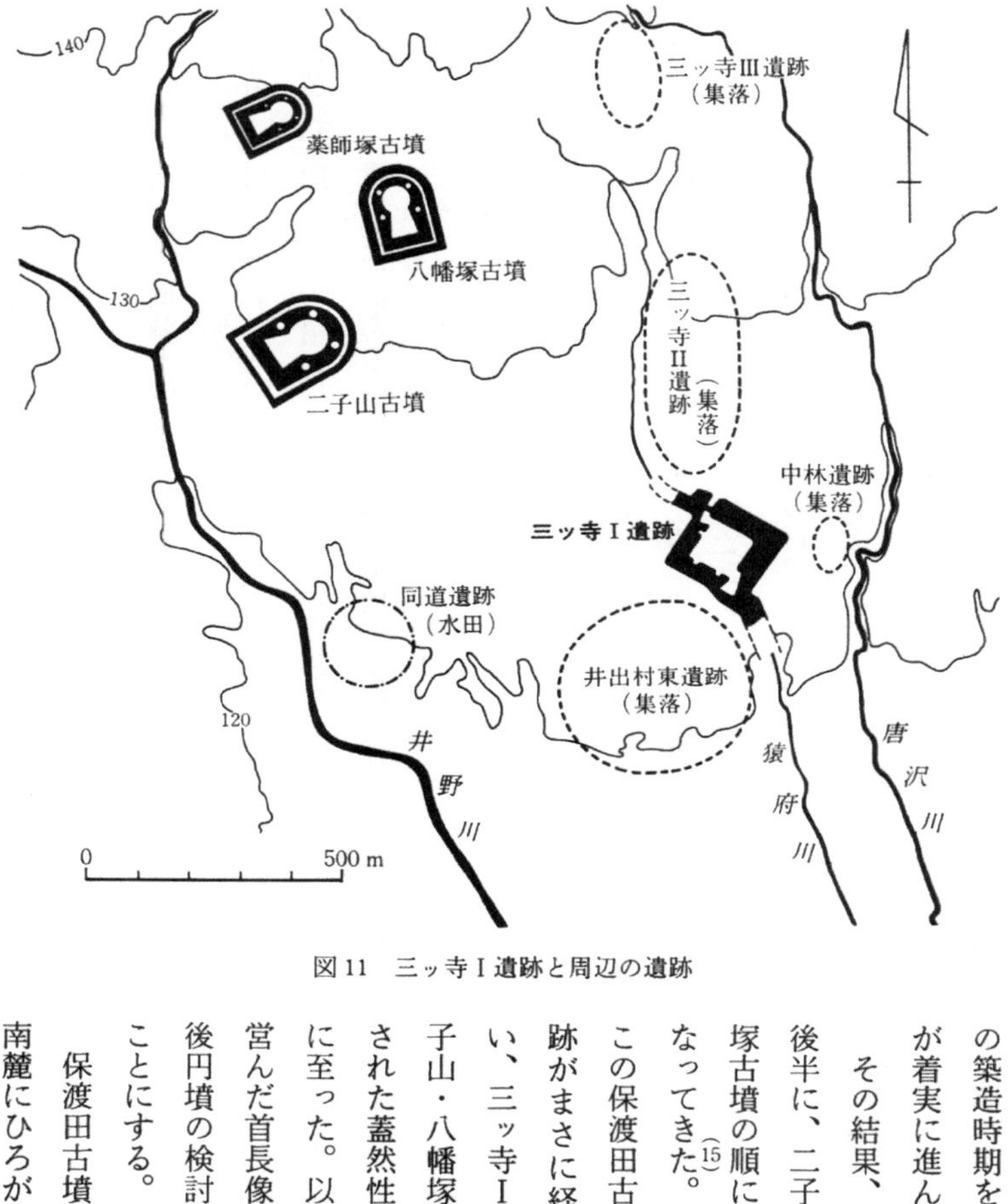

図11　三ッ寺Ⅰ遺跡と周辺の遺跡

の築造時期を考えるうえでの資料の蓄積が着実に進んだ。

その結果、この三基の首長墓は五世紀後半に、二子山古墳→八幡塚古墳→薬師塚古墳の順に築造されたことが明らかになってきた。(15) 五世紀後半という時期は、この保渡田古墳群に近接する三ッ寺Ⅰ遺跡がまさに経営された時期と重なりあい、三ッ寺Ⅰ遺跡を居館とした首長が二子山・八幡塚・薬師塚の三首長墓に埋葬された蓋然性がきわめて高いとみられるに至った。以下、三ッ寺Ⅰ遺跡とそれを営んだ首長像について、この三基の前方後円墳の検討から、さらに解明を深めることにする。

保渡田古墳群のすぐ西には、榛名山東南麓にひろがる相馬ヶ原扇状地に源を有し、いくつかの小河川を合わせつつ高崎市東部で烏川に合流する井野川が南へ流れている。この井野川は、烏川に合流するまでの間、群馬町から高崎市にかけて広い沖積地を形成し、そこには弥生時代以来の水田遺跡群（同道遺跡・

熊野堂遺跡・御布呂遺跡・芦田貝戸遺跡など）が立地するとともに、それら水田遺跡にかかわる人びとの集落遺跡も確認されつつあり、古代上毛野でも有数の生産力をもつ地域であったと推察される。三ッ寺Ⅰ遺跡や保渡田古墳群の立地する地域は、榛名山東南麓の扇状地形から井野川が形成する沖積地に変換する地点にあたっている。上記の水田遺跡群のなかで最も上手《かみて》に位置し、あたかもその水源を支配するかのごとき感がある。これら居館や奥津城を建設・築造した首長は、この井野川流域を主要な生産基盤として、榛名山東南麓一帯をひろく支配していたのであろう。

2　二子山古墳——居館の建設者

保渡田古墳群中、最初に築造された二子山古墳は、近年までは愛宕塚古墳と呼ばれていた。三基のなかでは最も三ッ寺Ⅰ遺跡に近い位置にある。前方部をほぼ西南に向けて築造されており、同じ方向の約一五〇メートル付近を井野川が南流している。二子山古墳に対する学術的な調査は、まず一九三〇年に東京帝室博物館と群馬県の合同調査というかたちで、後藤守一・内藤政光・相川龍雄らによって実施され、[16]全長九二・四メートル、後円部径五六メートル、前方部幅四五・六メートル、高さは後円部・前方部ともに六メートルという墳丘規模が明らかにされるとともに、二重の周濠および周堤をもち、後円部側の周濠内に直径一六〜一七メートルの四基の円墳状施設（後藤守一はその報告において、この施設を「中島」と呼称している。筆者も以下これにならう）が存在することが明らかにされた。

図12　二子山古墳測量図

写真6　二子山古墳（左が後円部）

しかしその後、群馬町教育委員会が実施した範囲確認調査[17]によって、一九三〇年の調査で計測された墳丘の平面規模は三段築成の墳丘の二段目のそれであって、実際はその下部に旧地形（古墳築造当時の地表面）から周濠を掘削することによって造り出された一段目の墳丘があることが明らかになり、全長一一一メートル、後円部径七四メートル、前方部幅七一メートルという新しい数値が発表された。さらに墳丘の周囲には二重周濠が再確認され、前方部正面側だけが幅約七メートルと狭いものの、そのほかは一〇数メートルの幅を有することが確認された。その結果、二重の濠を含めた二子山古墳の墓域は、全長二〇二メートル、後円部の地点での最大幅約一七五メートルという大規模なものであることが明らかになった。墳丘各段の斜面には葺石《ふきいし》が認められ、その積み方は石の横目地が通るよう一段ごとに積みあげるという独特の工法であり、三ッ寺Ｉ遺跡の居館斜面の石垣構築技法と共通している点が注目される。

内濠の中央、後円部寄りに四基の中島があることは上述した。この施設はくびれ部と後円部東寄りの地点に、墳丘中軸線を中にして対照の位置に配され、しかも内濠を掘削する際に掘り残して造り出しており、当初から計画的に配置がなされたことは明らかである。中島の斜面には墳丘と同様の葺石が認められ、その上面の縁辺には、ほぼ等間隔に円筒埴輪がたてられていた。そして葺石の間からは、中島上部から落ち込んだとみられる須恵器や土師器の破片が出土した。これと同様の中島は、後藤守一らが二子山古墳を調査する前年に、同じ保渡田古墳群を構成する八幡塚古墳の発掘調査において、二子山古墳とほぼ同じ位置から確認されており、後藤らの調査は、この八幡塚古墳における中島の存在とその配置を参考にして、二子山古墳にも中島があることを明らかにしたものであった。しかし、八幡塚古墳の調査を行なった福島武雄らがこの中島を陪塚と考えたのに対し、後藤は、積極的な根拠はないものの、祭祀の場であると推定した。

二子山古墳における中島の、円筒埴輪で囲まれた上部は、墳丘一段目や中堤の上部と同じ旧地表面であり、この中島を古墳の外から外濠と中堤越しに見ることはできず、かろうじてその上面の円筒埴輪が視野に入ったにすぎないとみられ、この中島は墳丘そのものを意識して配置された遺構であると考えられる。

往時の三ッ寺Ⅰ遺跡をその環濠の外からながめたとしよう。濠に面した斜面には石垣が張られ、居館の外縁を柵列が幾重にも取り囲む景観がまず強烈に目を射たであろう。三ッ寺Ⅰ遺跡を営んだ首長に支配され、その居館周辺の三ッ寺Ⅱ遺跡や井出村東遺跡、中林遺跡などの集落遺跡に居住した人びとにとっては、居館の外観が首長の強大な権力と二重映しになり、居館のすべてが首長による種々のマツリゴトの場として強く認識されたことであろう。彼らは「ハレの空間」を居館全体に敷衍《ふえん》し、柵列で囲まれた居館全体を、その実態とは別に、「聖なる空間」と考えていたにちがいない。

中島の斜面に張られた葺石と、その縁辺にたて巡らされた円筒埴輪列は、三ッ寺Ⅰ遺跡の石垣や柵列と同様の性格をもっていたとみることができる。すなわち中島は「聖なる場」「ハレの場」であり、後藤が考えたように祭祀の場であった。ただし居館での祭祀が聖水や水神を対象としたとみられるのに対し、中島での祭祀が、古墳の被葬者を対象とした一種の祖霊祭祀であったことは言うまでもない。

中堤は前方部前面が幅一七メートルと広いほかは、幅一二メートル前後と推定されている。前方部前面の幅が広いのは、逆にこの部分の外堀の幅が狭いことと関係があると思われ、中堤と外濠を含めた幅は約二五メートル前後と、ほぼ同じ数値で墳丘を全周しており、前方部前面の中堤の幅を広くとらなければならないなんらかの必要性があったと考えられる。後藤らの調査は、この前方部前面中堤の南寄りの一画に対しても行なわれ、そこには二基の埴輪円筒棺が埋置されていた。棺として使用された円筒埴輪は、墳丘や中島にたてられたものとは異なり、径四五センチとやや太く、埴輪の外面にめぐらされた凸帯（タガ）の間隔も狭く、かつその数は五本と多く、円筒棺として利用するために造られたものと推察される。一基は長さ一・七三メートルあり、二本の円筒埴輪を合せ口にして、大きめの河原石を底から側面にかけて詰めたいわゆる礫床《れきしょう》上に据えられていた。もう一基は、同様の円筒埴輪一本に小型の円筒埴輪をはめ込んだようにした長さ〇・七メートルの小型の棺で、鉄刀一本が副葬されていた。また、この埴輪棺は円筒上縁部近くに、人間の目・鼻・口が表現され、しかもその顔面が上に向けられて埋置されるという特殊な円筒棺であった。前方部前面の中堤におけるこうした埴輪円筒棺の存在は、この部分の中堤にまだ同様の円筒棺が埋置されていることを予想させ、そうした場所として利用するために中堤の幅が広くとられたと推察される。このような円筒棺に埋葬された人々は、当然、二子山古墳に埋葬された首長と何らかの関係にあった人びととみられるが、鉄刀の副葬例などから推して、おそらくは居館に住んだ首長一族であったのではなかろうか。

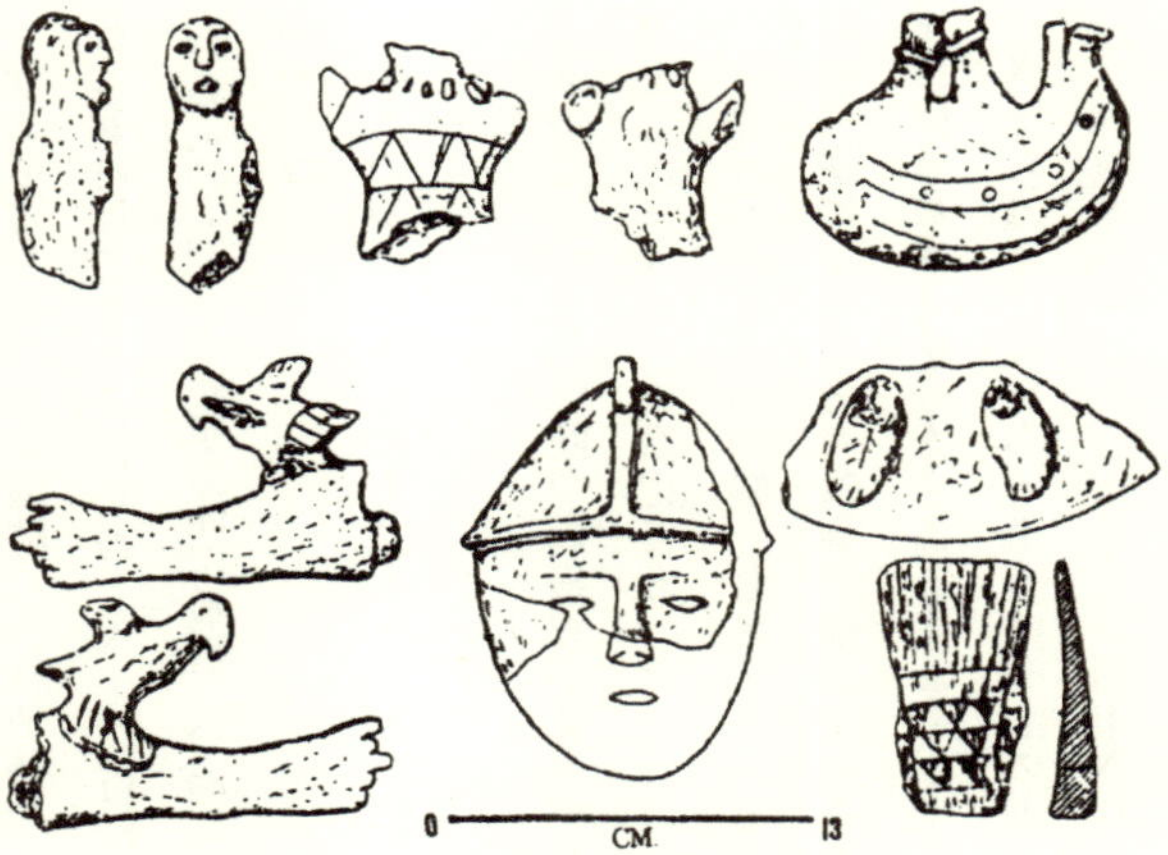

図 13　二子山古墳中堤出土の形象埴輪

また墳丘北くびれ部近くの中堤上の一画に、後藤らの調査以前に多数の形象埴輪が採集された地点がある。その形象埴輪はいずれも破片ではあるが、三角板を綴《と》じた短甲を身につけた武人、鷹匠、頭部に島田髷《まげ》を結んだ女子、子猪の両脚を紐で縛って腰にぶら下げたとみられる人物、さらには子供とみられる人物など多様な人物埴輪の存在が明らかとなり、さらに馬形埴輪の破片の存在も確認された。これらの人物埴輪はいずれもつくりが小ぶりである点に特徴があり、東国における出現期の人物埴輪としても注目される。これらのなかには猪をぶら下げた人物や鷹匠など、近畿地方ではみられない埴輪もあり、五世紀の上毛野地域における社会の一面を物語っていると考えられる。また多様な人物像は、首長の執行する種々の祭儀に一定の職掌をもって奉仕した姿を表わしたものとみることができよう。

二子山古墳の埋葬施設は後円部の墳頂に位置する竪穴式石室であり、その中には全長二・三〜二・四メートルに復原される舟形石棺が納められている。さきに述べたように、はやく江戸時代前期に掘り荒らされ、その後の荒廃のため、石棺の蓋は欠失し、石室・石棺の西側は破壊されている。石棺は身の両側面に各二個の縄掛突起をもち、被葬者の頭部の方向であったとみられる西側がやや幅広く造られている。石室は小児頭大の河原石を用いて構築され、まず石棺を据えたあと、その両側を覆うように石室の側壁が積みあげられ、石棺の両小口部外側に小さな空間を残して石室の小口壁が構築されたようである。この小さな空間は副葬品を納めるためのもので、後藤らによってこの部分が精査され、鉄鏃と轡《くつわ》などの馬具の一部が発見されている。しかしすでに乱掘されていたため、主体部からそれ以外の遺物の出土はなかった。

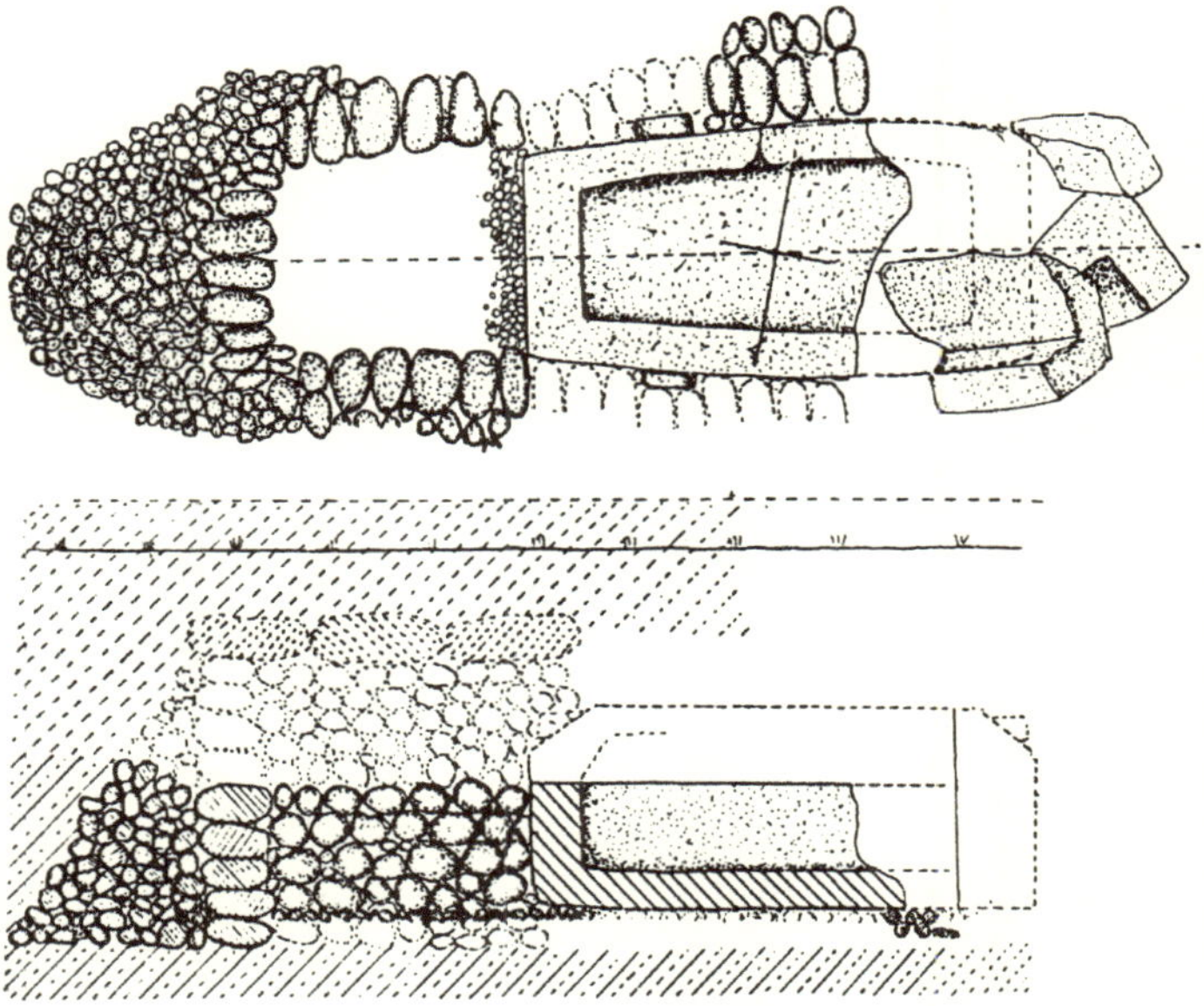

図14　二子山古墳の埋葬施設

　なお二子山古墳と三ッ寺Ⅰ遺跡の関係を考えるうえで注目すべき事実がある。それは三ッ寺Ⅰ遺跡の中軸線（「ハレの空間」と「ケの空間」を区画する柵列）を延長すると、二子山古墳の後円部中心付近を通過するということであり、二子山古墳の被葬者と三ッ寺I遺跡の密接な関係を物語るものであろう。

3　八幡塚古墳――王権祭儀の整備

二子山古墳の次に築造された八幡塚古墳は前方部を南に向けた前方後円墳で、二重の周濠を巡らし、四基の中島の配置も二子山古墳と同様である。墳丘は三段築成で、一段目は旧地表面から内濠を掘削する際に中島とともに造り出し、その上に二・三段目の墳丘を築くことも二子山古墳と同じである。また墳丘の葺石の葺き方も横方向の目地が通り、二子山古墳以上に三ッ寺I遺跡の石垣と似ている。近年の墳丘などに関する範囲確認調査によると、墳丘規模は全長一〇二メートル、後円部径五六メートル、前方部幅五三メートルと、二子山古墳よりやや小型で、二重周濠を含めた墓域の規模は、全長一七六メートル、後円部での最大幅一三八メートルである。さらに中堤の幅は八～九メートル、中島の直径は一二メートルと、いずれも二子山古墳より小さな数値である。

八幡塚古墳に対する最初の学術的な調査は、後藤らが二子山古墳の調査を行なった前年の一九二九年四～五月、福島武雄、岩澤正作、相川龍雄らの担当で群馬県によって実施された[18]。そして四基の中島を内濠内に検出するとともに、墳丘・中堤・中島に整然とたて並べられた円筒埴輪列を追求し、特に中堤上の一画の、多種類の形象埴輪を出土する地点二ヵ所の調査を行ない、うち一ヵ所からは多様な姿態をとる人物埴輪や動物埴輪などが、その配列をかなり良好に確認できる状況で検出され、このことが広く学界に八幡塚古墳の名を知らせる由縁となった。

まず墳丘の各段と中島の縁辺部分、さらに中堤の内・外濠の両縁辺部には、朝顔形をふくむ円筒埴輪が互いに口縁端部を接して隙間なく並べられていた。しかも朝顔形は円筒埴輪の一定の本数（中堤では一二本、中島では一七～一八本）ごとに一本ずつ規則的にたてられるとともに、埴輪列の屈曲部や分岐部にも樹立されており、一定の計画のもとに円筒埴輪をたてたことが確認された。福島武雄らの報告によれば、最も良好な状態で発掘された中堤東南部の円筒埴輪列では、ほぼ九尺に一〇本の割合で埴輪がたてられており、右島和夫はこの数字をもとに、推定される円筒埴輪列の総延長を約一三〇〇メートルとみて、樹立された円筒埴輪の総本数を約四八〇〇本以上とみた。墳丘に樹立された円筒埴輪の高さは五〇数センチ、朝顔形のそれは七五センチ前後である。円筒埴輪の外面にある三本のタガの最下段のやや上あたりまでが葺石中に埋められており、最下段のタガの上縁の位置が円筒埴輪の下端部から約二〇センチの高さにあることから、円筒埴輪では三〇数センチ、朝顔形では五五センチ程度が墳丘上に姿を見せていたと推定される。このような状況で、三段築成の墳丘各段の外縁と、中堤に二列、中島に一列の円筒埴輪列が、一定の間隔をおいて朝顔形円筒埴輪を加えながら樹立されたさまは、周濠や石垣の存在と相俟って、首長の奥津城を聖域化せんとする思考の存在を認めさせずにはおかない。そこには広大な濠と三重の柵列に囲繞された三ッ寺Ⅰ遺跡の姿がオーバーラップされてくる。

また中堤の前方部前面やや東寄りの地区（A区）と、前方部西側南寄りの部分（B区）の二地点には、中堤の内縁と外縁にたてられた二列の円筒埴輪列の間に、それと交わる方向に走る同様の埴輪列でつくられた長方形区画があり、そのなかに多数の形象埴輪が配置されていた。とりわけA区では、東西約一〇・八メートル、南北約四・五メートル程のやや平行四辺形に近い円筒埴輪列による区画の中に、三一個体の人物埴輪の基部、八個体の馬形埴輪の基部、六個体の水鳥形埴輪がいずれも原位置において発掘され、さらに、その基部は確認できないものの、それぞれ二個体の人物埴輪と鶏形埴輪の置かれていたことが埴輪片から推察でき、他に壺形埴輪一点を含めて合計五〇個体以上の形象埴輪の配置が認められた。三三個体にのぼる人物埴輪のうち、その姿態を類推できるのは、倚座男子像二体、倚座女子像二体、武人立像六体、武人半身像二体、巫女像一体、島田髷を結う女子像一体、捕縛した猪を身にくくりつけたと推察される人物像一体、鷹匠一体の計一六体であった（ただし巫女像は倚座女子像のうちに、鷹匠は武人立像のうちにそ

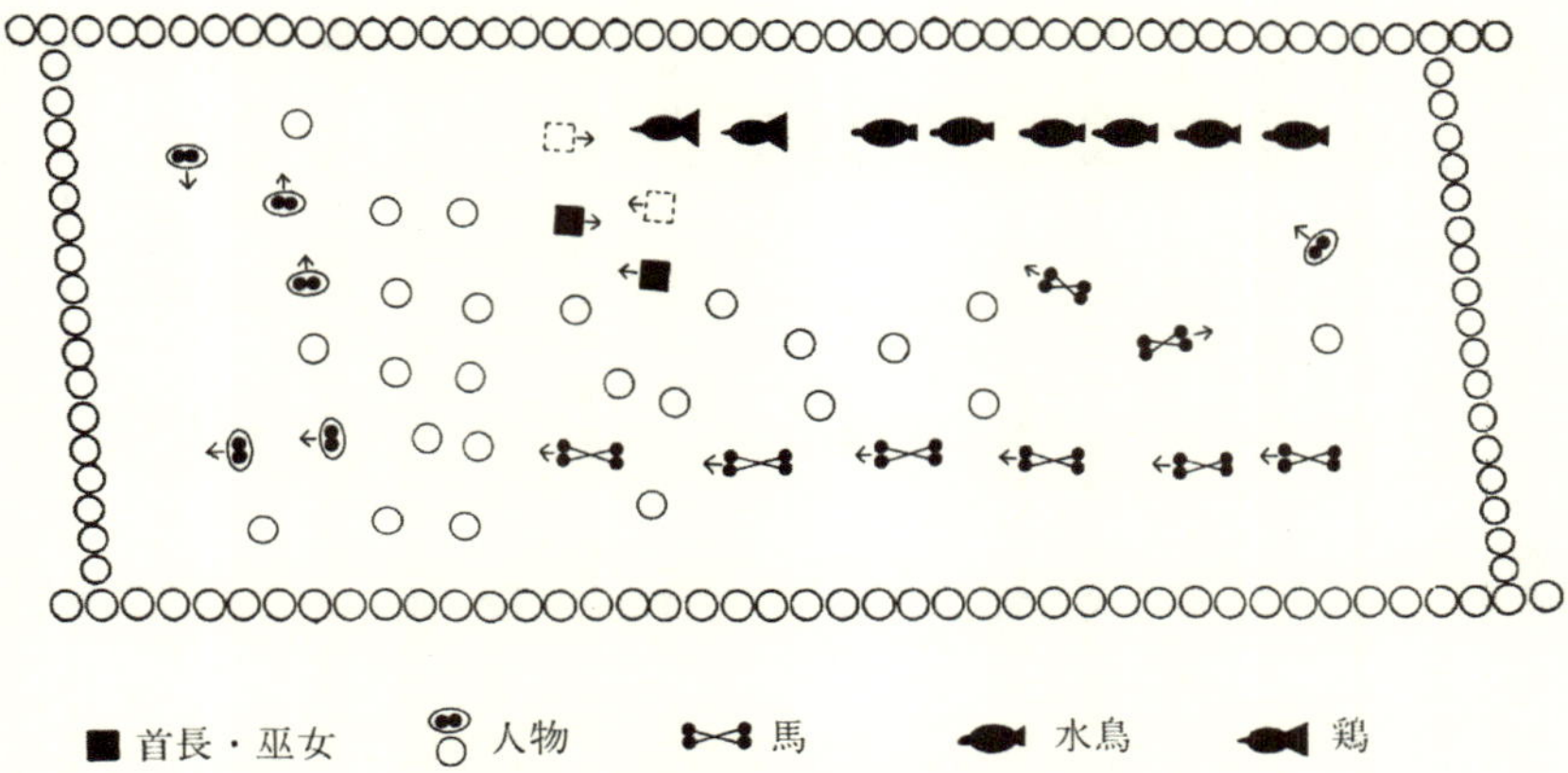

図15　八幡塚古墳の形象埴輪出土状況

れぞれ含まれる可能性がある)。

　これら形態の明らかな形象埴輪の配置を検討すると、まず区画の中央やや墳丘寄りに、倚座した首長とおぼしき男子像と、これに壺を捧げる倚座女子像が向かい合って二体ずつ配置され、その傍らには壺形の形像埴輪があり、これらの埴輪群が、この区画内における形象埴輪群の中核をなすと理解される。この女子像は右肩から左脇下にかけて袈裟《けさ》状の布をまとった、いわゆる意須比《おすひ》をとり掛けた巫女を表現している。三ッ寺I遺跡の「ハレの空間」において、井水を神聖視した祭祀が行なわれていたであろうことは前述した。この首長に対して壺を捧げる巫女の姿態は、まさに聖水を献上せんとする姿であるとみられ、それはすなわち、首長が聖水に象徴される国魂をわがものにする最高の首長祭儀を表わすものと考えられる。

　さらに内濠寄りの東半部分には、六個体の水鳥形埴輪が西を向いて一列に並び、その前には、正確な位置は不明ながら雌雄一対の鶏形埴輪が置かれていたらしい。この鶏形埴輪は、上述した首長とみられる倚座男子像の斜め後ろ方向に置かれていたらしく、魂を天上の他界へと導く水鳥が後ろに続くという配列は、首長の葬送儀礼をイメージさせる。

　一方、区画の外濠寄り東半部分には、六頭の馬形埴輪が西を向いて一列に並び、さきの水鳥形埴輪と対をなすかのようである。しかも前の三頭はやや大ぶりで、馬鐸や馬鈴を取り付けたいわゆる飾り馬であり、後の三頭は鞍や面繫《おもがい》・尻繫《しりがい》など実用の馬具のみを取り付けた馬であった。馬の列の前には短甲で身を固めた二体の武人半身像が、さらにその前には二体の武人立像が、いずれも西向きに一列に並び、さながら軍団が馬を従えて行進するかのようである。この威儀を正して並ぶ武人と馬の列は、武人の長としての首長像を顕現させる。

しかし人物埴輪が集中的に配置されているA区の西北部分については、人物埴輪の基部のみしか存在せず、人物の姿態を明らかにできないため、形象埴輪列の意図を窺い知るに足る資料をこれ以上提示できない。水野正好は「埴輪芸能論」(『古代の日本』2、一九七一年)において、八幡塚古墳A区の形象埴輪の配置から、「族長を中心として、職業・軍事・官人・内膳・祭祀といった氏族のもつ機構のすべてが集まった人物埴輪の世界」を復原し、それを首長権継承儀礼の場と考えた。しかし水野の提示した埴輪配列の復原案には、実際の配列と異なる点も多く、さらに厳密な検討が必要であろう。

またB区には南北約九メートル、東西約四・五メートルの円筒埴輪列の区画があり、人物と馬形の形象埴輪が出土したが、耕作によってほとんどが散片となり、原位置をとどめるのはわずかに三点の形象埴輪の基部にすぎなかった。しかしその区画の規模や出土する形象埴輪の状況から、A区のように多様な形象埴輪の存在が推定できる。またこのB区の位置は、主墳との位置関係において、二子山古墳の中堤における形象埴輪群の出土地点とよく似た場所であり、ここにも二子山古墳との類似が指摘される。

八幡塚古墳の後円部墳頂には舟形石棺の身の小口部分が残っており、大きな縄掛突起をもっている。石棺の周囲は人頭大の河原石が積まれていたらしく、二子山古墳の埋葬施設の構造ときわめてよく似ている。後円部にはさらに、南西方向に主軸をもつ全長二・七メートル、幅約〇・七五メートルの竪穴式石室があり、鉄刀一口と鉄製甲冑《かっちゅう》とみられる鉄片が背負籠に二杯も掘り出されたという。なお舟形石棺が掘り出された折り、鉄地金銅張の鏡板《かがみいた》や杏葉《ぎょうよう》などの馬具類が出土したといわれているが、それらとともに鉄製八幡神像が伴出したと伝えられており、馬具出土の信憑性は低いといわざるをえない。

また東くびれ部近くの内濠内に位置する中島では、三ヵ所から総計七〇個の土師器が出土し、その過半を高杯《たかつき》が占めており、祭祀が行なわれたものとみられるが、それら土師器の形態は三ッ寺Ⅰ遺跡の諸施設が最も充実した五世紀第4四半期の時期に比定されるものであり、八幡塚古墳と三ッ寺Ⅰ遺跡の時代的な関係を知るうえで重要な事実である。

4　薬師塚古墳の再検討

保渡田三古墳の最後に築造された首長墓が薬師塚古墳(19)である。墳丘に隣接して西光寺があり、墳丘南側はその境内となり、墳丘北側は裾を道路で削られ、さらに周囲に民家があるため、三古墳のなかでは全貌を知るのが最も困難な古墳である。墳丘はほぼ西南西に前方部を向けた前方後円墳で、全長約七五メートル、後円部径約四〇メートル程度の規模と推定される。近年、群馬町教育委員会で古墳の一部を対象として実施された範囲確認調査によって、二重周濠をもつことが確認され、さらに中島の存在も認められるようになった。したがって墳丘・周濠・中堤・中島ともに、二子山古墳・八幡塚古墳の基本的な設計と築造技術を踏襲し、それらよりやや小型に造られた古墳とみられる。

後円部墳頂には天和三年（一六八三）地元民によって掘り出された舟形石棺があり、完形の身と、大きく欠損した蓋の一部が遺存する。全長約二・六メートルを測る身は、両小口に各一個、両側面に各二個の縄掛突起をもつ。西光寺には、石棺が掘り出された際に出土したという遺物が保管され、重要文化財に指定されている。それらの遺物は内行花文鏡一、勾玉五、碧玉製管玉九、ガラス製丸玉三六〇、鈴付f字形鏡板一対、鈴付双葉剣菱形杏葉三、鈴付剣菱形杏葉二、辻金具二、馬鐸三などであり、馬具の大半は鋳銅製である。またこれらの遺物とともに銅製の小薬師像が

写真７　薬師塚古墳

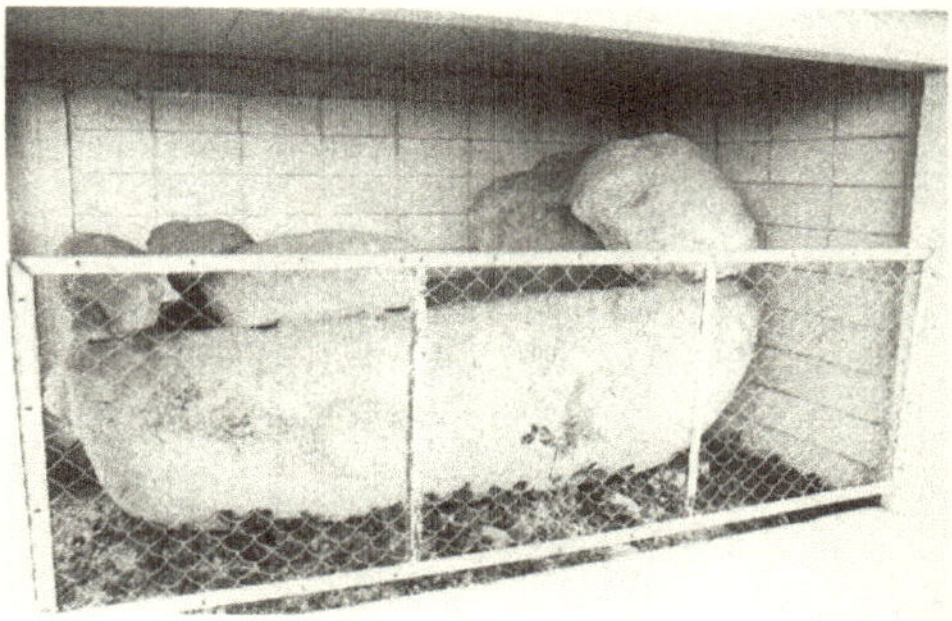
写真８　薬師塚古墳の舟形石棺

出土したと伝えられ、後円部上にある薬師堂に安置され、それがこの古墳の名称の由来となった。しかし五世紀末の築造時期が与えられる薬師塚古墳とこの銅製小薬師像には年代の開きが大きく、おそらく小仏像の出現譚が舟形石棺に仮託して語られたのであり、小仏像の年代が当該古墳の築造時期まで遡るとは考えられない。さらに、この時期の馬具は鉄地金銅張が一般であるのに対し、その大半が鋳銅製品である点にも疑問があり、辻金具の脚の留め鋲《びょう》や、刻み目をもつ責《せめ》金具までが一体として鋳造されていて本来の役目を果たさず、さらに双葉剣菱形の杏葉は他に類例がないなど多くの疑問点があげられ、今後これらの遺物について再検討する必要を感じる。

5　榛名山の噴火と三ッ寺の首長

以上、保渡田古墳群の大型首長墓について、その特徴を明らかにしつつ概要を述べてきたが、これら三基の首長墓には多くの共通点があることに改めて注目したい。

① 二重周濠をもつ。
② 内濠内に後円部を囲むように四基の中島が計画的に配置されている。
③ 旧地表面から周濠を掘削することによって墳丘一段目・中堤・中島を造り出している。

④　墳丘は三段築成である。
⑤　葺石の葺き方が同じ手法である。
⑥　円筒埴輪の配列が共通している。
⑦　中堤における形象埴輪群の配置とその地点が似ている。
⑧　埋葬施設は舟形石棺を納める竪穴式石室である。

これらの共通点のうち、薬師塚古墳については一部に未検出・未確認のものがあるが、大方は三古墳に共通すると推察できる。このような多くの共通点は、三基の首長墓の築造が、同一の造墓集団、すなわち同一氏族によって、さほど時を経ることなく、同じ技術者や工人集団に支えられて実施されたことを類推させるに十分である。

三基の首長墓を概観するなかで、いくつかの箇所で三ッ寺Ｉ遺跡との関連について触れたが、さらにこれらの奥津城と三ッ寺Ｉ遺跡の同時代性を語ることにしたい。

三ッ寺Ｉ遺跡の居館をとり囲む広大な濠のなかに堆積した土層の断面をみると、その底部近くにある五〇～八〇センチもの厚さの黄色味を帯びた火山灰の土層が注意をひく。この火山灰土層は、砂質土層（火山灰）と軽石が互いに薄い層をなして幾重にも重なっており、榛名山の山頂部東寄りにある二ッ岳（現在の海抜一三四三メートル）の大爆発によって、西風にのり北関東一帯にひろく降下したもので、その時期は五世紀末～六世紀初頭と推定されている。二ッ岳から直線距離で約一五キロという至近に位置するこの居館が、甚大な被害を受けたであろうことは想像に難くない。この災害を受けた後の三ッ寺Ｉ遺跡の変化を、調査結果からみてみたい。

二ッ岳の大爆発以前、約半世紀にわたって経営されてきた居館の濠の底部には、三〇～五〇センチの泥がたまっていた。そこへ大量の火山灰が降下し、濠の約半分が埋まってしまった。この火山灰の降下はかなり激しかったようで、居館の「ハレの空間」に祭祀用の水を送っていた水道橋（木樋）は崩壊している。居館内の被害状況をみると、「ハ

写真９　黒井峯遺跡より榛名山を望む
（手前は軽石に埋もれた住居跡）

レの空間」では、まず正殿とみられる大型掘立柱建物も大きな被害を受け、まもなく取り壊されたようで、同建物の上屋の柱を抜き取った跡の凹地に火山灰が二次的に流れ込んでたまった状態が確認されている。また聖水を汲みあげていた井戸は、その上部を覆っていた屋根が倒壊したらしく、井戸のなかに大量の火山灰が堆積している。こうして井戸の使用が不可能となったため、被害を受けた直後に勾玉や臼玉などの滑石製模造品を用いて井戸の神を鎮める祭りを行なったあと、それに用いた品々を井戸内に投棄して井戸を埋めもどしている。水道橋の崩壊は石敷祭祀場が使用できなくなったことを意味し、それに加えて井戸の埋没という事態は、「ハレの空間」としての機能の喪失を意味している。

「ケの空間」においても、中央柵列に沿って建てられていた二戸の竪穴式住居は、調査の結果、住居の周囲の壁に沿って火山灰の二次的な堆積があり、被災後、さほど時をおかずに取り壊されたものとみられる。しかし取り壊された二戸の住居のうちの一戸は、同一場所に、やや南へ拡張して新しく建て直されている。この建て直しに際しての拡張の結果、住居南壁が中央柵列と接するような位置になっていることからみて、「ハレの空間」の諸施設とともに中央柵列も撤去されたと推察できる。

こうした罹災後の居館跡は、かなり埋まりながらも遺存する周濠の内側にやや高まりをもった空間をなし、そこに数戸の竪穴式住居が建っていた。ごく一部の人びとがここに残り、首長とその一族の大半は居住の場を移したと考えられる。

なお、罹災後に取り壊された竪穴式住居跡から出土した須恵器の杯蓋は、大阪府堺市南部一帯に展開する陶邑窯跡群出土資料を中心として体系づけられた編年[20]によると、ＴＫ二三〜四七（高蔵二三号窯や四七号窯出土の須恵器を指標とした型式名）という型式に該当し、五世紀末〜六世紀初頭の頃の土器に比定されており、さきにみた榛名山噴火の時期に該当する。

また居館用地造成による盛土によって直接埋められた住居跡などの遺構に伴って出土する須恵器は、ＴＫ二一六〜ＴＫ二〇八型式に属するものであって、五世紀中葉のものとみられており、三ッ寺Ｉ遺跡の居館の成立もその頃と考えられる。

三ッ寺Ｉ遺跡の居館に甚大な被害を与えた榛名山の火山灰は、当然、保渡田古墳群にも降りそそいだはずである。三基の首長墓に対して実施された範囲確認調査における濠の状況をみると、まず二子山古墳では、濠の底にたまったわずかな土砂の上にこの火山灰層の堆積が確認され、八幡塚古墳と薬師塚古墳では濠の底部にきわめて近い部分に同じ火山灰層が堆積していた。これは三者ともに榛名山の噴火以前に築造されていたことを証明するものである。さらに、八幡塚古墳の中島から出土した土師器群が、三ッ寺Ｉ遺跡の居館の最も整備・充実した時期に該当する土師器と同型式である点、また、さきに整理した三基の前方後円墳に関する古墳築造上の多くの共通点やそこで検討した居館の関係などからみて、これら前方後円墳が、三ッ寺Ｉ遺跡の居館の主《ぬし》として榛名山東南麓に君臨した首長の奥津城であったことは間違いないと考えられる。

6　上毛野のオホヤケ

三ッ寺Ｉ遺跡の報告者は、居館用地の造成に必要とした盛土量を約一〇〇〇〇立方メートルと推定している。ここで三基の大型前方後円墳のうち、ある程度墳丘規模を推定できる二子山古墳について、盛土による二段目以上の墳丘の体積（盛土量）を復原的に計算すると、約一四〇〇〇立方メートルの値を得る。両者の盛土の大半は、濠の掘削によって生じた土砂を利用したものとみられる。一方、居館の濠には河川を直接引き込んでおり、用地造成にあたって濠の掘削とともに河川流路を部分的に変更せざるをえなかったことは、三四頁の図11からも容易に察せられる。居館北東部で濠は直角に屈曲しているが、これが河川の旧河道を利用したものとは考えられず、おそらく未調査区域である居館北東部分では、河道を一部埋め立てて造成がなされていると推察でき、それに伴う土木量を考慮に入れると、両者の建設に伴う土砂の移動量にはそれほど差がないとみてよかろう。三基の首長墓のすべてが、墳丘一段目と中堤および中島を、いずれも盛土を行なわず、周濠の掘削を行なうことによって造り出しているのは、労働力の省力化・合理化とみることもできるが、一方では、投入できる労働量の限界を示しているとも思われる。

三ッ寺I遺跡周辺には、二子山古墳より時代的に遡る大型首長墓をみることはできない。この事実は、居館をはじめてこの地に構えた首長の奥津城が同古墳である蓋然性を非常に高くしている。二子山古墳は、居館の二代目の主となった新首長によって造営された古墳であり、居館の各施設はこの新首長の時代に最も整備・充実をみせた。居館を囲繞する柵列が三列となり、正殿背後に庇《ひさし》が付設されるのもこの時期である。そしてこの豪族の勢力が、利根川以西の上毛野西半部に最も大をなしていたであろうことは、全長一〇〇メートル前後の大型前方後円墳を累代的に築造することのできた他の勢力がこの地方に存在しなかった点からも明らかである。

上毛野地方においてそれほどまで大きな勢力をもつ三ッ寺I遺跡の居館の主は、整備された巨大な政治機構を具備していたとみられるが、上述の「ハレの空間」の姿はそれを証明するものであろう。また八幡塚古墳中堤A区の形象埴輪群における、倚座する首長に聖水を捧げる巫女や、一列に並ぶ武人と多数の馬による隊列、さらには鷹飼人や狩猟人などの人物埴輪の存在は、祭祀を執行し、一定の職掌によって奉仕させることで人びとを政治的に支配する首長の姿を垣間《かいま》見せている。

筑紫国造磐井《いわい》の墓とみられる岩戸山古墳（福岡県八女市）の周堤の一画には一辺四三メートルの平坦な方形区画があり、石人・石馬をはじめとする多数の石造物が発見されている。それについて、『釈日本紀』所引の『筑後国風土

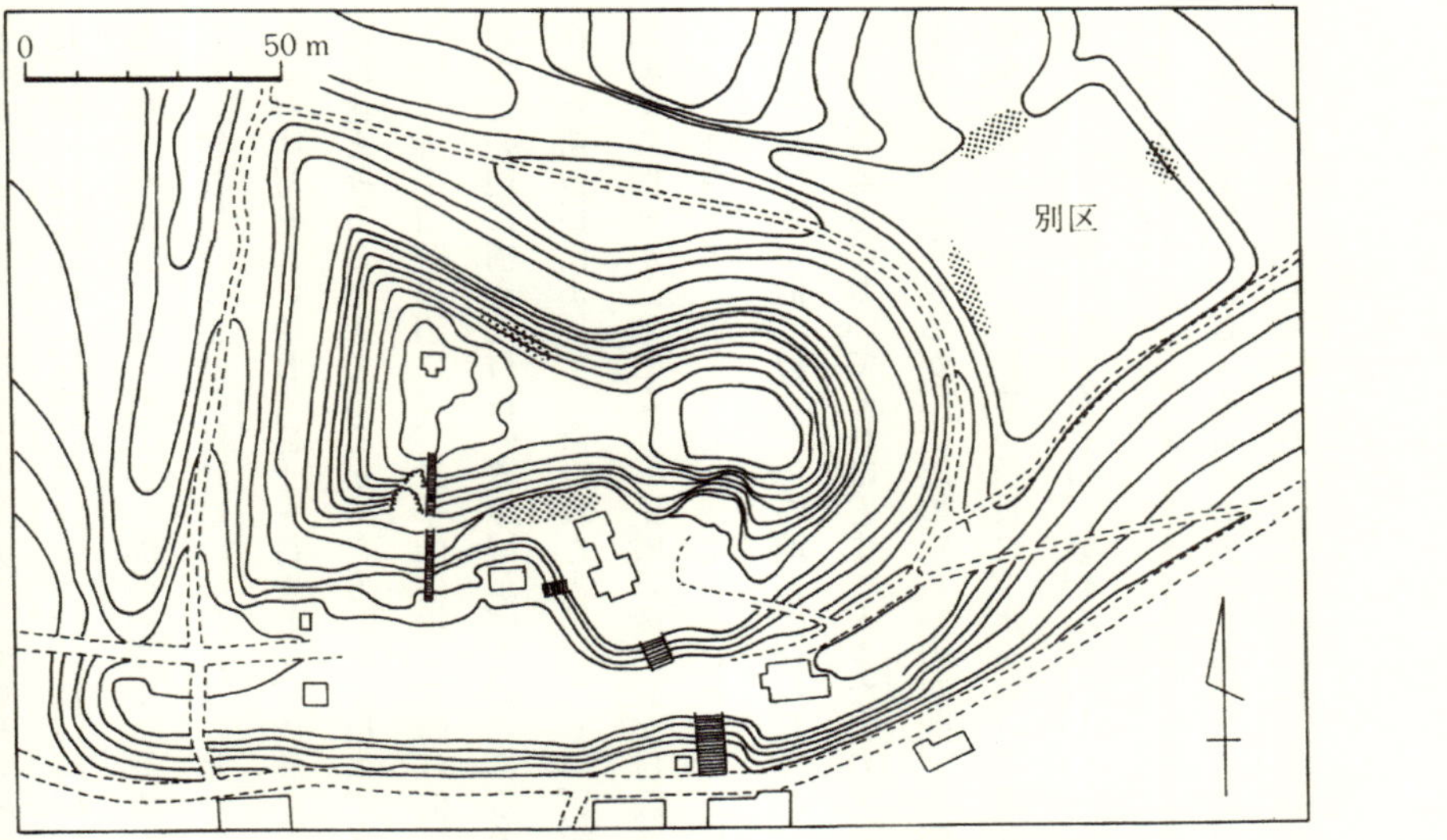

図 16　岩戸山古墳測量図（網目部分は石人石馬出土地）

記』逸文には次のような克明な記述がある。

筑後の国の風土記に曰《い》はく、上妻の県《あがた》。県の南二里に筑紫君磐井の墓墳《はか》あり。高さ七丈、周り六十丈なり。墓田《はかどころ》は、南と北と各六十丈、東と西と各卌丈なり。石人《ひしひと》と石盾と各六十枚、交陣《こもごもつら》なり行《つら》を成して四面に周匝《めぐ》れり。東北の角に当りて一つの別区《ことどころ》あり。号《なづ》けて衙頭《がとう》と曰ふ。衙頭は政所《まつりどころ》なり。其《そ》の中に一の石人あり、縦容《おもぶる》に地に立てり。号けて解部《ときべ》と曰ふ。前に一人あり、躶形《あかはだか》にして地に伏せり。号けて偸人《ぬすびと》と曰ふ。生けりしとき、猪を偸みき。仍《よ》りて罪を決められむとす。側《かたはら》に石猪四頭《よつ》あり。贓物《ざうもつ》と号く。贓物は盗みし物なり。彼《そ》の処に亦《また》石馬三足《みつ》・石殿三間《みつ》・石蔵二間《ふたつ》あり。（以下略）

岩戸山古墳の方形区画を「衙頭」とし、「衙頭は政所なり」と注している。政所とはマツリゴトドコロ、後世風にいえば役所にあたる。すなわち「ハレの空間」である。風土記の筆録者はこの「別区」における石造物のあり方を、役所の政庁前でくりひろげられる、猪を盗んだ人間に対する裁判の情景と理解したのである。この別区と八幡塚古墳のA区・B区の形象埴輪集中地区はいずれも周堤上に位置しており（二子山古墳でも同様）、方形の区画である点でもよく似ている。筆録者の「衙頭」という表現は炯眼《けいがん》といえよう。

周堤における形象埴輪を配置した特別な区画は、埼玉古墳群の埼玉稲荷山古墳でも確認されている。[21] 後円部西側面の中堤の一画が外濠側に方形に張り出しており、南北二七メートル、東西二六・五メートルのほぼ方形であり、そこに配列されていたとみられる巫女、弾琴する人物、眉庇付冑をつけた武人、盾をもつ武人などの人物埴輪が、家形埴輪や円筒埴輪とともに出土している。また、埼玉古墳群のなかで最大の墳丘規模をもつ埼玉二子山古墳にも同様の方形区画があり、やはり形象埴輪が出土している。稲荷山古墳、二子山古墳ともに、周堤上における方形区画は岩戸山古墳とよく似た位置にあり、同古墳の別区と同様の性格をもつ施設とみられる。稲荷山古墳は、さきの須恵器からみた年代観によると、三ッ寺Ｉ遺跡が榛名山の噴火によって被害を受ける時期に近い頃の築造と考えられ、二子山古墳もこれに前後する頃にその造墓が推定されている。各地の大型前方後円墳の周堤におけるこのような区画は、その被葬者が経営した居館の「ハレの空間」での祭儀を象徴的に表現したものといえる。

三ッ寺Ｉ遺跡の居館を営んだ首長が、五世紀後半の上毛野地方西半部をひろく支配した豪族とみられることはさきに確認した。吉田孝は、古代にあって「立派なカド（門）をもち、堀や垣によって囲まれ、そのなかにヤ（屋）やクラ（倉）がたくさん建っている一区画を指す言葉」にヤケがあったと推定した。[22] そしてヤケにはヲヤケ（小さなヤケ）に対してオホヤケ（大きくすぐれたヤケ）があることを人名や地名の検討から論じ、オホヤケを「地域の共同体・構成員が帰依する中心」「権力の中枢」とみた溝口雄三の説[23]をふまえ、三ッ寺Ｉ遺跡の居館をオホヤケと定義づけた。聞くべき意見である。五世紀後半〜六世紀初頭の上毛野地方西半部にあって、この居館遺跡はまさに「公《オホヤケ》」であった。

三　地域王権と水の祭儀

1　上之宮遺跡にみる水の祭儀

三ッ寺I遺跡における「ハレの空間」の性格を決定づけるうえで大きな役割を果たした石敷祭祀場と同様の遺構は、一九八七〜八八年に調査が行なわれた上之宮遺跡(24)（奈良県桜井市）でも検出されている。同遺跡は桜井市街のすぐ南にひろがる阿部丘陵上に位置し、南約二〇〇メートルには大形の前期古墳メスリ山古墳（全長二三〇メートルの前方後円墳）が、また西方一帯には艸墓《くきはか》・谷首・コロコロ山・文殊院西などの大型横穴式石室を内部主体とした後期古墳が散在している。丘陵の東方を北流する寺川の左岸、北東方向に下がる緩傾斜地に建設された上之宮遺跡は、六世紀後半〜末を中心とした居館遺跡である。丘陵の傾斜方向に沿った南北方向で約八〇メートル、それに直交する東西方向約五〇メートルの範囲が居館の占める面積と推定される。

居館は東面すると考えられ、居館域の中央やや南寄りに正殿とみられる大型掘立柱建物がある。この正殿は一度建て替えられており、居館規模が大きくなった六世紀末の建物（建て替えられた建物）は、桁行四間・梁間三間（九・三五メートル×六・五メートル）の上屋に、桁行六間・梁間五間（一三・六メートル×一一・四メートル）の下屋をもち、上屋の柱筋にあわせた下屋柱をまわしている。三ッ寺I遺跡の正殿よりやや小さな建物であるが、三ッ寺I遺跡正殿が地床式とみられるのに対し、床束をもつ板敷の揚床式建物である。正殿の正面（東側）と両側面にはかなりの空間があり（背面は未調査で不明）、まさに「ハレの空間」の中心建物としての位置を占めている。正殿の北側には約一八メートルの間隔をおいて、正殿と棟筋を直交させる桁行七間・梁間二間（一六・五メートル×五メートル）の建物がある。この建物は内部が東西二室に分かれていたらしく、西側の室の正殿側には、正殿の棟筋の延長線上に昇段施設（階段）が設けられており、居館内の計画的な建物配置の一端を知ることができる。そして、この東西棟建物の西室部分の妻側からL字形に回廊が北西に延び、その先端部分に石敷遺構が設けられている。

この石敷遺構は東西約四・五メートル、南北約五メートルの矩形平面をなし、下部にバラスを敷きつめて堅固な基礎を造った上に人頭大の石を平坦に置いている。注目されるのは、この石敷遺構の北から約一メートルの所を東西に

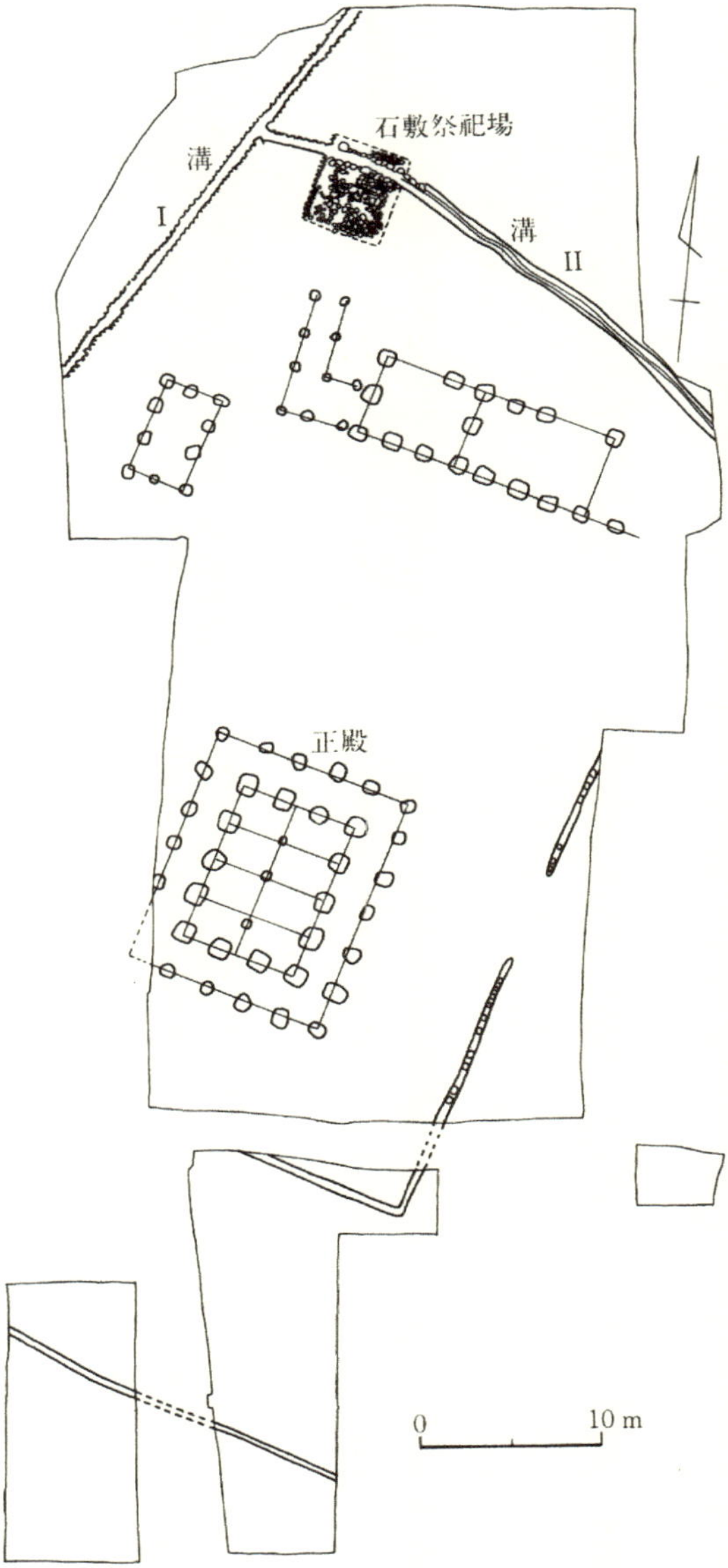

図 17　上之宮遺跡の遺構検出状況（第Ⅲ期・6世紀末頃）

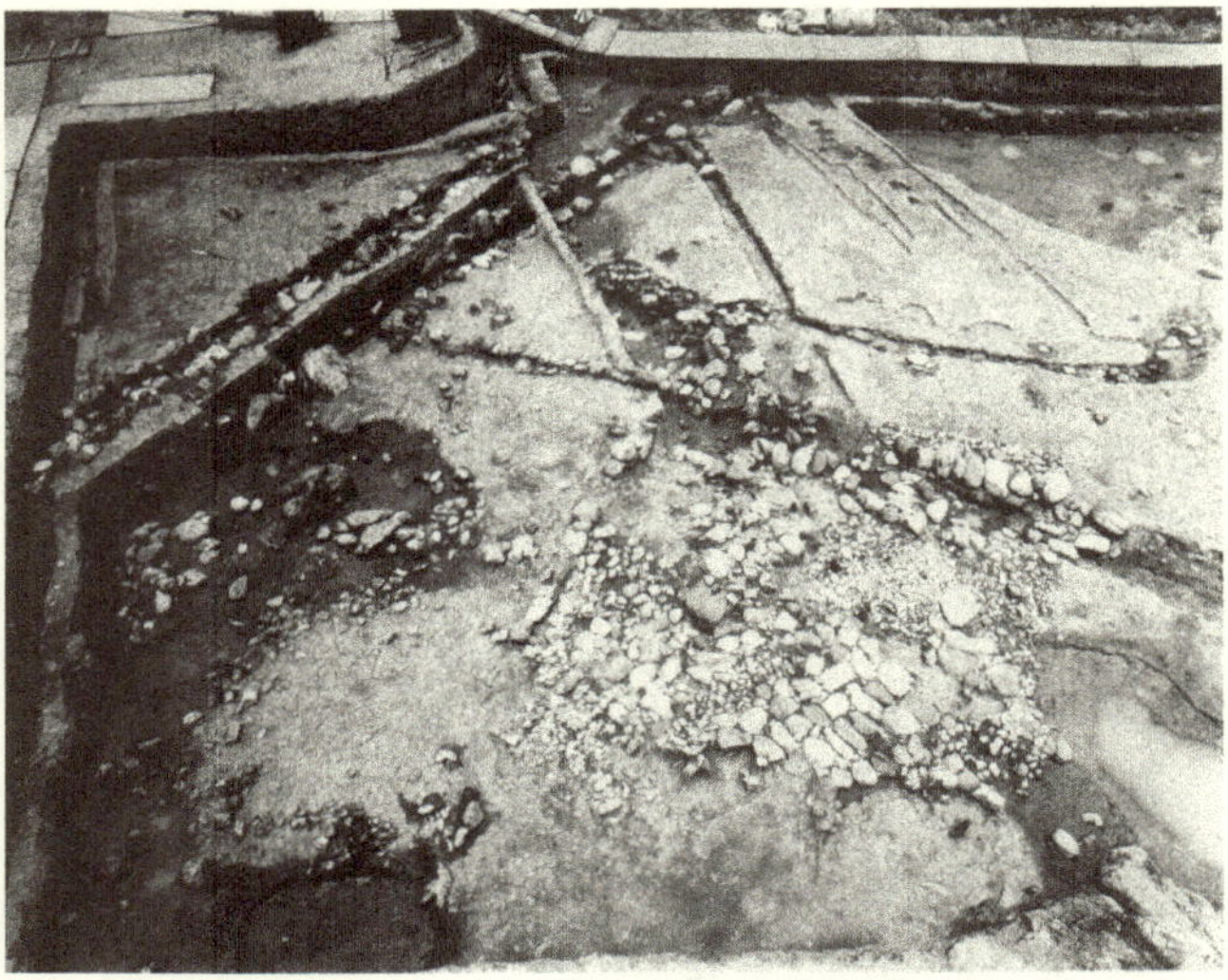

写真10　上之宮遺跡の石敷祭祀場（左上に溝Ⅰがみえる）

走る溝（溝Ⅱ）が設けられている点である。この溝Ⅱは石敷遺構の西約四メートルの地点を南から北に流れる石組溝（溝Ⅰ）から水を引くようになっている。導水にあたっては、溝Ⅰの溝Ⅱとの分水部分より下手《しもて》に堰を設けた跡が認められ、石敷遺構での何らかの行為を行なう際に、分水を容易にしたものとみられる。また溝Ⅱは石敷遺構の東端までは石組の溝であるが、それから先は素掘りで、その流路もやや屈曲しつつ流れる溝となり、寺川へ落ちていたと推察される。素掘り部分は約二二メートルが検出されている。石敷遺構を境として上手《かみて》が石組、下手《しもて》が素掘りと、溝の型を異にするのは、素掘り部分を流れる水が廃水、石敷遺構までの石組部分を流れる水が清浄な水と考えられていたことを示している。したがって、石組溝の末端に設けられた石敷遺構は、水を利用した何らかの儀礼が行なわれる場であった可能性が強い。

三ッ寺Ⅰ遺跡の石敷祭祀場は不整六角形、上之宮遺跡は長方形と、その平面形は異なるものの、両者ともに石敷を溝が貫通し、かつそこには水が流されていた点で共通している。三ッ寺Ⅰ遺跡での分析からみて、上之宮遺跡の石敷遺構も、おそらく沐浴をはじめとした水の祭儀にかかわる施設と考えられる。

上之宮遺跡の石敷遺構やそれを貫通する溝Ⅱとその周辺からは、馬歯や馬骨が出土しており、馬を解体し、馬頭や馬歯、また馬宍を供献する祭儀がこの石敷遺構を中心として行なわれたことを示している。

2　馬の供献祭儀

石上神宮に隣接する布留《ふる》遺跡(25)（奈良県天理市）では、『日本書紀』履中四年十月条に掘削の記載がある「石上溝《いそのかみのうなで》」と推定される幅一三メートル、深さ二メートルの人工の大溝と、布留川右岸の自然流路から、多数の馬歯が馬骨や牛骨などとともに出土した。これらの歯骨は共伴遺物から六世紀代の資料とみられ、出土した馬歯から大溝の馬の個体数は二〇頭前後、自然流路のそれは三二頭にのぼることが明らかになっている。発掘が実施された範囲は、全長二〇〇メートル以上あるとみられる「石上溝」のうちの約三〇メートル、全長四〇〇メートル以上の自然流路のうちの約六〇メートルにすぎず、未調査部分を含めると膨大な数の馬歯や馬骨などが存在するものと推定できる。歯の摩耗度からみた馬の年齢はさまざまで偏《かたよ》りはみられず、何らかの儀礼によって殺されたものと考えられる。また馬骨にくらべ、馬歯の出土が多量にのぼる点から、主に馬頭を供献した祭儀が岸辺で実施されたものとみられる。

やや時代は下がるが、八世紀中頃の例を紹介すると、大藪《おおやぶ》遺跡(26)（京都市南区）では、杭列で護岸を行なった川の岸辺に、司祭者が座したとみられる円座が遺存し、その傍らから馬の下顎骨や大腿骨など、ほぼ一頭分が出土している。

『日本書紀』皇極元年七月条には、祈雨のために祭祀を行なった記事がみえる。

村村の祝部の所教の随《まま》に、或いは牛馬を殺して、諸《もろもろ》の社《やしろ》の神を祭る。或いは頻《しき》りに市を移す。或いは河伯《かはのかみ》を祈る。

祈雨のために①牛馬を殺して諸社を祭る、②市を移す、③河伯を祈る、という祭儀が行なわれたことが記されており、これら三つの方法が重複して行なわれる場合もあったであろう。また石田英一郎が『河童駒引考』（一九四八年）において比較民族学的研究を行なった、馬を河中に投じて水神を和《なご》ませる民間伝承は、世界各地に類例を求めることができる。

一方、青森県の岩木山をめぐる民俗調査を行なった野本寛一は、次のような興味ある報告をしている。

岩木山の北東側の中腹に六七二・六メートルの笹森山があり、その下に「黒ん坊沼」と呼ばれる幽邃《ゆうすい》な池がある。（中略）この池は津軽平野の人々の雨乞い池の一つであった。鰺ヶ沢町の長平の人々は、旱天が続くと、まず雑木林のなかの「馬捨て場」から馬の頭蓋骨を掘り出し、それを先頭に笛太鼓で囃しながら黒ん坊沼へと登り、沼につくと、それを縄でしばって水中に沈めた。頭蓋骨が沼に沈むと俄かに笹森山が曇り始めたものだという。まんいち雨が降りすぎて困るようなときは、縄を引いて頭蓋骨をあげると雨が止んだとも伝えている。津軽では雨乞いのことを「雨願い」と呼ぶ。黒ん坊沼には一体どれほどの馬の頭蓋骨が沈んでいることであろうか。（野本寛一『生態民俗学序説』一九八七年）

実際、貴重な労働力の一端を担った馬を、祭儀のたびに殺して供献するのは、きわめて困難であったろうし、かつ生身の馬の体軀を供献することから生ずる腐敗とその臭気などは、非常に不浄な状況を現出させるであろうから、そうした祭儀が居館において実修されたとは考えられない。この野本報告にみるように、実際は骨化した馬骨で代用することがひろく行なわれていたとみられる。布留遺跡や上之宮遺跡での馬骨や馬歯を考えるうえで重要な報告である。さらに天平三年十二月、甲斐国が黒身にして白い髦尾をもつ神馬を献上したことを『続日本紀』は記録するが、それに続いて次のような条《くだ》りがある。

ここに治部卿従四位上門部王らが奏を得るに、甲斐国の守外従五位下田辺史広足らが進むる所の神馬、黒身にして白き髦尾あり。謹んで符瑞図を検《けみ》するに曰く、神馬は河の精なり、と。（中略）実に大瑞に合へる者なり。

すなわち神馬の瑞相をみて、「符瑞図」（中国の文献であろう）に神馬が「河の精」であると書かれているなどの理由から大瑞としており、さきに挙げた諸祭儀や河童駒引の伝承の底には、馬に対するこうした観念があったと考えることができる。

藤原宮（奈良県橿原市）の第二五次調査で検出された井戸の底から一一本の馬の上顎歯が出土した。[27] 馬齢は六〜七歳と推定され、その出土状況などから、井戸の初使用の際ないしは井戸開鑿時に馬歯のみを投入したとみられ、清らかな水を得るための祭儀の存在を物語っている。

井戸に生身の馬の頭部を投入することは、その清浄さを保つうえからも否定される行為であり、さきの野本報告を裏付ける考古資料と考えるべきであろう。

このように、馬の供献と水神や河伯祭祀や祈雨祭祀には密接な関係があり、上之宮遺跡の石敷遺構は居館に付属するそうした祭儀の場であったとみられる。三ッ寺Ⅰ遺跡の石敷祭祀場では滑石製模造品や土師器高杯などが祭祀に使用されていたが、三ッ寺Ⅰ遺跡と上之宮遺跡の石敷祭祀場がほぼ同様の形態をとり、その一部を貫通する溝に水が流されていた点を考えるなら、祭器や呪具などに多少の相違があるにせよ、両者はいずれも水神を対象とした祭儀の場であったとみてよかろう。三ッ寺Ⅰ遺跡の石敷祭祀場における水の祭儀が、約一世紀後の大和においても首長祭儀として行なわれていたのである。

三ッ寺Ⅰ遺跡や上之宮遺跡では、小規模ながら石敷遺構が祭儀の場、神聖な場として認識されていたが、これは飛鳥京跡や稲淵川西遺跡、宮滝遺跡など七世紀代の宮殿遺跡にみる大規模な石敷遺構の性格を考究するうえでの一視点となるであろう。

写真11　飛鳥京跡内郭の井戸

3　地域王権と聖水祭祀

明日香村役場の北から東にかけてひろがる飛鳥京跡（奈良県高市郡明日香村）からは、上下二層に大別される宮殿遺構が検出されており、その上層遺構についてはかなり具体的に建物配置が知られるようになってきた。なかでも役場北方の水田地帯、飛鳥川を挟んで川原寺と相対する位置にあって内郭と呼ばれている南北約一九八メートル、東西約一五八メートルの一本柱列の塀で区画された宮殿遺構は、飛鳥浄御原宮の一部かと推定される遺跡である。その内郭北東隅の一画に、一辺約一一メートルの方形石敷と、それに組み合わされた二重の石組溝に囲まれた井戸（SE六〇〇一）がある。[28] 井戸内には檜《ひのき》の角材を組んでつくった内法一・三メートルの井戸枠が遺存していた。井戸の西側と南側には大型の掘立柱建物跡があり、井戸とその周辺は建物部分を除いてすべてに人頭大の川原石が敷き並べられている。わけても井戸を中心とした方形石敷は特に整備された石敷となっていて、調査者もこれを特別な

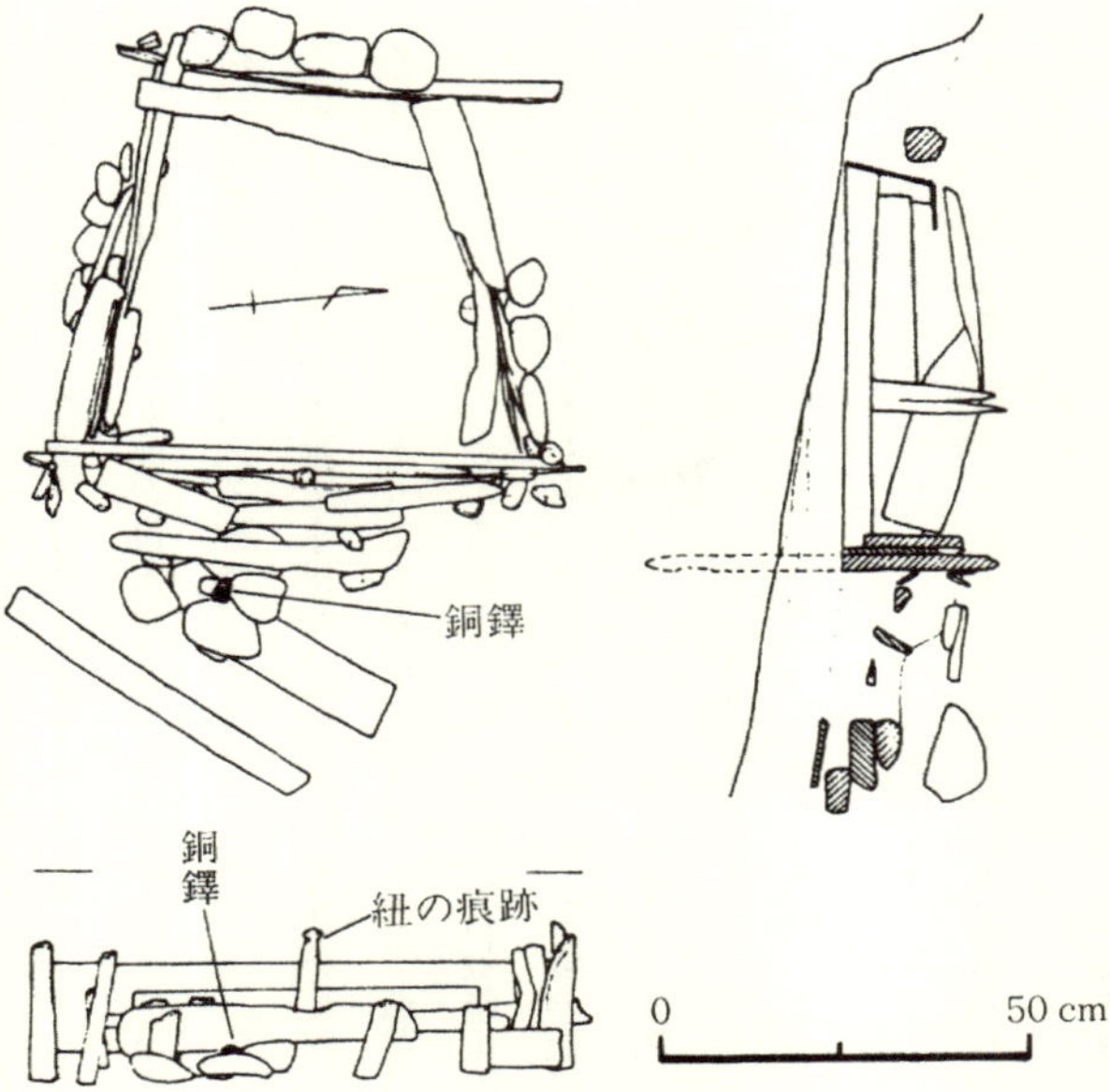

図 18　弥生時代の井戸（下市瀬遺跡）

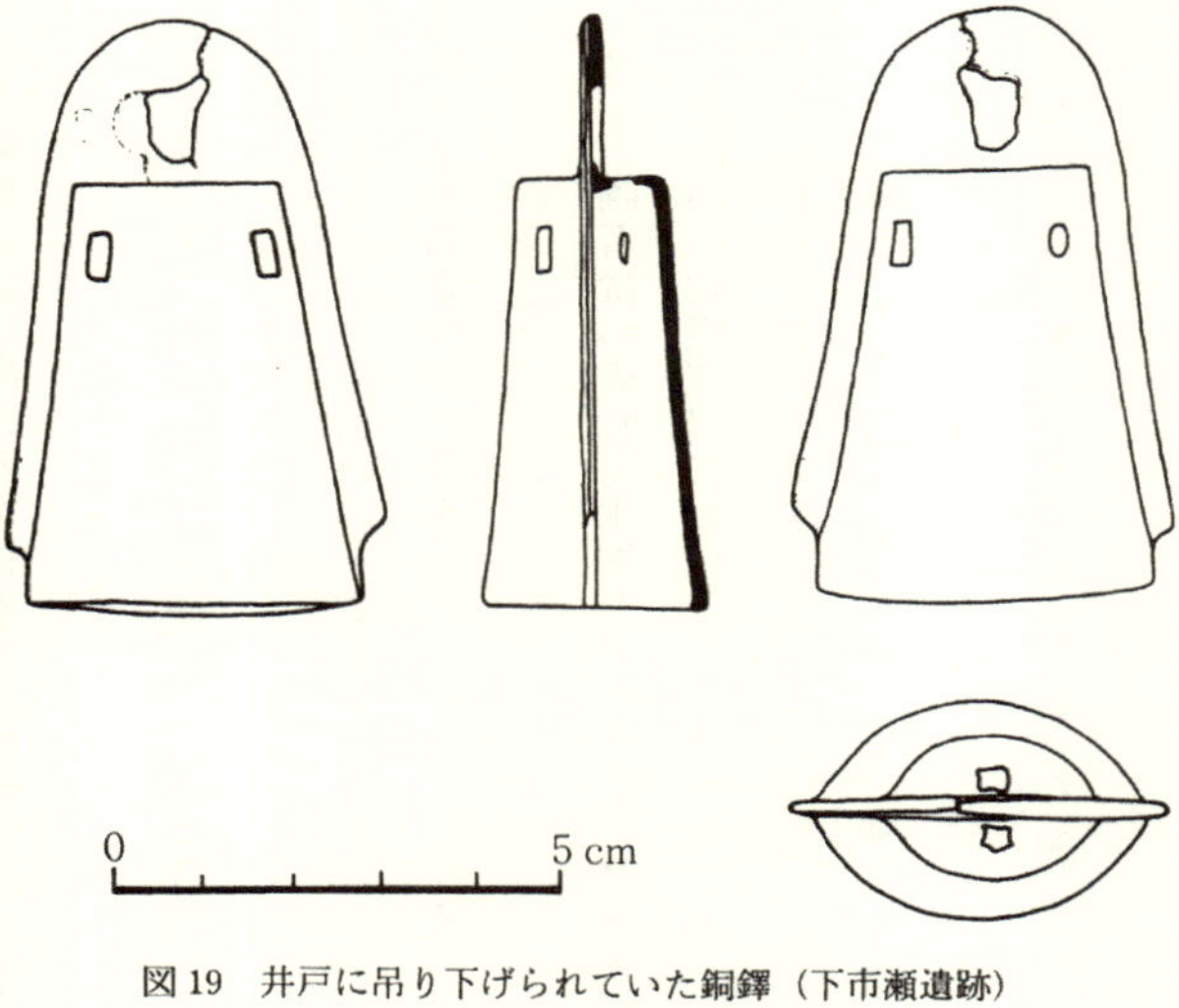

図 19　井戸に吊り下げられていた銅鐸（下市瀬遺跡）

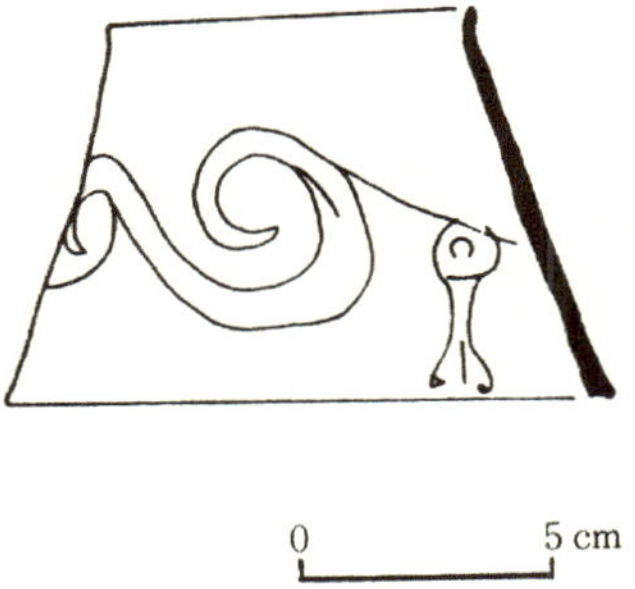

図20　下市瀬遺跡の絵画土器

性格の井戸としている。

このような井戸と祭儀の関係を窺わせる考古資料のなかでも年代の遡る例では、下市瀬遺跡[29]（岡山県真庭郡落合町）の小型銅鐸を伴う弥生後期の井戸があげられる。幅二〇センチ前後の板を横にして、石や杭でこれを固定し、台形平面に枠を組んだこの井戸の、最も幅が広くなった東辺の「外側中央部分には七角形に面取りした角柱が立ち、また東辺外部に祭壇状の構造物が認められた。角柱には紐痕跡を残し、もと角柱に結び付けられていたと思われる小型銅鐸が、ころがり落ちた状態で検出された」（田仲満雄「下市瀬遺跡」『岡山県史』第一八巻、岡山県、一九八六年）。井戸とその周辺からは多量の丹塗り土器や、龍を抽象化したとみられる渦巻と、それを制禦しようと長い棒状の武器を振りあげる人物の線刻絵画を描いた電気スタンドの傘の形をした土器、さらに鋸歯《きよし》文《もん》と羽状文の線刻で飾りつけた土器などが出土し、井戸および井水にかかわる祭祀が行なわれたことを示している。

またこの井戸が検出されたさらに上層からは奈良時代の井戸が発掘され、その周囲からは、水平に置かれた状態で二本の斎串《いわいぐし》が出土したのをはじめ、五個の舟形木製品、胸の位置に釘跡を残した木製の人形《ひとがた》など祭儀用の木製品が出土し、連綿と井水祭祀が行なわれていたことを物語っている。当時の人々が井戸を神聖な場とみなし、そこに湧き出る水を地霊の霊力と考えて聖水とみなしていたことが推察できる。

和爾《わに》・森本遺跡[30]（奈良県天理市）では、五世紀末から六世紀中頃まで使用された井戸から、頸部を意識的に打ち欠いた二個の提瓶とともに刀形木製品や斎串が出土し、井水祭儀における斎串使用の最古例として注目される。

『日本書紀』天智天皇九年三月条には、

山御井《やまのみゐ》の傍《ほとり》に、諸神《かみたち》の座《みまし》を敷きて、幣帛《みてぐら》を班《あか》つ。中臣金連、祝詞《のりと》を宣《の》る。

とみえ、山御井の傍に祭場を設けて班幣の儀が行なわれている。山御井は大津京内にあったとみられ、先述した飛鳥京内郭の方形石敷に囲まれた井戸のごとき姿を推察させる。岡田精司は、山御井のように「井泉の『傍《ほとり》』が全国の神々を迎えて祭る、祈年祭にふさわしい場所とされたのは、律令制以前の宮廷祭儀における、『井』の占めた伝統的な位置を垣間見させるものといえよう」（岡田精司「大王と井水の祭儀」『講座日本の古代信仰』学生社、一九八〇年）と述べている。

『万葉集』巻一には藤原宮の御井を讃えた歌がある。

写真12　藤原宮大極殿跡

藤原宮の御井の歌

やすみしし　わご大君　高照らす　日の皇子　荒たへの　藤井が原に　大御門《おほみかど》　はじめたまひて　埴安の　堤の
上に　あり立たし　見《め》したまへば　大和の　青香具山は　日の経《たて》の　大御門に　青山と　しみさび立てり　畝傍《うねび》
の　この瑞山《みづやま》は　日の緯《よこ》の　大御門に　みづ山と　山さびいます　耳成の　青菅
山は　背面《そとも》の　大御門に　よろしなへ　神さび立てり　名くはしき　吉野の山
は　影面《かげとも》の　大御門ゆ　雲居にぞ　遠くありける　高知るや　天のみかげ　天知
るや　日のみかげの　水こそは　とこしへならめ　御井のま清水　（五二）

藤原宮（京）の名は「藤井」と呼ばれた名泉からおこった「藤井が原」の地名をもととしてつけられたものであり、宮号の根本となった「藤井」を讃えることにより、新しい宮都の永遠性をうたいあげたのが「藤原宮の御井の歌」である。藤原宮造宮までは「藤井」と呼ばれていた井も、遷都後はまさに「御井」として、また藤原宮の象徴として聖地化され、「山御井」と同様に宮殿祭儀の場となったであろう。

また『日本書紀』雄略天皇即位前紀は、さきに政敵である市辺押磐皇子を近江に謀殺した大泊瀬皇子（のちの雄略天皇）が、押磐皇子の弟である御馬皇子を殺害したときの模様を次のように記している。

御馬皇子《みまのみこ》、会《いむさき》より三輪君身狭《むさ》に善《うるは》しかりしを以ての故に、慮遣《みこころや》らむと思欲《おもほ》して往《い》でます。不意《おもひのほか》に、道に邀軍《たふるいくさ》に逢ひて、三輪の磐井の側《ほとり》にして逆戦《あひたたか》ふ。久にあらずして捉はる。刑《つみ》せらるるに臨みて井を指して詛《とご》ひて曰はく、「此《こ》の水は、百姓《おほみたから》のみ唯飲むこと得む。王　者《ひとのきみたるひと》は、独り飲むこと能《あた》はじ」といふ。

この御馬皇子の呪いの言葉は、「三輪の磐井」と呼ばれていた井泉の水が大王の御膳に供せられる聖水であったことを示しているが、「三輪」の地名を冠している点に、この井水が三輪地方で特に神聖な水とされていたことが窺われる。御馬皇子が頼った三輪君はこの三輪地域の在地氏族であり、「磐井」は三輪君によって斎き祀られていたのであろう。また三輪君の居館もその付近に存在したと考えられる。「三輪の磐井」の聖水は三輪君の族長によって代々の大王に献上されていたのであろう。

聖徳太子の伝記の一つである『上宮聖徳法王帝説』には、妃である膳大刀自《かしわでのおおとじ》（刀自郎女）を病に失った太子が妻を偲んだという歌がみえる。

斑鳩の　富の井の水　生かなくに　飲《た》げてましもの　富の井の水

（伊我留我乃　止美能井乃美豆　伊加奈久爾　多義氏麻之母乃　止美乃井能美豆）

斑鳩地域の聖水である「富の井」の水を飲ませていたら、生命《いのち》は長らえたろうにという後悔の念をこめつつ、再生・復活の力をひめた聖水「富の井」を讃えた歌である。「富の井」については、斑鳩の東を南流して大和川に合流する富雄川とみる説が有力であるが、筆者は斑鳩町の北、法隆寺の北にある「三井」の地を「富の井」のあった場所とみている。「三井」はいうまでもなく「御井」であり、大王家にかかわる聖なる井泉を指す地名とみられる。この三井の地にある法輪寺は、聖徳太子の病気平癒のために太子の長子山背大兄王と由義王らによって建てられ、その檀越は膳妃であると『聖徳太子伝私記』等に伝えられているように、膳氏と関係が深い寺である。膳氏出身の妃の死に

写真13　斑鳩町三井集落内にある御井

写真14　斑鳩の御井

関連して聖水「富の井」を讃える歌が登場する由縁は、この井泉が膳氏によって管理され斎き祀られていた斑鳩の聖水であったためと考えられる。膳氏が大王に御食を供することを任とした氏族であった点をあわせ考えるなら、「富の井」もまた代々の大王に供献されてきた「御井」であったと推定できよう。

「藤井」「三輪の磐井」「斑鳩の富の井」など神聖視された井泉が大和の各地に存在したことが明らかになったが、これらは「三輪の磐井」のごとき地域首長による祭祀の対象となった井泉とみられ、その傍らにおいて地域首長による水の祭儀が行なわれるとともに、その水は大王に供献されたのであろう。

岡田精司[31]は風土記の諸説話のうちから、井泉と地名起源にかかわる諸例を検討し、地域首長が井水に対する祭儀を行なう風習が全国各地に普遍的に存在したことを論じている。

『播磨国風土記』明石郡逸文には、明石の駅家《うまや》にある「駒手の御井」の傍らに生えていた楠の巨木を伐って非常に足の早い速鳥という名の舟を造り、「駒手の御井」の井水を大王に献上したことが語られている。また『古事記』仁徳段には、「免寸河」の西に生えていた高樹を伐って枯野という名の舟を造り、「淡道《あはぢ》(淡路)島」の「寒泉《しみづ》」を「大御《おほみ》水《もひ》」として大王に献上した説話がみえる。さらに『日本書紀』は景行天皇の巡行説話のなかに、聖水供献にかかわる次のような話をのせている。

海路《うみつぢ》より葦北《あしきた》の小嶋に泊りて、進食《みをし》す。時に、山部阿弭古《あびこ》が祖小左《おやをひだり》を召して、冷《さむ》き水《みもひ》を進《たてまつ》らしむ。是《こ》の時に適《あた》りて、嶋の中に水《みづ》無し。所為知《せむすべ》らず。則《すなは》ち仰《あふ》ぎて天神《あまつやしろ》地祇《くにつやしろ》に祈《の》みまうす。忽《たちまち》に寒泉《しみづ》崖《きし》の傍より湧き出づ。乃《すなは》ち酌《く》みて献《たてまつ》る。故《かれ》、其の嶋を号けて水嶋と曰ふ。其の泉は猶今《いま》に水嶋の崖《きし》に在《のこ》れり。（景行天皇十八年四月条）

大王が地方を巡幸し、その地方の「国つ物」を「進食《みおす》」す行為は、大王による地域平定の儀礼にほかならない。このような井泉の水を供献する儀礼が散見するのは、当該井泉とそこに湧き出る水が、その地域において聖なる水（その地の地霊や国魂）として祀られていたがゆえであり、その祭儀の執行は地域首長の重要な義務であると同時に権利でもあったのである。

石上堅は「出雲国造神賀詞《かむよごと》」にみる、

彼方の古川岸、此方の古川岸に生ひ立つ若水沼間の、いや若えに御若えまし、すすぎふるをとみの水の、いやをちにみをちまし、……

という一節に注目し、「『彼方の古川岸』の語は、その水が遙かな所（常世の国）から、もたらされたものであることを暗示し、『すすぎふる』は、聖水で体を洗い、新しい威力・霊力を体の中にいれこめる（触る）呪力を、持っている義で、をとみ（変若水）にかかる枕詞の格になっている」と解釈して、「古く出雲地方を領し治めていた国造は、その代替りの時や、初春ごとに、出雲の神々の威力・霊魂がこもっていると信じていた聖水を、天皇に献上して、若返っていただいた」（石上堅『水の伝説』一九六四年）と、出雲国造による聖水供献儀礼の存在を考えている。聞くべき意見である。

常に湧きあふれ出る井泉の水の生命力・永遠性は、首長権の象徴にもなり、井水は首長権の継承儀礼にも欠かせないものであるとともに、地域首長にとって国の物代ともいえる聖水を大王に供献する行為は大王への服属の証として重要な儀礼となっていったのである。三ッ寺I遺跡の井戸の性格が那辺にあるかが理解できよう。

4 「治水王」、三ッ寺の首長

次に三ッ寺Ⅰ遺跡をめぐる古代的な環境のなかで、居館とその主の性格を検討してみたい。

三ッ寺Ⅰ遺跡の周辺には、同遺跡を中心として、北に三ッ寺Ⅱ遺跡と三ッ寺Ⅲ遺跡、東に中林遺跡、南に井出村東遺跡などの居館と同時期の集落遺跡がある（三四頁の図11参照）。三ッ寺Ⅲ遺跡や中林遺跡のように、居館の建設と前後して集落形成が始まった遺跡も含めて、いずれの遺跡も、居館の経営開始とともに集落の規模が拡充しており、居館の出現が榛名山東南麓一帯に大きな社会的発展をもたらす契機となったことを示している。しかも、これらの集落と居館の間には一定の空閑地が存在したらしく、たとえば中林遺跡と居館の濠外縁との間には約一〇〇メートルの遺構の空白域がみられ、三ッ寺Ⅱ遺跡との間には約四〇メートル、井出村東遺跡との間には約五〇メートルの幅で空閑地の存在が指摘できる。このように三ッ寺Ⅰ遺跡の居館には、幅四〇メートルにおよぶ大規模な濠のさらに外縁に広大な空閑地が伴うわけで、この居館の主はまさに地域から隔絶して強大な権力をもつ首長であったと類推される。周辺の集落遺跡のなかでも、三ッ寺Ⅱ遺跡や井出村東遺跡は一〇〇戸をはるかに凌駕する竪穴式住居によって集落が構成されるという大規模なもので、それらの中程に位置する巨大な居館とその付属施設（濠やその外縁空閑地）、さらには居館の東にある中林遺跡を含めると、これらの諸遺跡は南北約一キロ、東西約〇・五キロの範囲に一つのまとまり（遺跡群）を形成し、巨視的にみると、さながら古代都市と呼ぶにふさわしい景観をつくり出していたと考えられる。

一方、保渡田古墳群の西側を南流する井野川によって形成された沖積地には、同道、御布呂、芦田貝戸、熊野堂などの、水田遺構を広範囲に検出できる遺跡が散在している。これらの遺跡では、弥生時代末～古墳時代初頭のころ一斉に水田経営が開始され、浅間山や榛名山による火山災害を克服しつつ、六世紀に至るまで継続的に水田が営まれており、三ッ寺Ⅰ遺跡の居館を中心とした諸集落遺跡に居住した人びとの主たる生産基盤になったものとみられる。

写真15　古墳時代の水田跡（同道遺跡）

芦田貝戸遺跡[32]（群馬県高崎市）では、三ッ寺Ⅰ遺跡の居館が営まれた五世紀後半には、大畦畔で区画した中に、下幅二〇～三〇センチ、高さ六～八センチ程度の小畦畔によって一面約三～四平方メートルの長方形区画の小水田が作られており、発掘された水田は一二六〇面にのぼった。また三ッ寺Ⅰ遺跡の西約五〇〇メートルで発掘調査が行なわれた同道《どうどう》遺跡[33]でも、六世紀前半の時期に営まれた同様の小水田が一二九二面発掘され、その下層から五世紀後半の水田が上層水田による攪乱を受けながらも発掘されている。さらに芦田貝戸遺跡では一部に畝状遺構も検出され、稲作だけなく畑作も行なわれていたことが明らかになっている。五～六世紀の井野川に沿った沖積地は、一部に畑地をまじえた水田地帯であった。

これら耕作地への水の供給には、井野川支流の小河川や扇状地端部近くの湧水（井）が利用されたとみられるが、水田地帯の広大さや小水田の膨大な枚数から、かなり高度に発達した灌漑技術に裏打ちされていたと考えられる。そうした水利技術の発達は、居館建設に伴う河川の改修と、その河川を濠にとり込むに際してダム状施設と堰を建設し、濠の水位と水流の調節をはかった技術にも認められよう。

三ッ寺Ⅰ遺跡の発掘調査にあたった群馬県埋蔵文化財調査事業団の下城正は、この居館の濠に活用された河川（現猿府川）は、居館建設にあたり、その上流約一キロの地点において、現在は三ッ寺Ⅰ遺跡の東約一五〇メートルを猿府川と並行しつつ南流して猿府川と合流する唐沢川から分枝した、人工の水路である可能性を指摘する。すなわち、約一キロ北方で唐沢川から分流し、居館の四周を巡った水は、約一・五キロ南で再び唐沢川に合流したのである。実に壮大な土木事業が行なわれたことになる。三ッ寺Ⅰ遺跡の居館の建設を行なった首長は、高度な水利技術・土木技術をもって積極的に榛名山東南麓一帯の開発にのり出した豪族であったといえよう。

三ッ寺Ⅰ遺跡の所在地は、『和名類聚抄』（略して『和名抄』）の地名表示にしたがうと、上野国群馬郡井出郷である。現在の同遺跡は三ッ寺と井出という二つの大字にまたがっており、遺跡名は前者の字名を採っているが、後者の地名こそ、この地が古代以来の井出郷の遺称地であることを示すものである。現在の井出集落は三ッ寺Ⅰ遺跡の西、同道遺跡や井出二子山古墳の東にあり、集落内に井堤《いで》神社がある。この井出集落は江戸時代初期まではもう少し西の井出二子山古墳の南にあったという。『上郊村誌』（一九七六年）によると、前記の井堤神社は景行天皇が東国巡行の際に狩を行なった折り、この地に清泉が湧出するのを見て、社を建てさせて井堤社と命名したという。ここにも聖水信仰の存在が指摘でき、いつごろからの伝承かは不明だが興味をひく。

『万葉集』巻第十四は、「東歌」と総括して、東国にかかわる歌謡や民謡を集めた特異な巻であるが、その二三〇首中、上野地方に関する歌は二五首をこえる。その一つに次の歌がある。

伊香保ろの八尺《やさか》の井手に立つ虹の顕《あらは》ろまでもさ寝をさ寝てば　（三四一四）

「伊香保」は榛名山麓一帯を指すとみられ、そこにある高く築かれた堰（八尺の井手）にくっきりとかかる虹が人目につくように、広く世間に知られてしまうまで共寝をしたらよいことだろう、という意の歌である。榛名山麓にある「八尺の井手」は、このように歌い込まれるほど上毛野の人びとの間に膾炙《かいしや》されていたのであり、特定の堰を指すか否かは不明ながらも、その「井手」の存在は『和名抄』にみる「井出郷」という郷名の由来に大きくかかわるものであったと考えられる。井出郷一帯の農業は「八尺の井手」と歌われるほど大規模な水利施設によって維持されていたのであろう。土屋文明は、この歌の作意について、「伊香保山麓地方に開拓が進み、高い用水路などの建設されて行く、社会的出来事に対する関心も、動機の一つであったろう」[34]と論じている。おそらくは井出郷一帯の農村地帯の人びとの間で歌われていた歌が、東歌の一つとして収載されるところとなったのであろう。井出郷の性格と環境をよく偲ばせる歌である。

三ッ寺Ｉ遺跡にみる河川の流路正面に設けられたダム状施設と堰も、まさに井手（堰堤《いで》）にほかならない。三ッ寺Ｉ遺跡の居館は、優れた土木・水利技術を擁して榛名山麓地帯の本格的な開発にのりだした在地豪族の姿を浮かびあがらせる。その「ハレの空間」について、水の祭儀の存在がきわめて色濃く指摘できるのも当然といえよう。水の活用と制禦こそが、その首長に常に付託されていた使命でもあった。

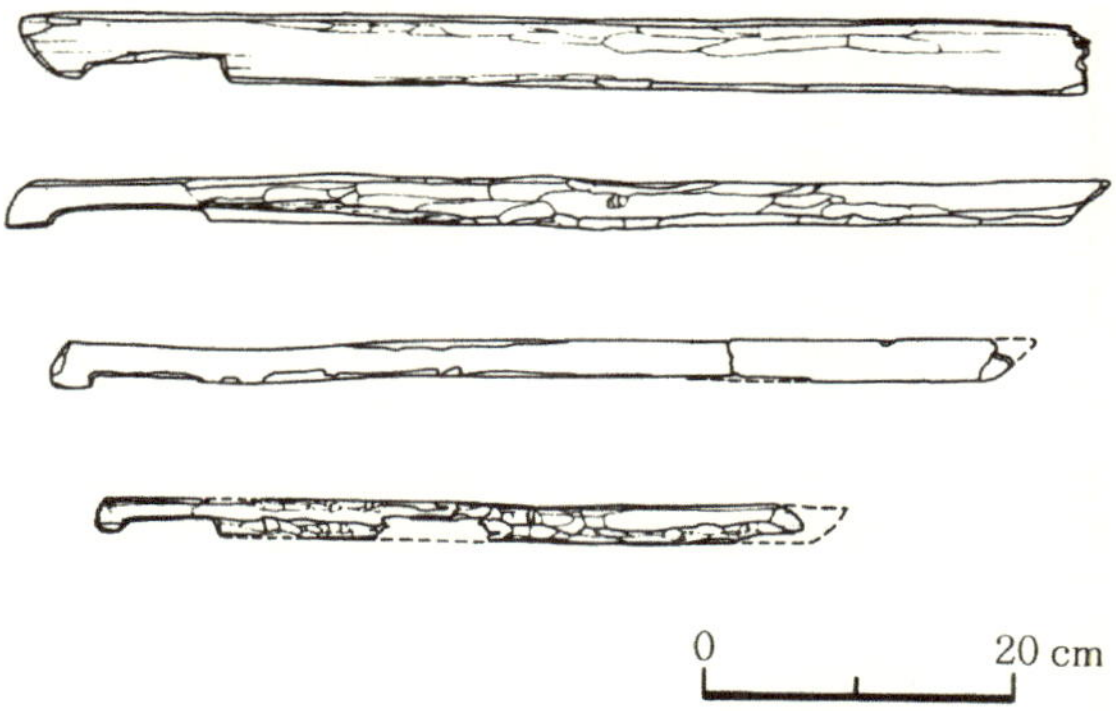

図 21　刀形木製品（三ッ寺Ｉ遺跡出土）

5　武器形木製品と水神鎮撫の儀礼

三ッ寺Ｉ遺跡の濠からは、丸木弓一三点、平弓一点、刀形木製品一八点、剣形木製品一点、靫《ゆき》の底板一点など、武器や武器形木製品が出土している。刀形・剣形木製品は実用の刀剣を模して儀器として使用したものとみられている。弓の多くは実用が可能であるが、いずれもが故意に折損されて濠に投棄されており、なかには刀子で切り口をつけてから折った例も認められる。こうした弓の出土状況は明らかに再使用を拒否するものであり、刀形・剣形木製品と共に何らかの儀礼に使用された道具であったとみられる。

刀形の木製品といえば、『古事記』景行段にみるヤマトタケルによるイヅモタケル討伐物語が思い出される。

クマソタケルを滅ぼしたヤマトタケルは、続いて出雲に至り、イヅモタケルを伐たんとする。まずヤマトタケルは敵を油断させるためにいったん朋友の契りを結び、ひそかにイチイ材で作った刀《たち》を佩《は》いてイヅモタケルのもとに出かけ、ともに肥河《ひのかわ》で水浴した。そしてイヅモタケルは、先に河からあがったヤマトタケルの「刀を易《か》へむ」との提案に従い、ヤマトタケルの佩いていた刀を身につけた。続いてヤマトタケルは「いざ刀合はさむ（試合をしよう）」と誘ってイヅモタケルの刀を抜いたが、イヅモタケルはヤマトタケルの刀がイチイの木刀であったために抜くことができず、打ち殺されてしまった。『古事記』はこの物語の最後を、

やつめさす　出雲建が　佩《は》ける刀《たち》　黒葛多纏《つづらさはま》き　さ身《み》無しにあはれ

という歌謡で結んでいる。

同じ筋書きの説話は『日本書紀』崇神天皇六十年条に、出雲の首長出雲振根《ふるね》が、無断で出雲の神宝を朝廷に献上した弟の飯入根《いひいりね》を伐つ物語としてみえる。

このような計略をめぐらした、だまし討ちのごとき物語は『古事記』『日本書紀』に散見できるが、さきのヤマトタケルの説話をみると、武力による地方平定の伝承が徐々に地方首長による服属の儀礼として昇華され、なかば物語化・芸能化された姿として旧辞に記載されたと考えることができる。したがって、その説話は具体的な歴史事実が非常に抽象化され、また象徴化されたものである。

ヤマトタケルの物語で勝敗をわけたのはイチイ材で作った刀である。しかもその刀は外見では本物の刀と区別できなかったわけで、歌謡からみると黒葛を外装に巻いたものであった。

木製の刀・剣、さらには甲《よろい》などをはじめとした武器形木製品は、弥生時代以降の多くの遺跡から出土している。イチイ材の武器形木製品といえば、一九三七年に唐古《からこ》・鍵《かぎ》遺跡（奈良県磯城郡田原本町）から出土した弥生時代前期のイチイ材でつくられた剣形木製品があげられる。(35) 切先に近い部分を欠損しているが、約五〇センチ程度とみられる全長に対して約八センチの幅をもつ剣身には、その中央を走る鎬《しのぎ》と呼ばれる稜線が明瞭な隆起帯で表現されている。この

剣形木製品は赤色にぬられており、利器としての剣をかなり誇張した形態からしても、祭祀をはじめとした儀礼の場で使用されたものであろう。

弥生時代後期の代表的遺跡である登呂遺跡（静岡市）からは七点の刀形・剣形木製品が出土している。[36] そのいずれもが比較的柔らかな杉材でつくられており、利器としての使用は考えられない。そのうちの一点、鞘《さや》を赤く塗った剣形木製品は、武器形木製品の特質をよく示している。桜皮を撚《よ》った組紐状のもので鞘を締めたこの木製品は、鞘の長さが四四センチ以上もあるのに対し、剣身は一〇センチ程度しかなく、しかも十分に身を表現していない。外形さえ整っていればよく、鞘から抜いた剣身を人に見せる必要はなかったのである。まさに儀器としての使用法がそこにみられる。唐古・登呂の両例ともに赤色顔料が塗られている点も、そうした使用法を裏づけていよう。

さらに坪井遺跡[37]（奈良県橿原市）の弥生時代中期の溝から出土した、剣形木製品に装着されていたとみられる柄は、流水文を簡略化したような並行線や鋸歯文の浮彫りによって飾られ、しかも全体が鮮やかな赤色に塗られていた。また宮ヶ久保遺跡（山口県阿武郡阿東町）では、集落を取り囲む環濠（弥生時代中期）から、銅戈《どうか》を忠実に写しとった戈形木製品をはじめ剣・槍・戟《げき》などをかたどった木製品が出土している。唐古例のごとく金属製武器の形態を木材によって表現しようとする行為が、実用の金属製武器の出現直後からみられる点は大いに注目される。

古墳時代に入っても武器形木製品を使った儀礼は続く。服部遺跡（滋賀県守山市）では、鞘に納まった状態に削り出された剣形木製品が前期の溝から出土している。その鞘尻・鞘口や柄頭・柄縁は赤く塗られ、鞘や柄の本体はやや細めにつくられており、そこに黒葛などを纏《ま》きつけて、その表面にも赤色が施されていたとみられる。まさに外見では実際の剣と区別がつかないほどにつくられていた。さきの『古事記』『日本書紀』の説話に登場するような木刀も、実際に存在したのである。

さらに前述した和爾・森本遺跡（奈良県天理市）の五世紀末から六世紀中頃まで使用された井戸からも、刀形木製品が斎串などの祭祀具とともに出土している。

このように武器形木製品は、その多くが溝や濠、また川や井戸などから検出されている。この点に注意すると、水を対象としたなんらかの祭祀儀礼によって武器形木製品がそれらの遺構に投じられたことが考えられる。

『日本書紀』によると、イワレビコ（神武天皇）がいわゆる東征の途上、海路から熊野に上陸し、大和へ赴かんとした際、暴風によって海が荒れ、船が波に翻弄されたとき、イワレビコの兄であるイナヒが剣を抜いて入水し、続いてやはりイワレビコの兄ミケイリノも入水することによって、イワレビコの軍は熊野の荒坂津に上陸できた。『日本書紀』はイナヒが「サヒモチ（鋤持）の神」になったと記している。サヒとは朝鮮語系の言葉で刀剣や鋤《すき》を意味し、モチは神霊を意味する。イナヒは霊力ある剣を持って入水することによって剣の神となり、その霊力によって海を凪《な》ぎさせることができたのである。

江戸時代にも、船が嵐で遭難するようなときには、まず積荷を棄てて船を軽くし、帆柱を切って一心に神仏に祈り、それでもききめのないときには脇差を海に投じ、さらには髷《まげ》を切るなどの行為をしたという。海神や水神を鎮めるのに武器が有効と考えられていたのである。

六世紀のはじめ、北魏の酈道元《れきどうげん》によって著わされた『水経注』には、武器形木製品の性格とその出土状況を考えるうえで示唆的な記述がみられる。

西域に敦煌出身の索勱《さくばい》という有能な将軍がいた。彼は酒泉・敦煌の兵千人を率い、楼蘭国で屯田を拓くため、さらに多くの兵を召集して注浜河の水を塞き止めようとしたが、水の勢いが強くて思うように制禦できないばかりか、索勱が祈禱を行なっても水勢はいっこうに衰えをみせない。そこで兵は隊列を組み、武器を携え、軍鼓を打ち鳴らし、ときの声をあげ、矛や槍で刺したり矢を射たりして水神と戦うこと三日におよんだ。やがて水は引き、その河は土地を豊かに灌漑したので、索勱は神と讃えられた。（『水経注』河川篇巻二）

わが国でも、灌漑や治水に際して水神を鎮める祭祀は、農耕儀礼のなかで大きなウェイトを占めていたと思われる。

弥生時代後期の集落遺跡である伊場遺跡（静岡県浜松市）の環濠から木製の短甲が二点出土した。[38] 両者とも柳材でつくられ、一方が防具の胸当て、他方が背当てと推察される。両者とも深く明瞭な稜をもってきざまれた同心円や渦巻、平行線、鋸歯、羽状などの呪的文様が全面に彫られ、それを酸化鉄を主成分とする丹と黒漆によって塗りわけている。柳という比較的やわらかな材を使用している点や、きわめて呪的な文様から、これは実戦の防具として使用されたものでないことは明らかである。また三ッ寺I遺跡から出土した弓のほとんどが意識的に折られて濠に投棄されたとみられる点は、濠端での祭儀に使用された道具であることを物語っている。このような武器形木製品の出土状況をみるとき、『水経注』に象徴的に語られているような水神鎮撫の儀礼はわが国でも大いにありえたことと考えられる。三ッ寺I遺跡では、「ハレの空間」だけでなく、濠端においても水の祭儀が行なわれていたのである。

四　家屋文鏡の再検討

1　四つの形態の古代建築

さきに筆者は、古代豪族居館遺跡の検討から、それが「ハレの空間」と「ケの空間」という対照的な性格をもつ二つの空間からなることを明らかにしたが、この二つの空間の存在についていま少し考察しておきたい。

奈良盆地の西寄り、馬見丘陵のほぼ中央部に、自然地形を利用して築造された前方後円墳、佐味田《さみだ》宝塚古墳がある。

全長約一一五メートル、後円部径約六〇メートル、前方部幅約五〇メートルという規模をもつこの古墳は、巣山古墳・新木山古墳・乙女山古墳などの大型墳を中心とした馬見古墳群形成初期の、古墳時代前期後半（四世紀後半）に造られたものである。一八八一年に後円部が発掘され、礫を用いた排水施設をもつ粘土槨とみられる埋葬施設が発見され、三〇数面にのぼる銅鏡、鍬形石・石釧・巴形銅器・銅鏃のほか、剣・斧・のみ・鎌・刀子などを模した石製模造品など、豊富な遺物が出土した。[39] 三〇面をこえる銅鏡は、同じ馬見古墳群に含まれる前方後円墳、新山《しんやま》古墳（全長一三七メートル）の竪穴式石室より出土した三四面とともに、奈良県下では最多であり、古墳時代の銅鏡研究に重要な位置をしめている。そしてそれらのなかに「家屋文鏡《かおくもんきょう》」と呼ばれる直径二二・七センチの大型鏡があることはよく知られている。

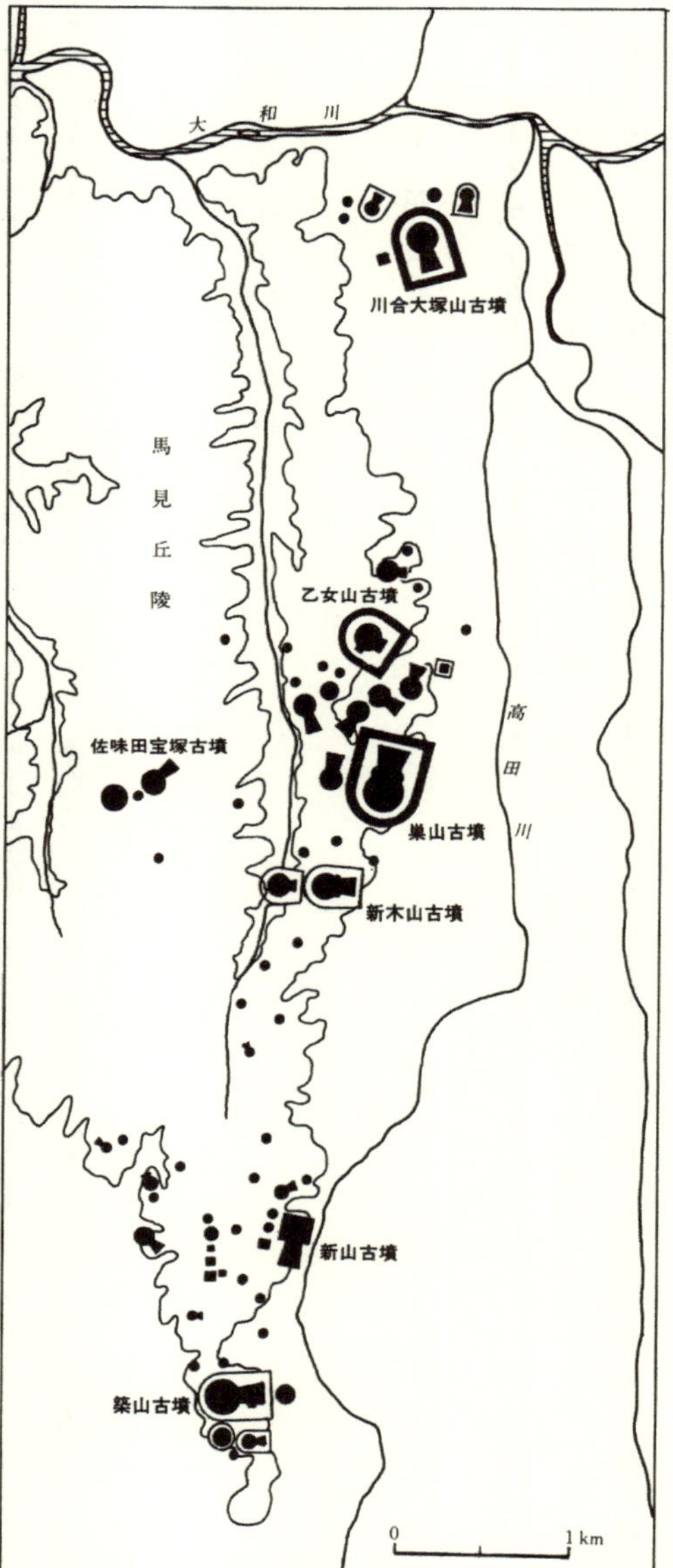

図22　馬見古墳群と佐味田宝塚古墳の位置

写真16　佐味田宝塚古墳（左が後円部）

次頁の写真をごらんいただきたい。その内区には方形格をなす鈕座《ちゅうざ》の各辺を地表面とみなすかのように、それぞれ形態を異にする四棟の建物が配置されており、そこにみられる具象的な表現は、それらの建物が佐味田宝塚古墳の築造された四世紀に実在したことを推察させるに十分であり、古代建築史上重要な資料といえる。これから検討の中心とする入母屋型の屋根をもつ高床式建物を仮にA棟と呼び、左まわりに各建物をB・C・D棟と称して論をすすめたい。

四棟の建物の形態を外観から大雑把に把握すると次のようになる。

A棟　入母屋型屋根をもつ高床式建物
B棟　切妻型屋根をもつ高床式建物
C棟　入母屋型屋根を地表まで葺きおろした建物
D棟　入母屋型屋根をもつ平地式建物

以下、これらの建物について検討していくことにする。

A棟　入母屋型屋根をもつ桁行三間の高床式建物で、高床下部の柱の高さは高床部のそれよりかなり高く、非常に床《ゆか》の高い建物であったことが窺える。床にあたる部位の横架材は、かなりの厚みをもって表現されており、堅牢な建物を表わしていることがわかる。

高床部には柱と柱の間に方形の枠があり、その中に二本の平行線が表現されている。これは板材を横に張った壁を表わしているものと理解でき、高床部が閉鎖的な空間であることを意味するものと推定される。

一方の妻側には階段状の梯子《はしご》が架けられ、手摺《てすり》が付設されている。他方の妻側には床より一段低く、露台とみられる施設があり、建物の平側から露台の上方に、長い柄をもった傘とみられる器物がさしかけられている。柄の上部に

写真17　佐味田宝塚古墳出土の家屋文鏡

は二本の総《ふさ》状の装飾が垂れ下がり、立体的に肉厚な表現をみる傘の頂部には、上方に開く装飾が付けられている。この傘状の器物は貴人や神の存在を表現したキヌガサとみられ、それがさしかけられたこの高床式建物が貴人や神にかかわる施設であることを示している。キヌガサの存在は、すでにキヌガサ形埴輪が古墳時代前期にみられることから間接的には知られていたが、近年、下田遺跡（大阪府堺市・古墳時代前期）や唐古・鍵遺跡（奈良県磯城郡田原本町・古墳時代前期）、四条田中遺跡（奈良県橿原市・古墳時代中期）などから、その骨組とみられる木製品が出土している。

高床の下は、蓆《むしろ》か薄板を編んだ網代《あじろ》状の仕切りによって壁がつくられ、高床部と同様に閉鎖された空間を表わしているとみられる。

入母屋型屋根の妻には千木が表現され、大棟と寄棟風に四辺への流れをもつ本屋の軒先近くには、網代によって被《おお》われた棟押えや軒押えの表現がみられる。

さらに屋根の両上方には、空間いっぱいに雷電文とみられる文様があり、特に梯子が架けられた側の雷電文は大き

写真 18　家屋文鏡Ａ棟

く描かれ、その中には、錆や布帛の付着によって不鮮明ながら、人物の座像らしき表現が認められる点に注目したい。『日本書紀』には、雄略天皇に関して次のような説話がみえる。

天皇（雄略）は三諸岳（三輪山）の神の姿を見たいと少子部連《ちいさこべのむらじ》蜾蠃《すがる》にその捕捉を命じた。蜾蠃は三諸岳《みもろのおか》に登って大蛇を捉え、天皇に見せようとした。ところが天皇は斎戒せずに見たので、大蛇は雷のように音をとどろかせ、目を輝かせて怒った。天皇は畏《かしこ》まって、大蛇を見ることができず、大蛇を三諸岳に放たせた。そこでスガルは雷《いかづち》という名を賜わった。

（雄略天皇七年七月条）

『日本書紀』は三輪山の神が天皇の前に顕われるさまを「其の雷《かみ》虺虺《ひかりひろめ》きて、目精《まなこ》赫赫《かがや》く」と表現し、まさに雷鳴とともに神が示現する光景を語っている。雷電と神の示現については第四章でさらに詳述したい。

Ａ棟の閉鎖的な高床式建物にはキヌガサに象徴されるように貴人（豪族の首長）が籠っており、そこへ神が稲妻とともに降臨せんとするところが表現されているものとみられる。

Ｂ棟　妻ころびの著しい切妻型の屋根をもつ桁行二間の高床式建物である。高床部の壁面はＡ棟と同じ表現がなされ、板を横に張った閉鎖的な空間を表わしているようである。また床下もＡ棟と同じく、網代様の組物によって壁が造られ、閉鎖されているらしい。妻側の一方にはＡ棟と同様の階段状に表現された梯子がみられるが、その傾斜はＡ棟よりも急である。しかし手摺《てすり》は認められない。大きくころぶ妻側に千木がある点は、四棟の建物すべてに共通する。また棟には幅広に網代状の棟押えが表現され、棟の上には二羽の鳥がとまっているようである。棟上に鳥を表現する

写真19　家屋文鏡B棟

のは、B・C・Dの三棟である。A棟の棟の上には鳥は認められないが、これはA棟の棟が高く表現されたため、鳥をあらわす空間がなかったためとみられる。

B棟と同様の形態をもつ建築は、伝香川県出土の袈裟襷文《けさだすきもん》銅鐸や、唐古・鍵遺跡出土の弥生土器片に線刻された土器絵画にみられるが、これらはいずれも棟持柱を表現しており、棟持柱をもたないB棟の方がより発達した構造といえよう。さらに、このような切妻高床式建物は、登呂遺跡（静岡市）や山木遺跡（静岡県田方郡韮山町）などの出土部材から復元されており、鼠返《ねずみ》しの存在などから穀物を貯蔵する倉庫と考えられている。B棟の壁面が閉鎖的に表現されている点も同様の性格を与えうる根拠と考え、この建物を高床式倉庫と推定しておきたい。

なお、前述した豪族居館の一つ、松野遺跡の「ハレの空間」中央に位置して建てられている建物SB〇五は、棟持柱をもつ切妻型屋根の高床式建物であり、報告者はこれを「神殿的な性格の建物[40]」と考えており、その位置からみても、「ハレの空間」での祭儀に際して中心となった建物と推定できる。一方、家屋文鏡においては、上述したA棟が、キヌガサや雷電とともに降臨せんとする像の表現などから、祭儀の中心となる建物とみられ、その性格において松野遺跡のSB〇五に該当する建物に比定でき、B棟はA棟に対して従属的な性格をもつ建物と考えられる。この点も、B棟を高床式倉庫とみる考察を補強するものといえる。一方、湯納《ゆのう》遺跡[41]（福岡市西区）出土の建築部材から復元された古墳時代前期の切妻型屋根をもつ高床式建物の床下は草壁によって閉鎖されていたことが、床下を構成した部材から明らかにされている。この建物

写真20　高床式倉庫（登呂遺跡）

は屋内が二室に仕切られ、蔀《しとみ》式の扉や窓をもつ点から、倉庫以外の特殊な用途（何らかの祭儀）に使用された建物と考えられ、これと同様に床下を閉鎖したB棟の性格にもなお検討の余地が残されていることを指摘しておきたい。

C棟　入母屋型の屋根が地表近くまで葺きおろされた建物である。屋根には網代による棟押えと軒先の仕舞がみられ、その下には、軒先とわずかの間隔まで土を盛りあげたとみられる堤状の施設が巡らされているようである。この堤状の盛土を補強するための杭や矢板の表現とみられる二本一組の縦線が等間隔に認められる。こうした堤状施設には、雨水が建物内に入ることを防止する効果のほかに、屋根が葺きおろされる高さが堤状施設の上縁まで高くなり、それによって建物内の空間がひろくなるという効果がある。この種の遺構は六世紀の黒井峯遺跡（群馬県北群馬郡子持村）と中筋遺跡（群馬県渋川市）や、弥生時代後期の登呂遺跡などで発掘されており、登呂遺跡では、矢板を打ち込んだり、等間隔に打った杭列の内側の曲線に沿って板をしならせるように張りつけて堤状施設の外側を補強しており、C棟の表現を裏づけている。こうした遺構はいずれも住居跡に伴うものであり、黒井峯遺跡や中筋遺跡では竪穴式住居、登呂遺跡では平地式住居が、堤状施設をもったC棟のような型式の建物の用途をよく示している。

入口の扉は突き上げ式で、その前にはA棟と同じキヌガサがさしかけられている。しかしその大きさはA棟よりもひとまわり小型である。またキヌガサの下にはA棟の露台に似た表現がある。この露台状の施設は、床《ゆか》に該当する部分の表現においてA棟がかなりの厚みをもっているのに対し、C棟は一本の細線でしかない。またそれを支える柱の下端は、A棟では主屋と同じレベルに並ぶのに対し、C棟では堤状施設下端よりもやや高い位置にあり、主屋に結接

写真 21　家屋文鏡C棟

写真 22　家屋文鏡D棟

した施設ではなさそうである。そしてこの横線の中央をキヌガサの柄が斜めに交差している点に注目すれば、それがキヌガサを支えるための施設であることを理解することができよう。

　棟の上に二羽の鳥がとまっているのはB棟と同じである。屋根の右上にはA棟と同じ雷電文が空間いっぱいに表現され、その中に小座像が認められる。また左上にも雷電文の一部とみられる表現が遺存している。こうしたキヌガサや雷電文は、この建物がA棟と同様に貴人（豪族首長）にかかわる建物であることを語っている。

D棟　入母屋型の屋根をもつ平地式建物とみられる。棟には網代による棟押えが、軒先にも同様の仕舞がみられる点はA棟やC棟と同じである。この建物はかなりの厚みをもった横架材（土居）を基礎とし、この基礎の上に四本柱が立てられたとみられる。従来はこの表現を基壇状施設とみる説が一般であるが、基壇であったなら、この建物に登壇するための階段が表現されていてもよいはずである。A棟やB棟では高床部へ昇降するための梯子が丁寧に表現されており、D棟の基壇にも当然階段がみられてもよい。しかるにそれがない点も、これを土居とする考えを補強するものであろう。

桁行三間のこの建物は、A棟やB棟の柱にくらべて、その幅がかなり広く、柱ではなく壁構造となっていたらしい。各間口には観音開きの扉と理解される施設があり、開放的な建物を表わしているのであろう。このD棟の屋根上にも二羽の鳥がとまっており、そのうちの一羽には鶏冠とおぼしき表現があり、雌雄を表わしたものと考えられる。

2　棟上の鳥

家屋文鏡にみる四棟の建物のうちB・C・Dの三棟の屋根上に配置されたそれぞれ二羽の鳥は、各建物の性格を考えるうえで重要な図柄と考えられる。

たとえば、スサノヲの暴虐を怒って天岩戸に隠れたアマテラスを呼びもどす儀礼を始めるにあたり、神々は常世の長鳴鳥を鳴かせる（『古事記』上巻、『日本書紀』神代上・第七段）が、これは鳥（の声）が生命の復活や誕生に大きな作用を果たすと認識されていたためである。また仁徳天皇が誕生の折り、その産屋《うぶや》に木菟《つく》（ミミヅク）が飛び込み、一方、同じ日に武内宿禰にも子供が生まれ、その産屋には鷦鷯《さざき》（ミソサザイ）が飛び込んだ。このように皇子と宿禰の子が同日に誕生し、ともにその産屋に鳥が飛び込むという吉祥であったので、互いに鳥の名を交換して皇子を大鷦鷯、宿禰の男子を木菟と名づけたという（『日本書紀』仁徳天皇元年正月条）。この易名伝承では、鳥が新しい生命をもたらす動物となっている。

他方、能煩野《のぼの》に斃《たお》れたヤマトタケルが白鳥（『古事記』では白智鳥）となって空を翔《か》けた説話（『古事記』景行段、『日本書紀』景行天皇四十年是歳条）では、白鳥が霊を天上に運ぶ動物として表現されている。

さらに『豊後国風土記』には次のような伝承が記載されている。

豊後国速水郡の田野という所は地味秀れ、水田開発が進み、人びととの食い分に余る稲が出るしまつで、そうした

写真23　棟上の鳥
(殿部田1号墳出土の家形埴輪)

稲は田の畝に捨てておかれた。あまりに裕福になった人びとは餅を弓の的にまでしたので、餅は白鳥と化して飛び去った。その後、この地の人びとは死に絶え、荒廃してしまった。

同種の「餅の的」の伝承は『山城国風土記』逸文の伊奈利(稲荷)社の起源説話でも語られている。白鳥は稲の精霊(穀霊)なのである。さきにみた人の誕生と死における霊と鳥の性格の一致は、『豊後国風土記』の上記説話にみるような農耕を基礎とした古代人の精神生活を基層とするものであることがうかがわれる。鳥は精霊(神)であり祖霊であった。家屋文鏡にみる建物の棟上に配された鳥は、その建物が神や祖霊の座す場、守護する場であることを語っているのであり、この銅鏡を所持した豪族首長の権威と不可分の関係にある建物であることを主張するためのものであろう。千葉県山武郡芝山町の殿部田《とのべた》一号墳や茨城県西茨城郡北那珂村篠沢出土の家形埴輪の堅魚木《かつおぎ》の上には鳥がとまっており、特に後者は二羽の鳥がみられる点で家屋文鏡と共通している。さらに京都府与謝郡加悦町の作山《つくりやま》古墳からは、家形埴輪の堅魚木の上にとりつけられたとみられる鳥形土製品が数個出土している。このような鳥形土製品も、上述した同じ性格を有するものである。

3　キヌガサをかかげる建物

次にA棟とC棟という、鈕《ちゅう》を中にして対照の位置にある二棟の建物に注目したい。両者には貴人(豪族首長)の象徴たるキヌガサが表現されており、四棟のなかでもこの二棟が首長にとって特に重要な建物であったことを示している。また、さきにみたように、両者の屋根の左右上方には、稲妻形をした雷電文が配され、ともに右側の雷電文中に人物座像が認められる。この人物像こそ、稲妻とともに天より来臨する神の姿を表わしたものとみられ、キヌガサとともに建物の重要性をよく主張している。

古墳時代首長の居館内部が「ハレの空間」と「ケの空間」に明瞭に分割使用されていたことはさきに分析した。しかも三ッ寺I遺跡では、その両空間の建物は機能に応じてまったく異なった建築様式を採用していた。そこでは、「ハレの空間」の中心として祭儀がなされた建物は入母屋型屋根をもつ大型の掘立柱平地式建物であり、他方、首長の日常の住居は竪穴式建物であった。

この三ッ寺I遺跡での分析結果を援用すると、家屋文鏡において対照の位置に配されたA棟とC棟は、前者が「ハレの空間」において首長による祭儀が執行される中心的建物であり、後者が「ケの空間」において首長が居住する建物であるとみられる。首長にとって最も重要な建物であったがゆえに、両者にはキヌガサが付され、屋根上には来臨する神の姿が表現されたのである。C棟が竪穴式住居の外観を有する点も参考になる。

以上の考察から、残るB棟とD棟は、屋根に鳥がとまってはいるものの、キヌガサや来臨する神の姿が見られない点で、A棟やC棟の従属的位置にある建物と考えよかろう。しかし、この二棟の建物が居館内のいずれの空間に位置すべきかをにわかに結論づけるのは困難である。B棟が高床式倉庫とみられることはさきに検討したところであるが、なお床下の閉鎖性においてA棟と同じであり、そこに何らかの特殊な性格を考慮する余地を残している。さらにD棟については、基礎を土居とする建物はいったん腐朽すれば考古学的に検出することは困難であり、したがってその性格を考古学から検討するのは難しい。家屋文鏡にみる開閉施設の表現から、非常に開放的な建物であることは確実であり、あるいはC棟を冬の住居と考え、このD棟を夏の住居とみなす解釈も可能かと思う。今後の考究にまちたい。

ここで家屋文鏡にみる四棟の建物について筆者の考えを整理すると、これらは四世紀代の豪族居館内に建てられていた主要な建物であり、特に対照の位置に配されてキヌガサと雷電文とともに表現された二棟の建物は、A棟が「ハレの空間」において祭儀を実修する建物、C棟が「ケの空間」における首長の居住する建物として特に重要であった。ここにも居館内の分割使用が明示されている。

4　従来の研究への疑問

以上、家屋文鏡の図柄が豪族居館の姿を反映するものであることを考察してきた。これら四棟の建物の性格については、はやく梅原末治[42]・堀口捨巳[43]らによって検討が加えられ、近年では木村徳国[44]や池浩三[45]、また鳥越憲三郎・若林弘子による共同研究[46]などがある。とりわけ木村と池は、四棟の建物を古代史のなかで有機的に関連づけて理解しようと詳細な研究を行なっていて注目される。

木村徳国は「鏡の画とイエ」(『日本古代文化の探究――家』一九七五年)において、「この四棟のワンセットを、次のように解釈したい。すなわち、当時、もっとも尊く・ありがたく・おそろしきもの四者を、神像のかわりに、その住居(またはかかわり深い)建築によって表現しようとしたもの」と考え、各建物について次のような性格づけを行なった。すなわちA棟は「わが国にもっとも伝統的な宮殿建築の正統形式」で、「その居住者を、当時の祭・政二重の権力構造から、宗教的王者と推定」する。またB棟は「来年の稲種が収められ」るクラであり、「ウカノミタマ(倉稲魂)を象徴しようと」した建物表現、C棟は「部族の長として支配するクニツカミのすまい」と考え、「かのキヌガサは、その勢威の大を象徴したもの」と推定している。さらにD棟は「はじめて成立した倭国政権の宮廷正殿の画像」で、「従来の宗教的権力を越えて形成された世俗的権力の首長、オホキミ(大王)を象徴」するものとした。木村説は、倭国政権が成立するまでの各段階――①各部族分立の段階、②祭政一致の二重権力をもった宗教的王者出現の段階、③倭国政権成立の段階＝大王の出現――を象徴するものとして、この三段階にそれぞれC・A・Dを比定し、時間的な発展段階を考えようとする点に特色がある。

さらに「古墳時代前期の王位就任儀礼としての新嘗の舞台を家屋文鏡の図像に読みと」ろうとした池浩三は、その労作『家屋文鏡の世界——古代祭祀建築群の構成原理』（一九八三年）において、四棟の建物に次のような有機的理解を示している。

> 陰暦九月上旬ごろ、斎田における抜穂の行事の実修によって収穫された稲穂は、既に王位就任儀礼のために宮中に新設されていた四棟の建物のうちのB棟（高倉）に収納された後、新嘗の本儀直前に取り出され、脱穀精米される。そしてD棟（酒殿または炊屋）においてその米から酒が醸まれ、飯が炊かれる。新しい王は禊の後、C棟（室）に入り、さきの酒飯を喫し、床（真床覆衾《まとこおぶすま》）に臥すことにより、穀霊的性格を所有した新しい王として生まれかわる。次にA棟（高殿）で即位式が行われ、王は露台に立って即位を宣言した後、建物内に入り、国見を行い、支配する国土を賛美する。ここに一連の王位就任儀礼は終了する。

三ッ寺I遺跡や松野遺跡の例にみるごとく、古墳時代中期段階における整備された「ハレの空間」の姿は、各首長独自の王権神話と、それに裏打ちされ高度に体系化された祭式儀礼の存在を容易に推察させ、その点において池浩三の説くような王位就任儀礼（首長権継承儀礼）がすでに成立していた可能性は十分に考えられる。しかし上述したように、近年の居館遺跡の調査成果は、家屋文鏡にみられる各種建物が首長の居館を構成する主要建物として存在し、「ハレの空間」と「ケの空間」に建てられて首長の日頃の活動を支えていたことを示しており、首長権継承儀礼に際して建設される建物にその性格を限定する池説には疑義をはさまざるをえない。また筆者は以下の論において、A棟が首長権継承儀礼だけでなく、時節ごとに数々の王権祭儀が執行される場であることを論じるが、その観点からも、家屋文鏡にみる建物群が継承儀礼のためにのみ存在したとは理解できない。

家屋文鏡に表現されたA棟が四世紀代の首長の居館における「ハレの空間」の中心的建物を表現したものであると

いう観点に立ち、この建物の性格をさらに追求しなければならない。それは古墳時代の首長による王権祭儀の実態を解明してゆくうえできわめて有効な視点となるはずであり、ひいては三ッ寺I遺跡の「ハレの空間」の正殿での祭儀内容をより具体的に考察することを可能ならしめるであろう。

補章　名柄遺跡と葛城氏

1　三ッ寺I遺跡との対比

一九八九年六月、奈良盆地の西南、葛城山麓を南北に通ずる名柄《ながら》街道と、水越《みずこし》峠を経て南河内から奈良盆地に至る水越街道が交差する御所《ごせ》市名柄集落の一画から、五世紀後葉〜六世紀前葉に営まれた古代豪族の居館の一部が、名柄小学校の体育館建設にともなう発掘調査によって検出された。名柄遺跡と呼ばれるこの居館遺跡は、基本的には方形プランをなすとみられる居館を環濠によって囲繞するものであり、今回の調査によって検出されたのは、その北東隅角部分である。調査地域は近世以降に大規模な削平を受けており、ために環濠は底近くが深さ約六〇センチ程度しか遺存していなかった。濠に沿って巡らされていたであろう柵跡も検出されなかった。環濠は両岸ともに、背後の葛城山地で採取される葛城石英閃緑岩に多少の面取りを加えた石材を積みあげて石垣としている。調査担当者は

写真24　名柄遺跡
（背後の山は金剛山）

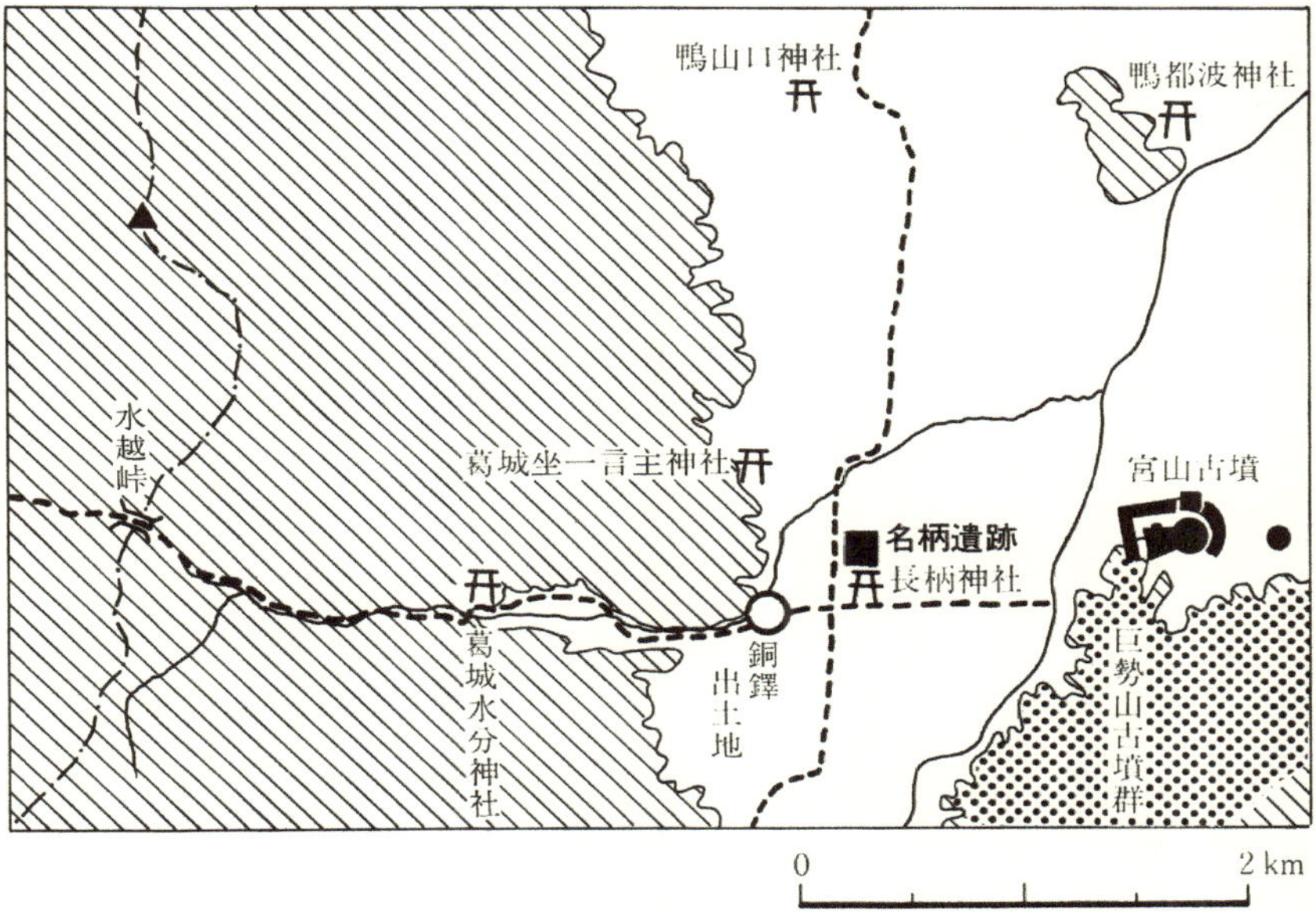

図 23　名柄遺跡とその周辺

この環濠の深さを、周辺の地形の状況などから約二メートル程度とみている。検出された環濠は北濠と東濠の結接部にあたる。北濠の幅は現状で約六メートルを測るが、深さが約二メートルあったとすると、本来の上縁幅は一〇メートル程度だったと推察される。一方、東溝は今回の調査で濠の外縁部が検出されず、少なくともその上縁幅が約一五メートルあったとみられる。

　このように石垣を積みあげて護岸工事を行なった豪族居館としては、さきにみたように、名柄遺跡と同時期に上毛野の地に営まれた三ッ寺I遺跡があり、付近を流れる小河川から水をとり込んで環濠が常に水を湛えていた点でも両遺跡は共通している。三ッ寺I遺跡では、居館側にのみ石垣による護岸がなされており、両岸にこれを行なった名柄遺跡の方がより丁寧かつ頑強な工法を採っているといえる。他方、濠の規模においては、三ッ寺I遺跡がその上縁幅三〇メートル以上、深さも三メートルを超え、はるかに名柄遺跡を凌駕している。しかし大和と上毛野の地域的・歴史的な状況の相違から考えて、こうした数字のうえでの比較はさほど意味をもたないであろう。

名柄遺跡の濠の底からは武器形木製品などの祭祀具のほか、機織具や木製農耕具が出土し、こうした遺物の組成も三ッ寺Ⅰ遺跡と共通する。また、この調査に先立って居館内の一部が調査され、一辺約八メートルの竪穴式建物と、二間×二間の高床式建物が検出され、竪穴式建物に接して掘られた土壙から鉄滓や碧玉の破砕片が出土し、居館内に金属工房や玉造工房の存在したことが推定できる。三ッ寺Ⅰ遺跡でも青銅の熔融や鉄の精錬・鍛冶を居館内で行なっていたことが、出土金属滓の分析から明らかになっており、豪族居館の実態を知るうえに興味ある共通点といえる。

2　名柄遺跡の葛城氏

御所市名柄の地は、盆地西南部における交通の要衝であり、古くは「長柄」と表記され、『和名抄』の葛上郡高宮郷に属していた。高宮郷といえば、仁徳天皇の皇后磐之《いわの》媛《ひめ》が、「つぎねふ　山背河《やましろがは》を　宮泝《みやのぼ》り　我が泝れば　青丹《あおに》よし　那羅《なら》を過ぎ　小楯《をだて》　倭《やまと》を過ぎ　我が見が欲し国は　葛城高宮《かづらきたかみや》　我家《わぎへ》のあたり」（『日本書紀』仁徳天皇三十年九月条。『古事記』の仁徳段にも同じ歌がみえる）と偲んだ地であり、おそらくその父、葛城襲津彦《そつびこ》の居館を「葛城高宮」と呼んだのであろう。「高宮」については第四章で考察するが、カタドノのある宮、あるいはタカドノそのものを指した名称とみられ、「葛城高宮」にもタカドノが存在したと考えられる。襲津彦は『記』孝元段に「葛城長江曽都毘古」とみえ、長柄は古くはナガエと訓んだという説(47)がある。そうだとすれば「長柄」＝「長江」であり、長柄（名柄）の地を襲津彦の本貫地に比定することができる。「葛城高宮」もおそらく、そこにあったのであろう。

さらに名柄遺跡の北西約〇・四キロには、同じ高宮郷に属して、式内社葛城坐一言主《かつらぎにますひとことぬし》神社（現社名は葛城一言主神社）が鎮座している。ヒトコトヌシは『記』『紀』ともに雄略天皇段にみえる神であるが、より古い伝承をとどめる『記』の記載によれば、雄略天皇が葛城山に登ったところ、ヒトコトヌシは天皇と同じ装束で顕現した。その名を聴いた天皇は畏《かしこま》って大御刀・弓矢と従者たちの着用していた衣服を献上し、ヒトコトヌシは天皇の還幸に際して長谷の山口まで送ったという。そこには天皇をも従わせる葛城地方在地の神としての性格がみえるが、この神を奉祭した豪族は葛城氏であったと推察される。

こうした諸点から、高宮郷は葛城氏歴代の拠点であったと考えられる。しかし葛城円《つぶら》大臣が安康天皇を殺害した眉《ま》輪《わ》王を匿《かくま》って雄略天皇に滅ぼされた際、葛城高宮は「葛城の宅七区」のうちの一つとして、大王家の直轄地「葛城県」となり、葛城氏は急速に衰退した。のちに蘇我馬子は葛城氏と同族にある関係からか、「葛城県は、元臣が本居なり」と主張して、その返還を推古天皇に求めて拒否される。しかし蘇我蝦夷は皇極天皇元年、その権勢によって葛城高宮に祖廟を建てた。したがって高宮の地は七世紀前半の一時期、蘇我氏の領有に帰していたものと思われる。

高宮郷のこうした変遷のなかで、改めて名柄遺跡の居館の存続年代をみると、五世紀後葉〜六世紀前葉という時期は、すでに雄略朝の末年以降にあたり、葛城氏は大きく衰退し、この地は大王家の直轄領となっていた。ではこの居館の経営者はいかなる氏族に比定できるだろうか。

さきにみたヒトコトヌシと雄略天皇の説話は、すでに円大臣が滅亡した後の段階に登場する話である。すると円大臣家滅亡ののちも、葛城氏の奉祭神とみられるヒトコトヌシは天皇に対して大きな力をもっていたことになる。

葛城氏は襲津彦のあと二系統に分かれ、円大臣はその一系統であって、没落したのはこの家だけであった。「大臣」とあるから、こちらが宗家であったと思われる。もう一つの系統は襲津彦の子、葦田宿禰に始まる家で、履中妃に黒媛を、その間に生まれた市辺押羽(押磐)皇子に荑媛《はえひめ》を出し、その間に生まれたのが顕宗(弘計《をけ》王)・仁賢(億計《おけ》王)や、この両王が位を譲りあって即位しなかったとき一時的にマツリゴトを執ったと伝承される飯豊青皇女らである。市辺押羽皇子以下の人物の信憑性については問題のあるところであるが、葛城氏にもう一つの系統があったことは確かである。[48] おそらくこの一族こそ高宮において葛城地方の在地豪族として葛城県の管理を行なった人々と推察でき、彼らを名柄遺跡の経営者に比定することができるであろう。

名柄遺跡に関する現在までの調査成果を検討すると、各地で検出されている古墳時代の豪族居館のなかでも、年代および内容において、さきにみたように三ッ寺I遺跡との間に多くの類似点を見いだすことができる。おそらく居館内部の状況も三ッ寺I遺跡と同様に、首長権を執行するマツリゴト（祭事・故事）の場である「ハレの空間」と、豪族の日常生活の場である「ケの空間」に居館内の機能分割がなされていたものと推察される。

注

（1） 下城正・女屋和志雄ほか『三ッ寺I遺跡』、群馬県教育委員会・群馬県埋蔵文化財調査事業団、一九八八年。以下、三ッ寺I遺跡に関する事実関係はすべてこの報告書によった。
（2） 筆者のいう「ケの空間」の入口であって、「ハレの空間」の入口（門）は居館の南東隅にあると想定される。
（3） 辰巳和弘「古代地域王権と水の祭儀」（日野昭博士還暦記念会編『歴史と伝承』所収）一九八八年。
（4） 下城正・女屋和志雄、注1前掲書。
（5） 桜井市教育委員会『桜井市上之宮遺跡第二次発掘調査概要』（現地説明会資料）一九八七年。
（6） 奈良国立文化財研究所『昭和六〇年度平城宮跡発掘調査部発掘調査概報』一九八六年。
（7） 千種浩ほか『松野遺跡発掘調査概報』神戸市教育委員会、一九八三年。
（8） 宮本長二郎「松野遺跡の高床建築について」、注7前掲書所収。
（9） 鹿田雄三・相京建史・中沢悟ほか「荒砥荒子遺跡の方形区画遺構」（『研究紀要』1掲載、群馬県埋蔵文化財調査事業団）一九八四年。
（10） 渋谷忠章・小柳和宏ほか『小迫辻原遺跡・小迫墳墓群（九州横断自動車道建設に伴う発掘調査概報・日田地区V）』大分県教育委員会ほか、一九八八年。
（11） 杉本憲司・森博達「『魏志』倭人伝を通読する」（『日本の古代』1所収）一九八五年。
（12） 中澤貞治『原之城遺跡発掘調査報告書』伊勢崎市教育委員会、一九八七年。
（13） 中澤貞治、注12前掲書。

(14) 西田健彦ほか『丸山・北原』群馬県教育委員会、一九八七年。
(15) 下城正・女屋和志雄ほか、注1前掲書。群馬県埋蔵文化財調査事業団ほか『古代東国の王者――三ッ寺居館とその時代』(展示図録)一九八八年。
(16) 後藤守一「上野国愛宕塚」(『考古学雑誌』第三九巻第一号掲載)一九五三年。
(17) 若狭徹・飯島克己『二子山古墳』群馬町教育委員会、一九八五年。
(18) 福島武雄・岩澤正作・相川龍雄「八幡塚古墳」(『群馬県史蹟名勝天然記念物調査報告』第二輯所収、群馬県)一九三二年。
(19) 右島和夫「保渡田三古墳について」(注1前掲書所収)。
(20) 田辺昭三『須恵器大成』一九八一年。
(21) 柳田敏司・金子真土ほか『埼玉稲荷山古墳』埼玉県教育委員会、一九八〇年。
(22) 吉田孝「日本古代のウヂとイヘ」(『日本民俗社会の形成と発展』所収)一九八六年。『律令国家と古代の社会』一九八三年。
(23) 溝口雄三「土着中国に対する土着日本」(『理想』四七〇号)一九七二年。
(24) 桜井市教育委員会、注5前掲書。
清水真一『奈良県桜井市上之宮遺跡第三次発掘調査概報』桜井市教育委員会、一九八八年。
(25) 置田雅昭「布留遺跡の調査」(『古代を考える』三三掲載)一九八三年。「禁足地の成立」(『大神と石上』所収)一九八八年。
(26) 梅川光隆『大藪遺跡発掘調査報告』六勝寺研究会、一九七三年。
(27) 土肥孝「日本古代の犠牲馬」(奈良国立文化財研究所創立三〇周年記念論文集刊行会編『文化財論叢』所収)一九八三年。
(28) 末永雅雄ほか『飛鳥京跡(一)』奈良県史跡名勝天然記念物調査報告第二六冊、奈良県教育委員会、一九七一年。
(29) 新東晃一・田仲満雄「下市瀬遺跡」(『中国縦貫自動車道建設に伴う発掘調査』一所収、岡山県教育委員会)一九七四年。
(30) 中井一夫・松田真一『和爾・森本遺跡』奈良県史跡名勝天然記念物調査報告第四五冊、奈良県教育委員会、一九八三年。
(31) 岡田精司「大王と井水の祭儀」(『講座日本の古代信仰』三所収)一九八〇年。

(32) 関口修ほか『芦田貝戸遺跡』高崎市教育委員会、一九七九年。
田村孝ほか『芦田貝戸遺跡』Ⅱ、高崎市教育委員会、一九八〇年。
(33) 能登健ほか『同道遺跡』群馬県埋蔵文化財調査事業団、一九八三年。
(34) 土屋文明『万葉集私注』七、一九七七年。
(35) 末永雅雄・小林行雄・藤岡謙二郎『大和唐古弥生式遺跡の研究』京都帝国大学文学部考古学研究報告第一六冊、一九四三年。
(36) 後藤守一ほか『登呂』(本編)、毎日新聞社、一九五四年。
(37) 橿原市千塚資料館『企画展　貫頭衣を着た人々のくらし』一九八三年。
(38) 斎藤忠ほか『伊場遺跡遺物編』1、浜松市教育委員会、一九七八年。
(39) 梅原末治『佐味田及新山古墳研究』一九二一年。
(40) 宮本長二郎、注8前掲書。
(41) 栗原和彦・沢村仁ほか「湯納遺跡」(『今宿バイパス関係埋蔵文化財調査報告』第五集所収、福岡県教育委員会)一九七七年。
(42) 梅原末治、注39前掲書。
(43) 堀口捨巳「佐味田の鏡の家の図について」(『古美術』昭和二十三年八月号掲載)、一九四八年。
(44) 木村徳国「鏡の画とイェ」(『日本古代文化の探究――家』所収)一九七五年。
(45) 池浩三『家屋文鏡の世界』一九八三年。
(46) 鳥越憲三郎・若林弘子『家屋文鏡が語る古代日本』一九八七年。なお、若林弘子『高床式建物の源流』(一九八六年)は、本書でも検討を加える高床式掘立柱建物の源流を考えるうえで示唆に富む内容をもつ労作である。
(47) 吉田東伍『大日本地名辞書』第二巻、一九〇〇年。
(48) 塚口義信「葛城県と蘇我氏」(『続日本紀研究』第二三一・二三二号)一九八四年。

第二章　形象埴輪と古代王権祭儀

一　飾られた高床式家形埴輪

1　美園古墳

古墳時代、現在の大阪市東部から東大阪市・守口市にかけてひろがる河内湖に北流してそそぎ込んでいた旧大和川の分流の一つに、長瀬川がある。この長瀬川が形成した自然堤防上に立地する美園《みその》遺跡（大阪府八尾市）は、近畿自動車道建設にともない一九八〇年から継続して実施されてきた発掘調査によって、縄文時代晩期から近世に至るまで、地域・地点を移動しつつも一つの遺跡として継続的な営みをみせた歴代遺跡であることが判明した。なかでも、弥生時代前期と古墳時代前期に大規模な集落の発展をみることができる。

この遺跡のC地区において、一辺約七・二メートルの墳丘と、それをとり囲む幅約二メートルの周濠をもつ一基の方墳が発掘された。美園古墳と命名されたこの古墳の築造時期は、古墳時代前期末から中期初頭とみられ、それ以降、六世紀後半までの間に墳丘は削平を受けて、墳丘基底部と周濠を残すのみとなった。墳丘基底北側の隅角部分は斜めにカットされ、ほぼ直角をなす周濠外縁線との間に、周濠がこの部分のみ広くなっている。墳丘が削平されているため、埋葬主体などはすでに失われていたが、上述の墳丘北側隅角部の周濠内から、墳丘が削平を受けた際に封土とともに墳丘上から削り落とされたとみられる家形埴輪二点と壺形埴輪二五点以上、および若干の土師器が集中して出土した。上述の築造時期は、この土師器の器形からみた比定による。

写真25　美園古墳出土の高床式家形埴輪

二点の家形埴輪のうち、一方は入母屋型屋根をもつ家屋文鏡A棟とそっくりの高床式建物を、他方は切妻型屋根をもつ平屋建物を表現したものである。特に前者は、高床式建物という点もあるが、後者の二倍もの高さをもち、屋根の妻側には棟木を支えるための束《つか》と升形《ますがた》が線刻で表現され、堅牢かつ大規模な建物であることを示している。この埴輪は桁行二間・梁間二間の平面プランをもち、四面の中央の柱には盾の線刻画が施され、高床部の屋内には床《ゆか》より一段高く牀《とこ》状の施設が造りつけられるなど、従来の家形埴輪にはみられない表現がある。束や升形の表現に窺える写実性の高さは、この家形埴輪が、古墳時代前・中期に実在した高床式建物を写実的に表現していることを推察させるに十分である。家形埴輪は形象埴輪のなかで最も早くから墳丘上の埋葬施設の上やその近くにたてられており、したがって、それをたてることは埋葬儀礼や首長権継承儀礼にとって、換言すれば被葬者やその後継者にとって重要な意義をもっていたと考えられる。

本節では、美園古墳出土の高床式家形埴輪を中心に、高床式建物を表現した家形埴輪について考察しつつ、古墳時代の首長居館の「ハレの空間」に建てられていたであろう同形態の建物とその性格を論じるとともに、五〜六世紀における家形埴輪を含む形象埴輪群の配置が意味する思想を明らかにしていきたい。

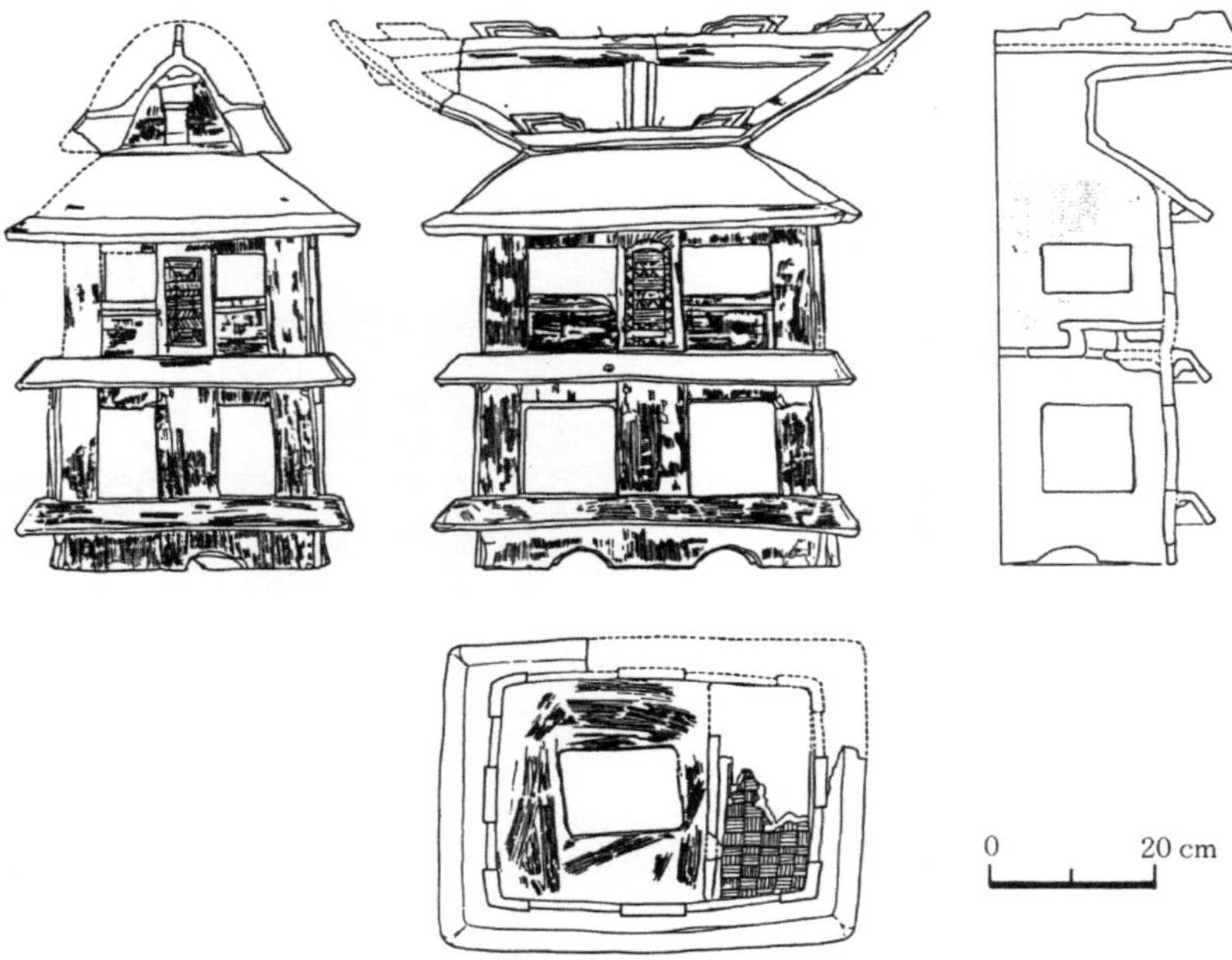

図 24　美園古墳出土の高床式家形埴輪（写真 25 と同じもの）

2　鰭状屋根飾り

まず、美園古墳の家形埴輪の外観から検討しよう。

桁行二間・梁間二間のこの埴輪は床下にあたる部分が四面ともに大きく開口し、柱のみが表現されており、この部分を吹き放しとしたいわゆる高床式建物であることは確かである。

入母屋型の屋根には、棟の両側に五個（現状は三個）ずつ、寄棟風に四辺の流れをもつ本屋と大棟との境目部分の両側に三個（現状は二個）ずつの鰭《ひれ》状の突起が付けられている。この鰭状突起には外縁と平行する二本の線刻が表現され、その形態から一種の屋根飾りであったと推察できる。この鰭状屋根飾りは、キヌガサ形埴輪の笠部の上につけられた十字形の立飾りと形態が共通しており、貴人の存在を象徴するキヌガサ形埴輪の性格から敷衍して、これが貴人にかかわる建物であることを物語っていると考えられる。

奈良盆地西南部の丘陵上に立地する寺口和田一号

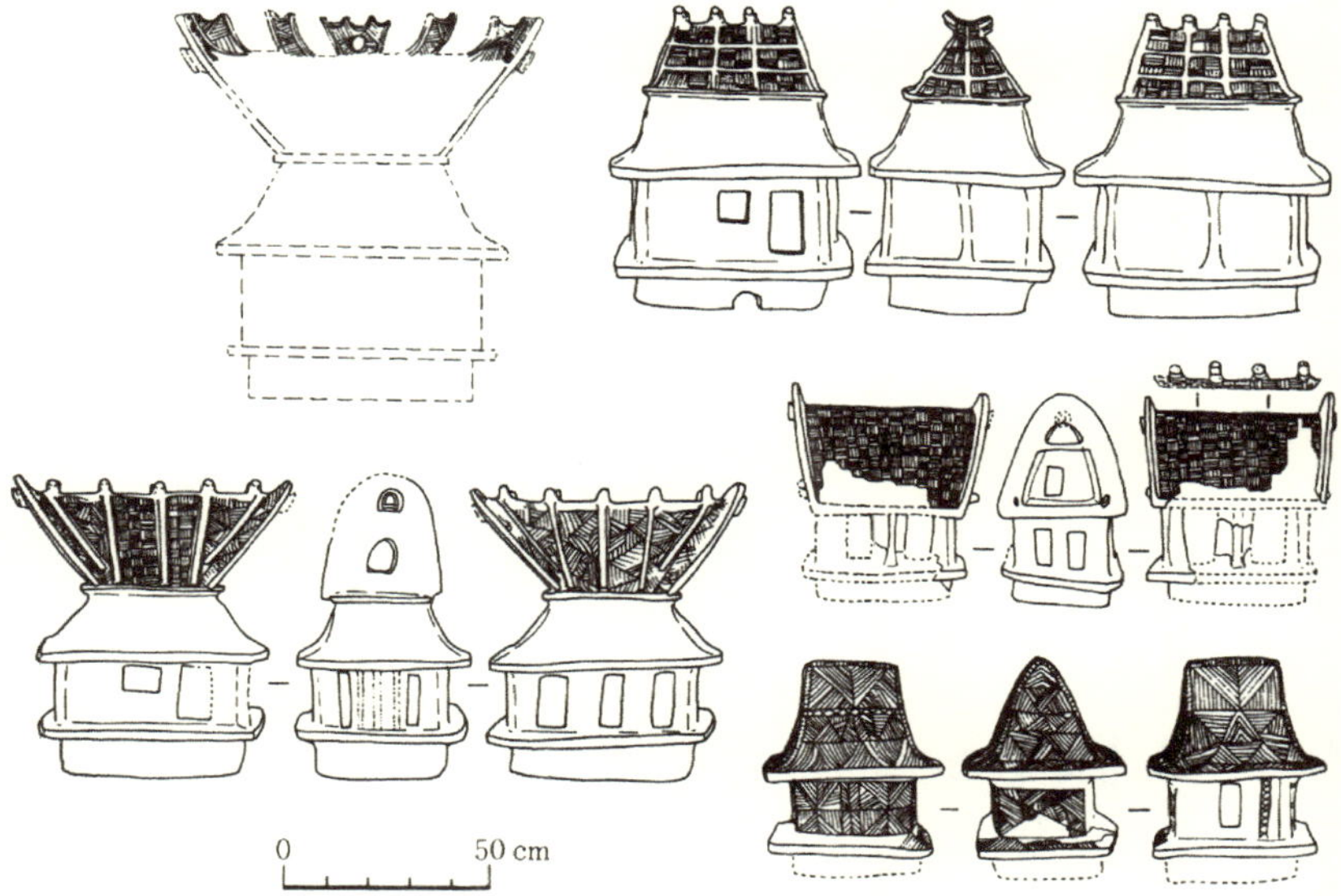

図 25　長瀬高浜遺跡出土の家形埴輪群

墳（奈良県北葛城郡新庄町）は五世紀初頭のころに築造された直径二四メートルの円墳であるが、その墳頂部から桁行一メートル以上という大型家形埴輪が出土した。[2] 入母屋型屋根をもつ平屋建物とみられ、その屋根には四周の軒先や入口の梁の上など、いたる所に同形態の鰭状飾りがつけられており、埴輪の大きさからも、これが家形埴輪のなかでも特別な性格をもつ建物を表現しようとしたものであることを推察させる。

この鰭状装飾は室《むろ》大墓古墳[3]（奈良県御所市、全長約二五〇メートルの前方後円墳）から出土した靫《ゆき》形埴輪の外縁にもみられ、貴人所有の宝器など器物を写した埴輪にも施されており、したがってその鰭状の形態は実際の屋根飾りを忠実に写したものではなかろう。

こうした鰭状屋根飾りをさらに強調した例が、島根県の日本海岸に面した砂丘上に立地する長瀬高浜遺跡（鳥取県東伯郡羽合町）の一六K～一六L地区からまとまって出土した五個体の家形埴輪のうちの一例に認められる。[4] この家形埴輪は、全面に呪的な文様を線刻して大きく伸びあがるように表現された鰭状屋根飾りが破風板とともに出土したのみで、建物の本体は検出できなかった。しかもこの屋根飾りや破風板の形態と大きさから復元すると、五個体の家形埴輪のなかでは最も大型で、入母屋型の屋根をもつ建物を表わしたと推定され、さらに筆者は高床式建物ではなかったかと想像している。

残る四個体の家形埴輪は次のような建物である。①棟に五個の堅魚木をのせた入母屋型屋根をもつ平屋の建物で、大棟がかなり大きく誇張され、大棟全面に網代の線刻文様が、破風板には呪的文様が線刻されている。②棟に四個の堅魚木をのせた寄棟型屋根をもつ平屋の建物で、屋根の上半分には網代とそれを押える格子状の棟押えが丁寧に表現されている。③切妻型屋根をもち、屋根全面に網代文様の線刻がある。屋根裏部分を収納空間として利用するように切妻部に入口を設け、収納空間の床も表現されている。また①②と同じく、壁から突出するように円柱状の柱が表現され、各柱間はすべて開放された形態となっている。柱の両側面には多少の壁状の表現がみられるが、これは埴輪製作上、屋根を支えるための工夫と考えられ、この建物は屋根裏を収納の場とする高床式倉庫（高床式屋根倉）とみられよう。④寄棟型屋根をもつ平屋の建物で、平側の中央のみに入口があり、あとはすべて壁という閉鎖的な建物である。屋根と壁の全面に連続三角文を線刻し、その内側におのおの方向を異にする平行線文を充塡した文様が施され、特殊な性格の建物と考えられるが、小笠原好彦(5)はこれを豪族居館のなかに建てられた御霊屋とみている。長瀬高浜遺跡出土の家形埴輪のうち、この埴輪だけが朱彩されていないのは、五棟のうちで最も格の低い建物であったことを推察させるが、それでもなお埴輪として表現しなければならなかったからには、豪族居館内で重要な役割をもつ建物であったことに違いはなく、小笠原説も一つの解釈である。なお、①②は約七〇センチの高さをもつ埴輪であるのに対し、後二者は約五〇センチと、ひとまわり小型である。

これらの家形埴輪とともに出土した遺物として、二本の粘土紐を平行に並べ、その上に四個の短かい粘土紐を直交するように等間隔に並べたものがあり、その形態と大きさから、さきに高床式倉庫に比定した家形埴輪③の棟にのせられた堅魚木であったと考えられる。このように棟にのせたり取りはずしたりすることのできる堅魚木を付属具としてもつ家形埴輪の存在は、実際の建物においても堅魚木などの棟飾りのなかには、日常は取りはずし、祭儀を行なうときに取りつける例があったと推察できる。京都国立博物館所蔵の伝岡山県出土とされる家形埴輪の棟には、平板な粘土板が縦にとりつけられ、その上半部に等間隔の円孔があけられている。この円孔は、別に作った堅魚木をはめ込むための施設とみられ、ここにも着脱可能な堅魚木の例をみることができる。さらに、そうした堅魚木を棟にのせた家形埴輪が製作されたのは、家形埴輪に儀礼など「ハレの日」の建物の姿を表現するという志向が働いていたためであり、家形埴輪を墳丘上に置く意義はそこに存するのである。

『古事記』応神段には、丸邇之比布礼能意富美《わにのひふれのおほみ》の女《むすめ》である宮主矢河枝比売《みやぬしやかわえひめ》を天皇が訪れるに際し、比布礼能意富美は「其の家を厳餝《よそほひかざ》りて候《さもら》ひ侍《はべ》」ったという記載があり、こうした屋敷に種々の装飾を施すなかで、建物の外観を飾り、棟をはじめとして屋根に装飾をつけることも行なわれたであろう。鰭状屋根飾りも、そうした実在の屋根飾りを象徴的に表現したものかもしれない。

また、長瀬高浜遺跡出土の五棟の家形埴輪の屋根飾り（④には屋根飾りは付されていない）をみるとき、鰭状のそれと堅魚木との二種にわけられる。そして前者をもつ埴輪は、後者をもつそれに比してやや大型で、かつ装飾も華麗であり、鰭状屋根飾りをもつ埴輪の方が豪族居館のなかの、より中心的な建物を表現したものと考えられる。

これと同様の事例は、平所《ひらどころ》埴輪窯跡（島根県松江市）出土品にもみえる。[6] 同窯跡出土の二例の家形埴輪の一方は、長瀬高浜例と同様の大きくのびあがる鰭状屋根飾りのある入母屋型屋根をもち、鰭には鱗状の文様が、大棟には網代様の棟押えが丁寧に線刻され、壁も斜格子文の線刻で飾られている。それに対し、もう一方の埴輪は四個の堅魚木をのせた寄棟型の屋根をもち、入口と窓にあたる部分が空けられている以外はさしたる装飾もなく、前者に比して簡素に表現されている。大きさも前者の高さ約七七センチに対し、後者は約三〇センチと大きな相違がみられ、ここでもまた、鰭状屋根飾りをもつ埴輪が、堅魚木をのせる埴輪より重視されていた建物を表現していることが明らかとなる。

上述したように、長瀬高浜遺跡から出土した五棟の家形埴輪には、それぞれ形態や線刻表現などに大きな個性が認められるが、それはモデルとなった各建物の用途が明確に区別されていたことを推察させる。これは前章で述べた家屋文鏡にみる四棟の図柄と共通するところであり、おそらく長瀬高浜遺跡に居住して周辺一帯をひろく支配した首長の居館内に建てられていた建物のうち、首長にとってとりわけ重要と認識されていた建物が、家形埴輪に表現されたのであろう。

美園古墳から上記の高床式家形埴輪とともに出土したもう一つの埴輪が、形態のうえで前者とまったく異なる、切妻型屋根の平屋である点も、同様の造形意図からと理解される。なお、後者は家屋文鏡のB棟と同様に大きな妻ころびをもつとともに、入口部内側に内開きの扉を取りつける軸受を立体的につくりつけており、建築史のうえで注目される。

3 辟邪の盾

美園古墳の高床式家形埴輪において、各面中央の柱に描かれた盾の線刻画もこの埴輪を特徴づけるもので、類例のほとんどみられない表現である。

四面の線刻画のうち、妻側の一方を除いた三面のものはほぼ同じ形態の盾を表わしている。基本的には長方形の外形で、その上縁部は緩やかな山形をなしている。表面には外縁線にほぼ平行したひとまわり小さな盾形の線刻を施すことによって、表面を外区と内区に二分し、外区にはいわゆる鋸歯《きょし》文《もん》を刻み、一方の鋸歯の区画内を平行線で埋めている。内区は四～五本の平行線を一単位とした横帯を等間隔に三～四組描き、横帯間の空間を一本の鋸歯文帯または互いに向きあった複合鋸歯文で埋めている。内区の鋸歯文も外区と同様に一方の鋸歯内を平行線で充塡している。ま

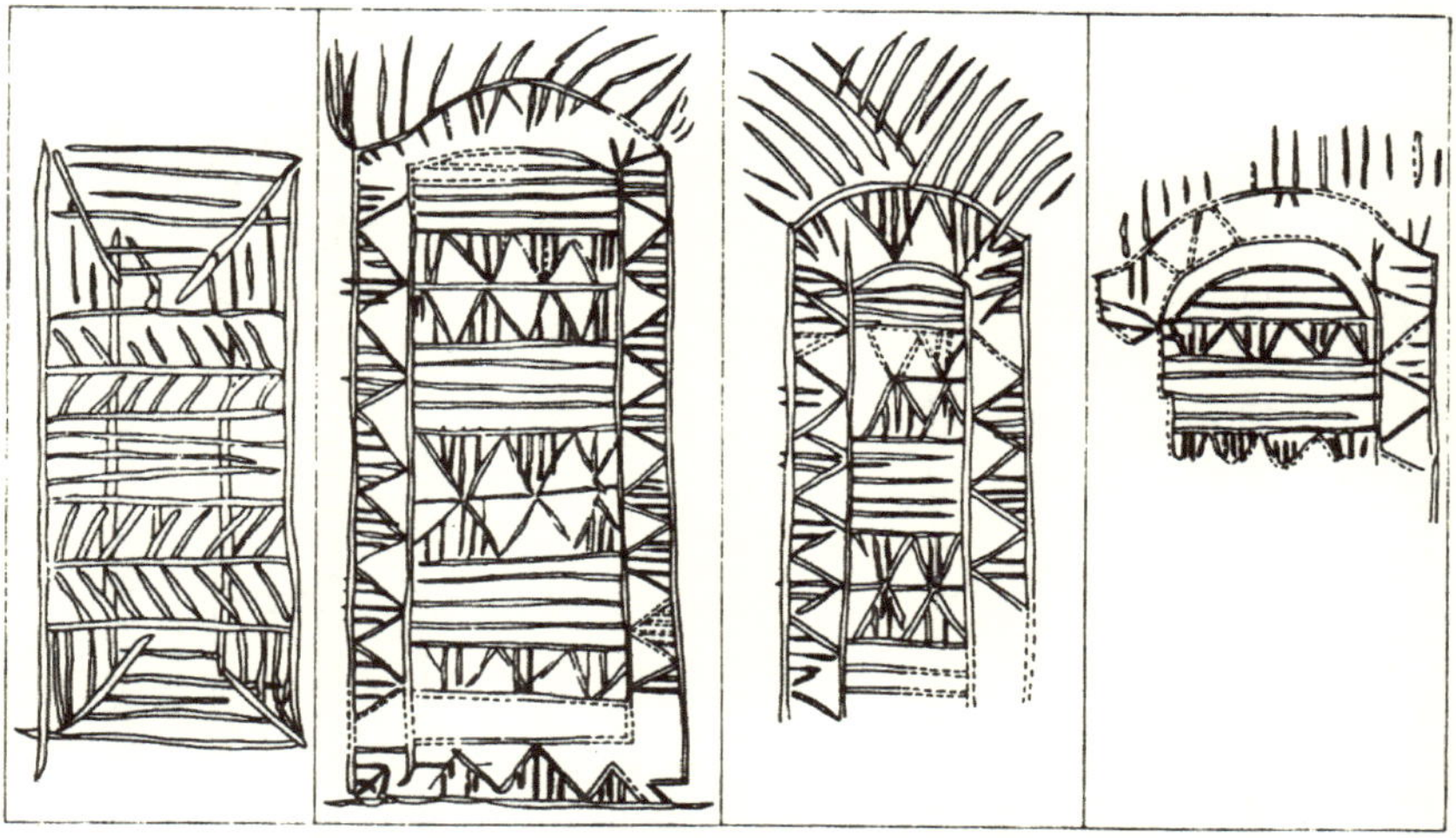

図26　辟邪の盾（美園古墳出土の高床式家形埴輪に描かれた線刻画）

た盾の上縁には総《ふさ》状の装飾がみられる。

この種の盾と外形・装飾文様ともに同型式の実物例が、発掘によって増加しつつある。すなわち、三個の巴形銅器を呪的装飾としてとりつけた和泉黄金塚古墳(7)（大阪府和泉市）東槨出土の盾をはじめ、一一枚もの盾で割竹形木棺の粘土槨上を覆った楯塚古墳（大阪府藤井寺市）例、近年では、一九八五年末に発掘調査が実施された御獅子塚古墳(8)（大阪府豊中市）の割竹形木棺の両側に置かれた二枚の盾などがそれである。

これらは木の骨組みに皮革を張り、刺し縫いによって糸で鋸歯文や菱形文など美園古墳出土家形埴輪の線刻盾の装飾に極似した文様を表現した上に、黒や赤の漆や顔料を塗って色分けしている。すでに革は腐朽して失われ、残存した漆膜や木枠の痕跡から薄い有機質のものが張られていたと想定され、小林行雄(9)の研究からもそれが皮革であることは間違いない。その大きさは和泉黄金塚古墳例で全長一五七センチ、下部幅四八センチ、上部幅五五センチ、御獅子塚古墳例では全長一六九センチ、幅六二センチを測り、他の出土例でもこれらにほぼ前後する計測値を得ることができる。この種の盾は盾形埴輪においても一般的な形式であり、皮革の使用による軽量化によってひろく実戦

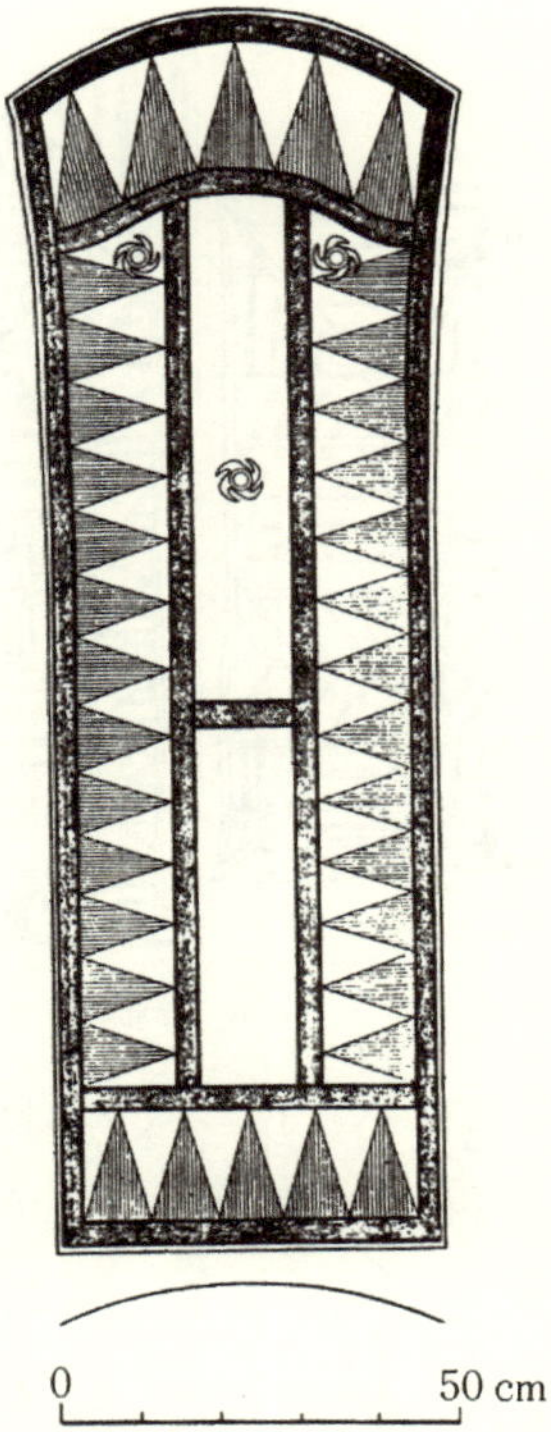

図27　和泉黄金塚古墳出土の盾

に使用されたものと推定される。

美園古墳の線刻盾の上縁部にみられる総状の装飾は、上記の発掘例や盾形埴輪には認められないが、『延喜式』に記載された隼人司の威儀用楯と同じ手法による装飾とみてよかろう。この楯について『延喜式』は「長さ五尺。広さ一尺八寸。厚さ一寸。頭に馬髪を編み著け、赤白の土墨を以て、鉤《かぎ》形に画け」と注しており、馬髪を盾の頭（上縁）に編著したことが窺える。隼人司の威儀用盾は、隼人が元日の儀式や天皇即位、蕃客入朝といった重要な儀式に列するに際し、所持を定められた武具の一つである。

平城宮跡第一四次調査地（宮の西南隅部）で検出された井戸ＳＥ一二三〇からは、井戸枠に転用された檜材製の隼人盾の実例が十数点出土している。[10] その上部は三角形をなし、その上縁部木口面には、背面から錐《きり》であけた多数の穴が認められ、ここに馬髪を編著したとみられる。盾の表面には、その大部分を占めて大きな渦文が赤と黒で描かれ、上縁部と下縁部には鋸歯文がやはり同じ色彩で描かれている。余白は白色で埋められている。この渦文は鉤の形態を象徴した文様とみられ、まさに「赤白の土墨を以て、鉤形に画け」と注されたとおりである。

海幸・山幸の神話によれば、隼人の祖であるホノスソリ（海幸）が所持していた鉤をヒコホホデミ（山幸）が失った折り、山幸は自分の横刀を鍛《かた》作して一箕に盛った鉤であがなおうとしたが、海幸は「我が故《もと》の鉤に非ずは、多《さは》にありと雖《いへど》も取らじ」と拒否した。これは海幸の所持していた鉤のみが、海の幸を自由にできる呪力をもっていたことを語っている。鉤形は、隼人の出自にかかわる神話を象徴した文様であった。

『康富記』（十五世紀中葉、権大外記日向守隼人正であった中原康富の日記）には、隼人司領として、江州竜門、山城国大住庄、同宇治田原郷、同西京隼人町、河内国萱振保、丹州氷所の六ヵ所があげられており、それぞれの地は、古代において畿内に移配された隼人が居住した地と考えられている。なかでも河内国萱振保は、現在の大阪府八尾市萱振町一〜七丁目を中心とした地域に該当し、美園古墳を含む美園遺跡の東約〇・五キロという近距離にある。この地への隼人移配の年代は不明ながら、美園古墳出土の家形埴輪に線刻された盾にみる総状の装飾と、隼人盾に編著された馬髪の関係は注目される。

また線刻盾の上縁部には三例ともに総状の装飾が認められ、同型の革盾には一般的に施された装飾であったことを推察させる。

当該家形埴輪にみる盾の線刻のうち、残る一例は長方形の外形をなしている。表面には、その外縁線に沿ってほぼ平行したひとまわり小さな長方形の線刻を施し、それによって外区と内区に分けているが、これは他の三例の線刻盾と共通した文様構成の手法である。外区には二〜四本の平行線を外縁に沿って巡らしている。盾の中央部に内区と外区を貫いて幅広に二条の綾杉文帯を施すのが特徴であり、これによって盾の表面が、この綾杉文帯を含めて上下五つの文様帯に区画される。

長方形の盾としては、奈良県天理市の石上神宮に伝世する二枚の鉄盾がある。その大きさは全長約一四〇センチ、幅七六センチ（下縁部）で、四周に幅七・二〜八・〇センチの細長い鉄板を巡らして外区とし、内区は台形や長方形・鍵形・凹凸形などの形をした鉄板を鋲留めして構成し、大きくみて五つの文様帯からなっている。表面には黒漆が塗られていたものとみられ、その製作技法は鋲留め技法による短甲に通じるものがあり、おそらく五世紀代に製作されたと考えられる。その大きさや重量から、本例が置盾として使用されたことは明らかである。また実戦には重量の点から適しておらず、儀礼用の盾であったとみられる。美園古墳の家形埴輪にみる長方形線刻盾の表面文様に近い例として、この鉄盾をあげることができよう。

　また、盾の表面に幅広の横帯を二条に施す例としては、平城宮跡第一七一次調査において第一次朝堂院の東南部より検出された、五世紀前半に埋没した幅約五〜六メートル、深さ約一・五メートルの河川跡から、木製短甲や武器形木製品とともに出土した樅《もみ》材製の盾がある。[11] この盾は長さ約一メートルで左右が欠損し、ほぼ中程の幅一五センチが残存するだけである。その表面には、墨を塗った幅約三四センチの横帯が約一〇センチ間隔で二本平行して描かれている。裏側には把手をとりつけた痕跡もあり、この盾はその大きさからしても、手に持って戦う実戦用の手盾であったと考えられている。

　美園古墳の家形埴輪にみる長方形の線刻盾は、上縁部が山形をなす他の三つの線刻盾と較べて、その大きさに大差はみられず、和泉黄金塚古墳や御獅子塚古墳出土の革製盾を考慮すると、この長方形線刻盾も高さ約一四〇センチ程度の盾を表現したと推察でき、手盾としてはやや大きすぎ、おそらくは置盾をあらわしたのであろう。

　上述した盾塚古墳をはじめ、古墳への実物の盾の埋納例は、現在のところ古墳時代前・中期に認められ、いずれも被葬者を納めた木棺を覆ったり、守護するかのような位置にあり、防御用武具という盾の性格からみて、辟邪の目的をもって埋納されたと考えられる。なお既述のとおり、古代盾の表面には鋸歯文の装飾が多くみられるが、この鋸歯文は九州地方の装飾古墳において、横穴式石室や横穴の羨門や玄門、さらには木棺や遺体を直接安置する石棺や石屋形、屍床などの施設に認められ、悪霊の侵入を防ぐ魔除けのための呪的文様と認識されている。辟邪《へきじゃ》の性格をそ

図28　スイジガイを表現した盾形埴輪（金蔵山古墳出土）

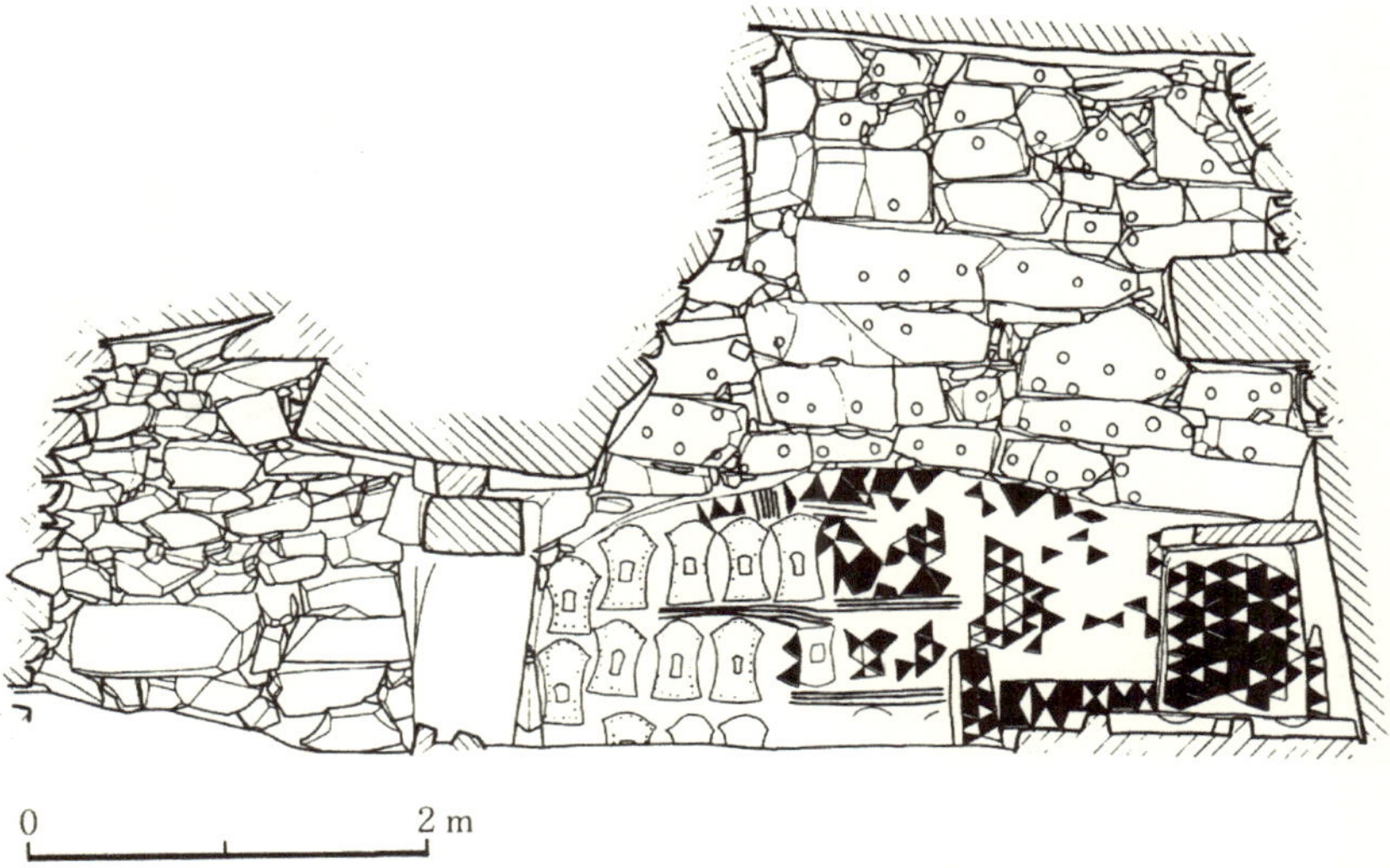

図29　黄泉の国を守護する盾の絵画（王塚古墳）

なえた盾に表現される文様としても、最も好まれたのであろう。

金蔵山《かなくらやま》古墳(12)（岡山市、全長一六五メートルの前方後円墳）では後円部に二基の竪穴式石室があり、その後円部上には各石室を長方形に囲繞してたてられた円筒埴輪列があり、それによって明らかにその内部を聖域化しようとしている。なかでも中央石室を囲む埴輪列には、その四隅と長辺中央部に、外へ向かって盾形埴輪がたてられ、埋葬施設（石室）のある聖域内への侵入を拒否している。それら盾形埴輪のなかには、外区に鋸歯文帯を巡らし、内区には、南西諸島をはじめとした南九州地方で魔除けのために棟先などに吊るすスイジ貝を抽象化した呪的文様がみられるが、これも盾の性格をよくあらわしている。また同古墳のもう一方の石室（南石室）を囲む埴輪列では、四隅にキヌガサ形埴輪、各辺に一〜三個の盾形埴輪が配置されている。

古墳時代後期になると、九州地方の装飾古墳に、盾を壁画や浮彫りの題材の一つとした例が多くみられる。鳥船塚古墳(13)（福岡県浮羽郡吉井町）の横穴式石室玄室奥壁下段には、舳艫《じくろ》の両端に鳥をとまらせた船が、櫂《かい》をあやつる人物を乗せて描

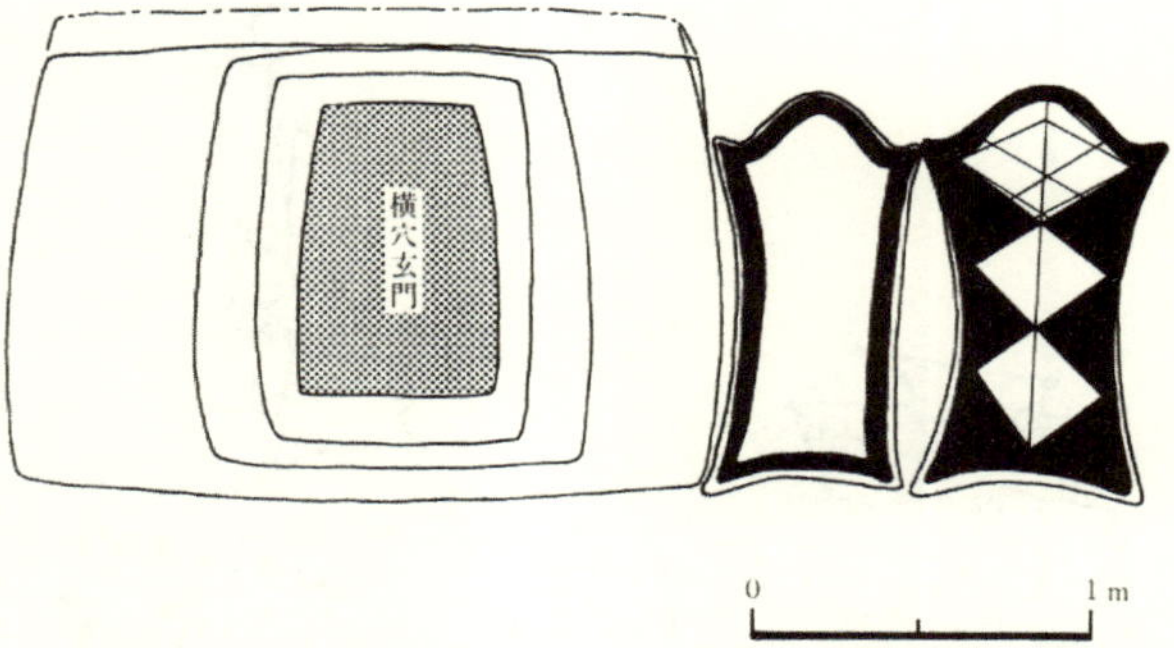

図30　黄泉の国を守護する盾のレリーフ（長岩109号横穴）

かれ、船の上には二重円文が、その横には二組の大刀と靫《ゆき》がいずれも赤色顔料で描かれている。そして奥壁二段目の石の中央には、床から約一・二メートルの位置に、上縁が山形をした盾が大きく描かれ、その表面には外縁よりひとまわり小さく、一本の線で盾形が描かれている。この内側の線は、上述したような外区と内区を分割する線と考えることもできるが、盾のもつ呪的性格を強調するために大小二枚の盾を重ねて表現したものと理解したい。奥壁下段に描かれた一群の図柄とは別に、その上に単独で大きく表現された二重の盾には、この石室に眠る被葬者の霊を守護する目的が窺える。

さらに装飾古墳の代表格である王塚古墳(14)（福岡県嘉穂郡桂川町。前頁参照）では、後室左側壁の高さ一・五メートル、長さ四・二メートルの巨石に多数の盾が描かれ、後室の残る各壁に所せましと描かれた靫の図とともに、武器によって被葬者を悪霊から守護せんとする意識を強烈に感じさせる。

また約一二〇基の横穴からなる長岩横穴群(15)（熊本県山鹿市）一〇九号横穴の一方の外面には、入口に接して二枚の大きな盾が空間いっぱいに雄大なタッチで浮彫りにされている。両者はともに赤色顔料で縁どりされ、右側の盾にはさらに三角文を線刻し、同じ顔料で塗りわけている。右側の盾が多少大きく、高さ一二五センチ、幅七四センチを測り、ほぼ実大の盾に近いものと推察される。ここにも盾のもつ呪的性格が窺える。

以上の考察から、辟邪の盾を外部の四壁中央部に配した高床式家形埴輪は、まさに悪霊の侵入から守護されるべき特別な性格をもつ聖なる建物を形象したものであることが明らかになる。しかもその線刻盾の写実性は、大棟の妻側にある升形や束の線刻とともに、実在の建物を模した感が強く、その建物は、豪族居館を構成する各種建築のなかでもとりわけ重要な役割をはたすものであったと考えられる。また同時に、そうした性格をもつ建物の外部四壁に盾をとり懸けたり立てかけたりする行為が実際に存したことをも窺わせる。

4 盾と新嘗儀礼

建物の周囲に盾を立てる事例については、『続日本紀』神亀元年十一月二十三日条の、聖武天皇の大嘗に関する次の記事が参考になる。

大嘗《おほにへ》す。（中略）従五位下石上朝臣勝男・石上朝臣乙麻呂・従六位上石上朝臣諸男・従七位上榎井朝臣大嶋ら、内物部《うちつもののべ》を率ゐて神楯を斎宮の南北二門に立つ。

天皇が大嘗の神事に臨むに際して、石上・榎井の二氏によって大嘗宮の南北二門に神楯が立てられたのである。『延喜式』によると、この神楯は長さ一丈二尺、幅は上端が三尺九寸、中央部が四尺七寸、下端が四尺四寸五分、厚さ二寸という胴張りのある大型盾である。石上・榎井二氏が大嘗に際して盾・桙を立てて奉仕する儀礼は『延喜式』に規定がみえ、さきの『続日本紀』の記事は、その儀礼化がすでに聖武朝において進行していたことを示している。さらに文武天皇の大嘗においても、榎井朝臣倭麻呂が大楯を立てており、上記の儀礼がかなり早くから制度化されつつあったことが窺える。

この文武天皇の大嘗には石上氏の名がみえず、一方で大伴宿禰手柏が楯と桙を立てている。この事実は、榎井・石上両氏がともに物部氏の出自になる氏族である点とあわせて、かつては軍事的氏族の雄だった物部・大伴の両氏が盾や桙などの武器を所持して大嘗の場を守護したことを想定させる。持統天皇の践祚《せんそ》（持統四年正月）に際し、物部麻呂朝臣が大楯を立てたのも、そうした前史からの伝統とみられよう。直木孝次郎(16)が説くごとく、この物部麻呂朝臣は

写真26　鞆形埴輪（静岡県堂山古墳出土）

石上氏の創始者であり、『日本書紀』にはすでに持統四年以前から石上朝臣麻呂としてその名がみえており、ことさらに物部姓を使用した背景には、「麻呂にとって盾を樹てることは、律令制下の新官僚としての職務ではなく、大化以前の氏姓制下の名族としての部署であったが故に、新姓・石上を捨てて、旧姓・物部を称したのに違いない」。

ますらをの鞆《とも》の音すなり物部《もののふ》のおほまへつきみ楯立つらしも（『万葉集』巻一―七六）

和銅元年（七〇八）元明天皇が歌ったこの万葉歌には、同年十一月に行なわれた大嘗祭で、物部氏が盾を立て、弓弦をはじいて鞆の音を出すさまが歌われている。鞆の音は盾とともに悪霊などの外敵の侵入を防ぎ祓ううえで有効と考えられていた。鞆は左手首内側につけ、弓弦が手首や釧にあたるのを防ぐ半月形の革製品で、『古事記』『日本書紀』に「稜威高鞆《いつのたかとも》」という言葉があるように、威勢のよい高い音を出す鞆が好まれた。堂山古墳（静岡県磐田市、全長一〇一メートルの前方後円墳）から出土した鞆形埴輪は、約四〇センチの高さをもつ形象埴輪で、実物の鞆を非常に誇張して大きな形とし、表面全体に直弧文を施したその姿には、たんなる武器の付属具であるという以上に、悪霊を祓う霊威をもつ呪具としての強い意識が感じられる。

物部氏の大嘗祭におけるこうした任務は、同氏が古来より大王の守護を職掌としてきたことを物語っており、『古事記』『日本書紀』には物部氏が軍事・警察の任に従った記事が散見される。物部氏が祭祀をつかさどる石上神宮は、いわゆる神武東征の途上、熊野においてイワレビコ（神武）の危急を救った神剣フツノミタマを祀り（『古事記』神武段）、また茅渟《ちぬ》の菟《う》砥川上《とのかわかみ》宮で作られた一千口の剣（『日本書紀』垂仁段）をはじめ、歴代の大王が納めた武器を蔵した非常

写真27　石上神宮

に床《ゆか》の高い武器庫があり、物部氏がこれを管理していた。この石上神宮には上述の古墳時代の鉄製盾二枚が伝存し、物部氏と盾の関係を象徴している。さらに美園古墳が、物部氏の本貫地の一部とみられる河内国若江郡（東大阪市、八尾市）に属し、盾を四面に線刻した家形埴輪が出土した点にも、物部氏と盾の関係が窺えるように思われる。

美園古墳は、河内平野の真中の、周辺に大型前方後円墳もない所にただ一基発見された小方墳である。その古墳から出土した家形埴輪を、既上の考察にひかれて、大王《おおきみ》の大嘗に関する建物を模したものと見ることは、すでに古墳時代前期に大嘗の儀礼が成立していたと仮定してもなお困難といわざるをえない。しかし大嘗が大新嘗の意であり、大王が即位したあとの最初の新嘗が、神から大王としての神聖な霊を授けられる儀礼（大新嘗）として特別な意味をもつようになった過程を考えるなら、小方墳とはいえ、古墳時代前期末から中期初頭における地域首長あるいはその支配下の地域共同体の有力者の奥津城とみられる美園古墳の家形埴輪の性格が、より明らかになってくるように思われる。すなわち、この埴輪は首長や有力者が新嘗や首長権継承儀礼を行なう建物を模して作られたと想定されるのである。

家屋文鏡が出土した佐味田宝塚古墳を含む馬見古墳群の最北端に、墳丘全長約二一五メートルの大型前方後円墳、川合大塚山古墳（奈良県北葛城郡河合町）があり、古墳時代中期後半（五世紀後半）の築造と推定されるが、その古墳の後円部からは、長さ約二七センチ、直径（外径）約一〇センチの円筒に盾を貼りつけた形象埴輪片が採集されている。(17) 盾は上縁が緩いカーブを描いて山形をなすタイプで、表面は外縁よりもひとまわり小さく、外縁の相似形を二本線で描き、それによって表面を内区と外区に二分割している。内区は無文であるが、外区には全体に鋸歯文を施し、鋸歯の一方を斜線で埋めている。盾の大きさは高さ約一八・五センチ、幅は上縁で約一一センチ、中央で約一〇センチ、

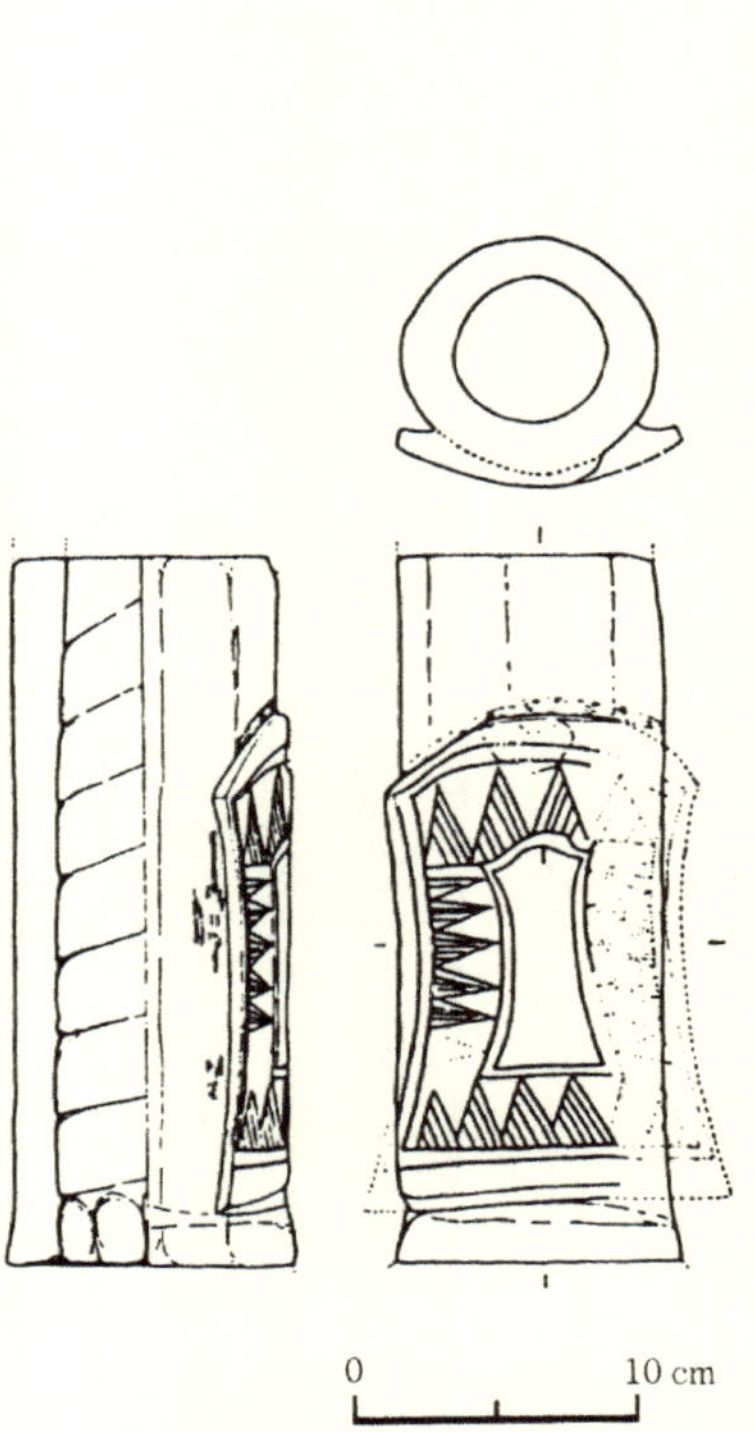

図31　盾を表現した柱（川合大塚山古墳出土）

下端で約一三センチを測り、円筒のやや下寄りに貼りつけられている。この円筒の上下端には接合痕があり、家形埴輪の柱に該当する部位と考えられるが、壁体と接合されていた痕跡はない。そして約二七センチというその長さは、美園古墳出土家形埴輪の高床部の壁面高約二〇センチ、床下分の高さ約一七センチに比較してはるかに長く、おそらく吹き放しの高床部をもつ特殊な様式の大型家形埴輪の円柱であったと推察できる。

大半の家形埴輪は一枚の粘土板を壁体とし、そこにヘラ状工具を使用して入口や窓を切り開き、さらには柱や壁の外観を線刻や多少の粘土紐を貼りつけることによって表現しているが、本例のような、円柱という立体的な構造表現をもつ埴輪は、後述するように数例をあげうるにすぎない。また円筒による柱表現は、平面的な壁体表現に較べて、より重量のある大型屋根を支えることができるとともに、古墳時代中期に円柱をもつ建物が存在したことを示している。

再び美園古墳出土の家形埴輪にもどって検討を続けよう。高床部と床下部の境界部分の外側には小屋根状の施設が巡っている。その一方の平側、中柱に線刻された盾のすぐ近くに、直径約〇・四センチの小孔がある。当該埴輪の焼成後に斜め上方から穿《うが》たれたこの小孔の性格を、報告者は「何らかの付属物を取り付けるために穿孔されたと思われる」と記するにとどめているが、筆者は家屋文鏡A棟と当該埴輪の外観の近似性から、木や布を用いて製作されたミニチュアのキヌガサをさしかけるために、その柄の先端を差し込んだ孔とみている。

図32　白石稲荷山古墳出土の高床式家形埴輪

白石稲荷山古墳[18]（群馬県藤岡市、全長約一四〇メートルの前方後円墳）の後円部からは八個体もの家形埴輪が出土しているが、そのうち西槨上部から出土した家形埴輪群のなかに、寄棟型屋根をもつ高床式家形埴輪がある。この埴輪の外面が赤彩されているのは、特別な性格をもつ建物であることを示すためであろう。平面は桁行二間・梁間二間の構造をもつ。床下は吹き放しであるが、高床部は入口のみが開口し、その他はすべて壁という閉鎖的なプランを表わしている。柱は線刻によって示されている。入口の片側に埴輪焼成前に穿たれた小孔が認められ、さきの美園古墳例を参考にすれば、ここにもキヌガサのミニチュアがさしかけられていたと推察できよう。従来、白石稲荷山古墳出土の当該高床式家形埴輪は倉庫と解されてきたが、この小孔の性格を考慮するならば、首長にとっていっそう重要な建物を表現している可能性がある。

5　聖なる牀

次に、美園古墳の家形埴輪の高床部内側に目を転じよう。屋内の壁や床《ゆか》も外側と同様に魔除けの意味をもって赤色顔料が塗られており、聖なる空間を表わしていることは間違いない。さらに、一方に扁して一段高く牀《とこ》とみられる施設が造りつけられている点が注目される。牀は屋内平面のほぼ三分の一の面積をとり、床と窓の下縁部の二分の一程度の高さをもっている。牀には約二センチ四方の網代様の線刻が丁寧に施されている。また床のほぼ中央には長方形の穴があけられている。ともあれ、高床部の施設において最も目をひくのは牀であり、やがて明らかになるように、

写真 28　家形埴輪に表現された牀（美園古墳出土）

この牀こそが、この家形埴輪の性格を本質的に規定しているのである。

さきに筆者は、この家形埴輪が新嘗儀礼を行なう建物であることを推定した。『常陸国風土記』筑波郡条には次のような説話が記されている。

昔、神祖《みおや》の尊《みこと》、諸神たちのみ処《もと》に巡り行《い》でまして、駿河国福慈《ふじ》の岳《やま》（富士山）に到りまし、卒《つひ》に日暮れに遇ひて、遇宿《やどり》を請欲《こ》ひたまひき。此の時、福慈の神答へけらく、「新粟《わせ》の初嘗《にひなへ》して、家内諱忌《やぬちものいみ》せり。今日の間は、冀《ねが》はくは許し堪《あ》へじ」とまをしき。是《ここ》に、神祖の尊、恨み泣きて詈告《の》りたまひけらく、「即ち汝《いまし》が親ぞ。何《な》ぞ宿さまく欲りせぬ。汝が居《す》める山は、生涯《いき》の極み、冬も夏も雪ふり霜おきて、冷寒《さむさ》重襲《しき》り、人民《ひと》登らず、飲食《をしもの》な奠《まつ》りそ」とのりたまひき。

ここには、新嘗に際して「家内諱忌」し、いかなる訪問者をも住居内に入れるのを拒んだ様が記されている。

にほ鳥の葛飾早稲《わせ》をにへすともその愛《かな》しきを外《と》に立てめやも（『万葉集』巻一四—三三八六）

「葛飾地方産の新米を神に供へて新嘗を行なう夜は、他人を家の内にいれるべきではないが、私が愛する人だけは外に立たせてはおけない」という意のこの東歌《あずまうた》からも、「家内諱忌」の習慣がひろく存在したことが知られる。

誰ぞこの屋の戸押そぶる新嘗に吾が背を遣《や》りて斎《いは》ふこの戸を（『万葉集』巻一四—三四六〇）

「夫を新嘗に行かせたあと、妻が潔斎しているにもかかわらず、戸をゆすって訪ねてくる男がいる」というこの歌には、夫を新嘗に行かせたあと妻が潔斎している様が歌われるとともに、新嘗が日常生活の場である住居以外の場で行なわれていたことが語られている。稲作の渡米とともに伝わった初穂の収穫儀礼（新嘗）は、八世紀においてもなおひろく民間で行なわれていた。『日本書紀』は皇極天皇元年十一月条で、天皇が新嘗を実修するのと同じ日に「皇子・大臣、各自ら新嘗す」と、各皇親や氏族が自らの新嘗儀礼を行なったことを記載している。この年は天皇の代替り後の最初の新嘗であるから、大嘗にあたっており、そうした重要儀礼の当日にもかかわらず皇親・臣下の新嘗儀礼が実修されたのは、それほどに各イエ（ウジ）の穀霊（稲魂）祭祀が重要な儀礼と認識されていたからにほかならない。連綿と年ごとにくりかえされる各イエの穀霊祭祀はそのイエの稲のスジ（筋）を意識させ、ひいてはイエのタテ系譜についての観念を強固なものにしたと考えられる。

『日本書紀』神代第九段には、新嘗儀礼の一端を窺わせる条《くだ》りがある。すなわち、「葦原中国《あしはらのなかつくに》の邪《あ》しき鬼《もの》を撥《はら》ひ平《む》けしめむ」ために、タカミムスビノミコトの命によって高天原から派遣されたアメワカヒコは、その命に背いて自ら葦原中国の支配者たらんとしたため、彼が「新嘗して休臥せる時」にタカミムスビによって投げ落とされた天羽羽《あまのはは》矢《や》を胸に受けて死んでしまう。葦原中国平定説話の端緒をなすこの説話において、新嘗儀礼のなかに「休臥」という儀礼が存在したことを知ることができる。

また『日本書紀』綏靖天皇即位前紀では、神武天皇の皇子カムヤイミミとカムヌナカワミミ（綏靖）が、かねて専横な行ない多く二皇子を殺さんと計る庶兄タギシミミを暗殺するが、それはタギシミミが「片丘の大窩《おほむろ》の中に有《ま》して、独り大牀《おほとこ》に臥《ま》します」ときであり、しかも十一月のこととして語られている。この説話中、「牀」に「大」という美称を付して「大牀」と称しているのは、この牀が特別な牀だったからであろう。また十一月という時節からみて、タギシミミが大牀に臥した行為は、さきのアメワカヒコと同様に、新嘗の儀礼の一つであったと考えられる。新嘗の場には、儀礼に臨む首長が臥するための牀が設けられていたと推察される。

『延喜式』巻三八や『北山抄』『天仁（元年）大嘗会記』などの文献から、大嘗宮正殿の室には、衾《ふすま》で覆われた空間に莚《むしろ》と薦《こも》を重ねとじた褥《しとね》と、薦を巻いて作られた坂枕からなる神座（牀）が設けられたことは明らかである。新穀を神と共食した天皇は、この牀に籠る儀礼を実修し、そこへ来臨する神から天皇霊を授けられる。換言すれば、この牀は、神座と呼ばれるとおり、神の牀でもある。この牀を、天孫ホノニニギが降臨する際に覆われていた真《ま》床追衾《とこおぶすま》に比定し、天皇がこれに籠ることによって天孫の霊を獲得することができると説いた折口信夫の説は、よく知られるところである（「大嘗祭の本義」『古代研究』民俗学篇第二冊、一九三〇年）。大嘗祭の神座にも、新嘗儀礼の収斂された姿をみることができる。

美園古墳出土の家形埴輪の牀はそうした意味をもつ施設を表現しようとしたものとみられ、来臨する神のための空間でもある高床部屋内に朱彩が施されたのも、そこが聖なる空間たることを示そうとしたのであろう。

この家形埴輪の床にあけられた長方形の切り込み孔を、報告者は「焼成時に火の通りを良くするために設けられたものか、ないしは住居構造を忠実に表現したもののいずれかである」と説明している。この埴輪の高床部四壁には入口施設を表わしたとみられる大きな開口部分がなく、各壁のすべてに窓を表現した切り込みがなされているらしい。また、壺形埴輪に囲まれて古墳の外からはほとんど見ることのできない埴輪の屋内に牀を写実的につくり、その空間を朱彩するなど、新嘗の建物をかなり忠実に模したとすると、この長方形の切り込み孔は（もちろん焼成時の火まわりを良くする点でも有効だったであろうが）出入口を表現し、実際にはここに梯子が架けられたのではなかろうか。[19]

以上の考察から、美園古墳出土の高床式家形埴輪は、新嘗や首長権継承などの儀礼を行なうための建物を表現したものであることが明らかとなった。その屋内に設けられた牀に臥する首長こそ、美園古墳の被葬者にほかならない。墳丘にたてられた家形埴輪は、首長の居館における「ハレの空間」の中心的建物を表わしたものであり、被葬者の首長としての権威とその永続性を表現しようとしたものとみたい。

二　家形埴輪と王権祭儀

1　椅子形埴輪と姿なき首長

百舌鳥陵山《もずみささぎやま》古墳（履中陵古墳）の南に、かつて百舌鳥大塚山古墳[20]という、西面する前方部をもつ全長一五九メートルの前方後円墳があった。後円部・前方部ともに各四基の埋葬・埋納の施設があり、人体埋葬は後円部・前方部各一基とみられている。このうち前方部の埋葬施設である粘土槨上の墳丘表面から、牀《とこ》を模したと推定できる小型土製品が、案・椅子・壺・器台（高杯?）などの小型土製品とともに出土した。牀には枕の表現もなされている。これら土製品は家形埴輪に伴って出土したものであり、牀の土製品の一部には剝離痕が認められ、美園古墳出土例と同じく家形埴輪の屋内につくり付けられていたことは明らかで、他の土製品も埴輪内部に配置されて、新嘗をはじめとする王権儀礼の場をより具体的に表現していたと考えられる。これら土製品は、一九四九年に出土したものであるが、美園古墳出土の高床式家形埴輪の高床部につくりつけられた牀との関連において再評価されるべき資料である。

同時に出土した椅子の小型土製品もまた、王権祭儀にとって重要な器物であったと思われる。この椅子形土製品は、前後に台形の板状脚を立て、その上に、正面からみて緩やかなカーブをなす尻受けがのせられている。尻受けの左右両側端はやや反りあがり気味で、断面が丸い棒状の端部表現がある。このような椅子形のミニチュアは、メスリ山古墳[21]（奈良県桜井市、全長約二一五メートルの前方後円墳）や新山古墳[22]（奈良県北葛城郡広陵町、全長約一三〇メートルの前方後方墳）など大型前期古墳の副葬品のなかにみられる滑石や碧玉で作られた石製品の系譜をひくものである。これら

写真29　百舌鳥大塚山古墳出土の牀形土製品

と同型をなす実用の椅子は、古墳時代中期に属する木製品が谷遺跡[23]（奈良県宇陀郡榛原町）などから出土しており、尻受け部の左右幅が五〇センチ前後、奥行き二〇センチ前後の大きさである。

群馬県を中心とする関東地方から出土する人物埴輪のなかに、椅子に座る人物を表わした例がいくつかある。前章で紹介した三ッ寺Ｉ遺跡を営んだ首長墓の一つ、保渡田八幡塚古墳[24]の中堤上の、円筒埴輪による長方形区画Ａ区から出土した多数の形象埴輪群のなかには、椅子に座す四体の人物埴輪が配置されていた。これらは区画内の中央部付近に配され、復原が可能な二体をみると、一体は帽子をかぶり長い棒状の美豆良《みずら》を垂らした首長とおぼしき男子倚座像であり、もう一体は、これに向き合って壺に入れた聖水を捧げる姿態をとる、意須比《おすひ》をとりかけた巫女像である。一般に女子を表わす埴輪は半身像が大半であるのに対して、女子倚座像は正面に両脚が表現された全身像であり、最も身分の高い女性の姿を表現したものと考えられる。

保渡田八幡塚古墳と同じ男女の倚座埴輪の組合せは、群馬県東部の塚廻り三号墳[25]（太田市）において良好な依存状態で発掘されている。この人物埴輪は全長約二四メートルの帆立貝型前方後円墳の前方部上にたてられていた。男子は鍔《つば》のついた帽子をかぶり、太く長い美豆良を両胸まで垂らし、丸玉と平玉からなる頸《くび》飾りを着けている。顔には額から両頬にかけて赤彩による化粧を施している。おそらく、実際の祭儀に臨む際にこうした化粧をしたのであろう。腰には二重の綾杉文を赤彩によって塗りわけた広帯をしめ、腕には籠手《こて》をはめ、座した尻受けの左脇に玉纏大刀を携え威儀を正したその姿は、首長を表現したものと考えられる。一方、女子像は島田髷を結い、額から両頬、頸にかけて、赤彩の化粧を施している。両腕を前に出し、左手には椀を捧げ持ち、やはり聖水を首長にすすめんとする所作を示している。腰には首長と同様の広帯をしめ、左腰には六鈴鏡を、右腰には刀子をさげている。頸には勾玉と丸玉を組み合わせた二連の頸飾りが、足首にも丸玉による二連の足飾りが丁寧に表現されている。衣服は上半身が黒く塗られ、襷《たすき》掛けの様が赤線によってあらわされている。右肩から左脇へと意須比が掛けられており、鈴鏡を所持する点とともに、巫女を表わしている。

また相川考古館（群馬県伊勢崎市）が所蔵する前橋市朝倉町から出土した埴輪のなかに、弾琴する倚座像がある。頭部に帽子をかぶらず鉢巻きをするほかは、さきの塚廻り三号墳の男子首長とよく似た着衣で、腰には頭椎大刀を帯びている。倚座した膝の上には大きな琴頭をもつ板作りの四絃琴をのせ、両手をその上にかけて弾琴の所作をとる人物埴輪である。のちに、埼玉古墳群中の瓦塚古墳から出土した人物埴輪について検討するが、弾琴という行為も、祭儀の場において首長がとる所作の一つである。

写真 30　倚座する男子首長像（塚廻り 3 号墳出土）

写真 31　倚座する巫女像（同上）

写真 32　倚座し弾琴する首長像
（前橋市朝倉町出土）

このように椅子に座る人物埴輪像は、首長や彼とともに祭儀に臨む最高の女子（巫女）を表現したものであり、古墳時代において椅子は「ハレの空間」を主管する人びとの使用する器物であったことが窺える。さきに触れた前期古墳出土の小型椅子形石製品は、竪穴式石室などの埋葬施設内に副葬品として納められた遺物であり、椅子は被葬者の身分を象徴するレガリアの一つであったと考えられる。

椅子に座る人物をあらわした埴輪のほか、椅子のみを形象した埴輪も数点ではあるが知られている。ニゴレ古墳[26]（京都府竹野郡弥栄町・直径約二〇メートルの円墳）では被葬者を納めた割竹形木棺を埋納したのち、その木棺埋納土壙を土砂で埋めて墳丘を完成させ、次にその土壙直上の、あたかも木棺の位置を示すかのような地点に椅子形埴輪が置かれていた。

この椅子形埴輪はさきのミニチュア石製品や土製品と同じ型式に属するが、非常に装飾性に富んでいる。大きく延びた脚部両端の幅が約九〇センチ、高さ三五・二センチ、尻受け部の幅二七・〇センチ、奥行二四・五センチである。前後の脚は尻受け部から左右に延びて、その上縁は二つの大きな波形をなしてせりあがり、正面側の脚には全面に直弧文の装飾がなされている。尻受けは中心部から大きく彎曲して周囲に立ちあがり、その左右には棒状の端部表現がなされている。尻受けの両側には、ハート形の上半部のような形態をなす飾り板が付けられ、上から直弧文・連続三角文・連続重弧文で埋められている。この飾り板は肘掛けを誇張したものと考えられる。ニゴレ古墳の年代は五世紀中葉とみられ、それは人物埴輪が出現する直前の段階であって、この飾られた椅子形埴輪は人物埴輪と組み合わせら

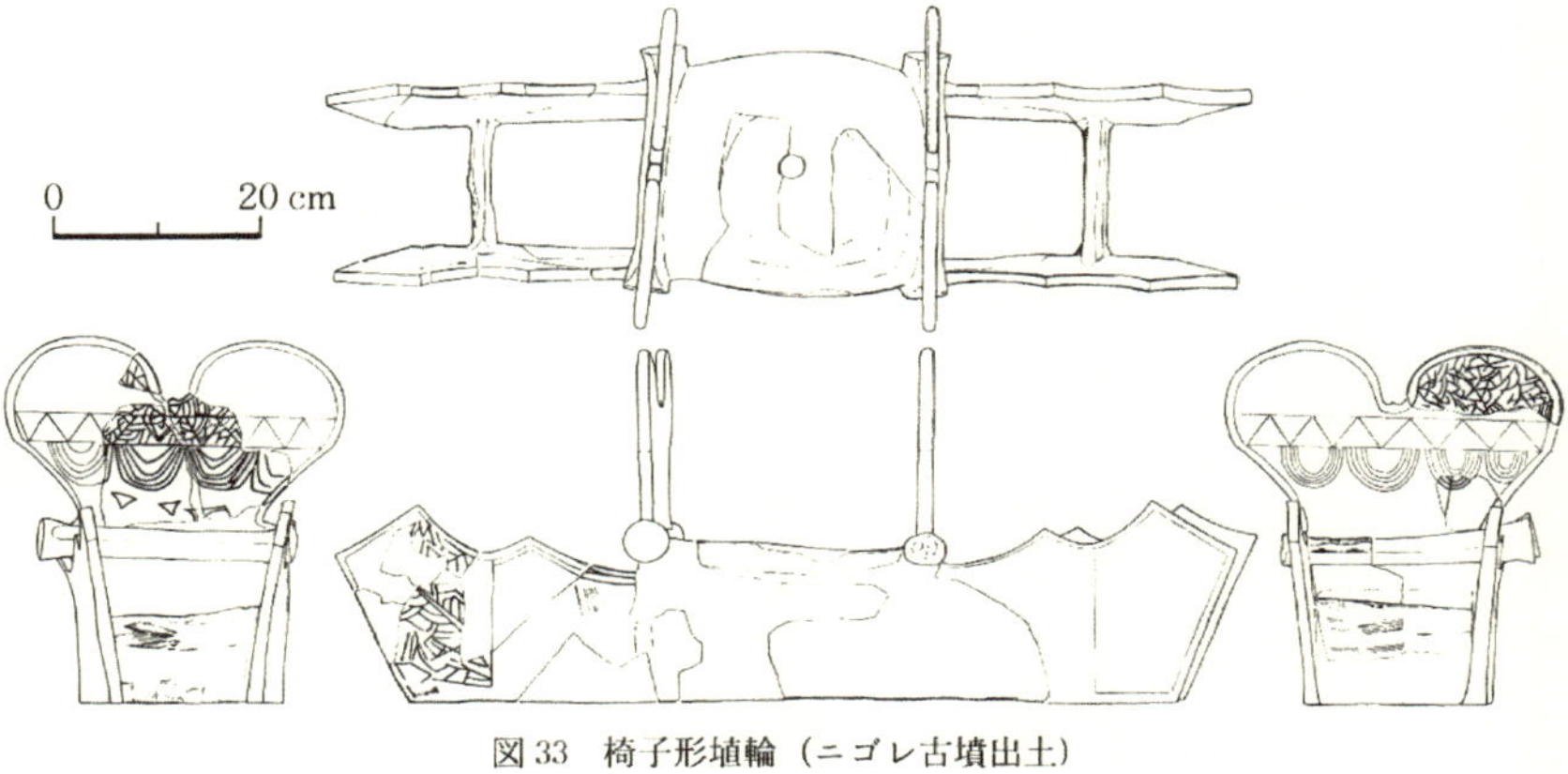

図 33　椅子形埴輪（ニゴレ古墳出土）

れるものではなく、あくまでも椅子を形象した埴輪なのである。

古代王権のレガリアとしての性格をもっていた椅子を埴輪に形象し、墳丘頂部の木棺が埋納された直上の位置に配するのは、それが単に黄泉《よみ》の人となった首長（被葬者）の座る場を示すだけでなく、首長霊の宿る場として認識され、さらには首長の存在そのものとして理解されていたからにほかならない。人物埴輪という具象的表現によるまでもなく、首長の存在はすでに顕示されていたのである。

ニゴレ古墳の墳頂部には、この椅子形埴輪とともに甲冑形の形象埴輪が立てられていた。この埴輪には、あたかも人物が甲冑を着用したかのように冑・頸甲・肩甲・短甲・草摺が組み合わされているが、そこには人物の頭部をはじめ体部表現はみられない。おそらくこの甲冑形埴輪も、さきの椅子形埴輪と同じく、首長の存在を明示する器物として形象されたものであり、被葬者の武人的性格を物語っていると考えられる。

2　家形埴輪の配置と王権祭儀

ニゴレ古墳からは多数の家形埴輪が出土している。いずれも破片となって墳丘裾にまで散らばっていたが、本来は墳頂部に、さきの椅子形や甲冑形の形象埴輪とともに配置されていたらしい。復原によって確認された個体数は六棟にのぼり、おそらくそれ以上の数の家形埴輪が置かれていたと推察できる。切妻型屋根の家が三棟、寄棟型屋根の家が三棟、復原されているが、いずれも屋根部分のみで、壁体部については個体別の同定ができず復原不可能である。これらの家形埴輪は、棟押えの網代文様、軒先付近の連続三角文、切妻破風板の斜格子文などに共通の線刻表現手法がみられることから、同一工人によって製作されたことは明らかである。そして切妻型・寄棟型ともに二個体が一組で、ほぼ同形・同大とみられるものもある。一方、残る二個体の家形埴輪との間には、その大小や屋根の高さ、装飾文様などの個体差を明瞭に見てとることができる。

このような家形埴輪群が、首長の表象といえる椅子形埴輪、甲冑形埴輪とともに墳頂部に配置された意図は、居館の「ハレの空間」において祭政のマツリゴトを執行するために椅子に座す首長の存在を、そこに顕現せんとしたものであろう。おそらく被葬者を納めた木棺直上の墳丘頂に椅子形埴輪を置き、その背後に「ハレの空間」の正殿とみられる大型の家形埴輪（切妻型屋根をもつ埴輪の一つが最も大きい）を配し、その正殿の背後や、椅子形埴輪前面に設けられたマツリゴト執行の空間地を挟むように、残る家形埴輪が配置されていたものと想定したい。甲冑形埴輪は椅子形埴輪の脇に置かれたのであろう。

一九二九年、帝室博物館（現東京国立博物館）は群馬県史蹟調査会と合同で、当時同博物館鑑査官だった後藤守一らを調査担当者として、赤堀茶臼山古墳[27]（群馬県佐波郡赤堀村）の発掘調査を実施した。赤城山から延びた丘陵の一支脈上に立地する同古墳は全長五九メートル、後円部径三九メートル、前方部幅三二メートルを測る帆立貝型前方後円墳であり、墳丘斜面には川原石による葺石が約二五度の傾斜で葺かれていた。墳丘は西面しており、ほぼその主軸方向に近く、舟形をなした木棺を木炭でくるんだいわゆる木炭槨が、後円部頂部の深さ約一・七メートルの所から二基並んで検出された。

一号槨では神像鏡、三角板革綴短甲、鉄剣、鉄刀、鉄鏃、鉄斧のほか、二一点もの滑石製刀子形模造品、二五点の臼玉を副葬し、他方、二号槨では小型内行花文鏡、鉄刀を副葬し、五世紀中葉に築造された古墳であることが確かめ

写真33　赤堀茶臼山古墳

られた。赤堀茶臼山古墳の名前を考古学史上著名なものとしているのは、上記の埋葬施設出土の遺物ではなく、被葬者の埋葬終了後、後円部頂部のやや西寄りに配置された八棟にものぼる家形埴輪群であり、発掘調査の四年後の一九三三年に刊行された調査報告書『上野國佐波郡赤堀村今井茶臼山古墳』（帝室博物館学報第六冊）は、家形埴輪研究の基礎を築いたものとして高く評価されている。

赤堀茶臼山古墳から発掘された家形埴輪を形態別に分類すると次のようになる。

A　切妻型屋根をもつ最も大型（総高五三・二センチ）の平屋建物で、平面は桁行三間・梁間二間。この埴輪だけが棟に六本の堅魚木をのせている。棟押えを粘土帯の貼り付けによって表現し、その空間を網代様の文様で充塡し、正面（平側）に入口を二ヵ所、背面と一方の妻側に二ヵ所の窓をあけている。柱や梁などの構造材は粘土帯を貼り付けて立体的に表現している。

B　Aをひとまわり小型にしたような切妻型屋根をもつ建物で、二棟ある。平面は桁行二間・梁間二間。正面に入口と窓が各一ヵ所あるほかはすべて壁である。柱・梁などの表現法はAとほぼ共通している。

C　切妻型屋根をもつ最も小型のもので、総高はAの二分の一程度である。正面（平側）の入口以外はすべて壁で、柱の表現はみられない。棟押えは線刻による。

D　切妻型屋根をもつ高床式建物で、三棟ある。床下部分は平側に各二個、妻側に各一個の円形孔をあけて、床《ゆか》の高いことを示している。壁には柱や横板張りを表わしたとみられる線刻がある。一棟を除いて入口や窓の表現はなく、きわめて閉鎖的な建物である。

E　寄棟型屋根をもつ高床式建物である。床下部分の表現はDと同じである。一方の平側に入口があけられ、はめ

図 34　赤堀茶臼山古墳出土の家形埴輪群と囲形埴輪

込み式に戸が取り付けられている。

これらの家形埴輪のなかで、ほぼその原位置を認めることができたのは、Aと、その背後にあってAと同じ棟方向をもって置かれたC、そしてAを中心にCとは反対側にAと棟方向を違えて置かれたBのうちの一棟、計三棟にすぎない。しかし後藤守一は、さきの報告書において、各家形埴輪の機能の検討から、Aが主家、Bが住居、Cが納屋、D・Eが倉庫という性格づけを行なうとともに、さらに一歩踏み込んで、これらの家形埴輪群がAを中心に配置されたものと考えて、その配置復原を行なった。まずAの正面に空間地をとり、その空間地を中心にして互いに向きあうようにBの二棟を配し、A・Bの三棟が「コの字」形に家形埴輪群の中心をなすと推察した。そして出土状況からAの背後にCを置き、Aの左右（妻側）とBの背後に、それぞれ棟筋《むなすじ》を揃えて高床式倉庫D・Eを配置する。これは主家を中心とした左右対照の建物配置である。さらに後藤は、この配置復原から得られた家形埴輪群の全体像を「如何にも地方豪族の一屋敷を表してゐるが如き感を与へるもの」と性格づけた。この後藤による配置復原案は、古墳時代における首長居館の建物配置に関する定説となって現在に至っている。

近年、この赤堀茶臼山古墳出土の家形埴輪群の配置について再検討を行なった小笠原好彦[28]は、まずこれら家形埴輪群とともに出土している囲形《かこいがた》埴輪に注目した。この埴輪は、平面がL字形をなす箱形のもので、その屈曲部分に入口を示す長方形の切込みがあり、壁の上縁には鋸歯状の連続した三角形の突起がみられる。小笠原はこれを門を表現した形象埴輪とみた。そして各家形埴輪の機能について後藤の考察を一部修正し、A主屋、Bを脇屋、Cを霊屋《みたまや》、D・Eを倉庫とし、C・D・Eを主屋の背後に配置する案を発表した。さらに小笠原は主屋（A）と脇屋（B）に囲まれた空間地を「前庭」と考え、「前庭は付属する二棟の脇屋の建物からみて、首長権の執行にかかわる政治、裁判、集団祭祀などに関連した政治的空間の性格をもったものと理解」するとともに、「それに続く後方の内庭空間は、霊屋と倉庫群からなっている。これは首長の氏族の祖霊を祀る空間と財政を支える経済基盤を構成する空間構造から形成されていることを示している」と、興味深い考察を行なっている。

しかし、三ッ寺I遺跡を嚆矢《こうし》とする古墳時代の居館遺跡の調査では、後藤や小笠原が復原するような、倉庫などの付属屋も含めて左右対称の建物配置を示す事例をあげることはできない。また両氏はD・Eの高床式建物をいずれも倉庫とみるが、同型式の建物のなかには王権祭儀の場として機能するものが存在することはすでに考察してきたところである。Dが三棟あるのに寄棟型のEが一棟である点や、Eと同形態の白石稲荷山古墳(群馬県)出土の埴輪が外面を赤彩するとともに、高床部の入口脇にミニチュアのキヌガサの柄を差し込んだとみられる小穴をもつことも、D・Eに倉庫以外の機能をみるうえで有利な材料であろう。このように後藤・小笠原の両復原案はともに、近年の発掘調査成果をも加えて再検討する余地があると思われる。

なお、赤堀茶臼山古墳の墳頂からは家形埴輪とともに、椅子・キヌガサ・翳《さしば》・高杯などの形象埴輪が出土している。椅子形埴輪は、大きくカーブして左右両側にせりあがる尻受け部を前後一枚ずつの台形の脚が支える形態であり、装飾のついた背もたれが付いている。この埴輪の大きさは、左右幅が六八センチ、尻受け部の奥行三五センチ、総高は五〇センチ以上あり、主屋とみられる堅魚木をあげた家形埴輪を凌駕する大きさである。おそらく主屋の正面、小笠原のいう前庭に置かれ、居館においてハレの祭儀に臨む首長の存在を象徴的に表わそうとしたものである。

椅子形埴輪の性格についてはさきに論じたが、後藤守一も上記の報告書において、「恐らく死者所用のもの、即ち死者の調度品の一として作ったものかも知れないが、又一方には死者の葬儀に際して祭主を表はすものとして、かの印度に於いてギリシヤの影響を受けて仏像をつくる前に、仏陀の表象として菩提樹・仏足又は法輪を表はした如くにしたものと解してもよからうと思ふ。而して其の孰に解するとしても、腰掛が単なる調度品として用ゐられたのではなく、威儀を表はすものとしての意義を有するものと解すべきであらう」と、その本質を明らかにしている。ともに出土したキヌガサや翳もまた首長の存在を意味するものであり、これらは椅子形埴輪の脇に並べられていたのであろ

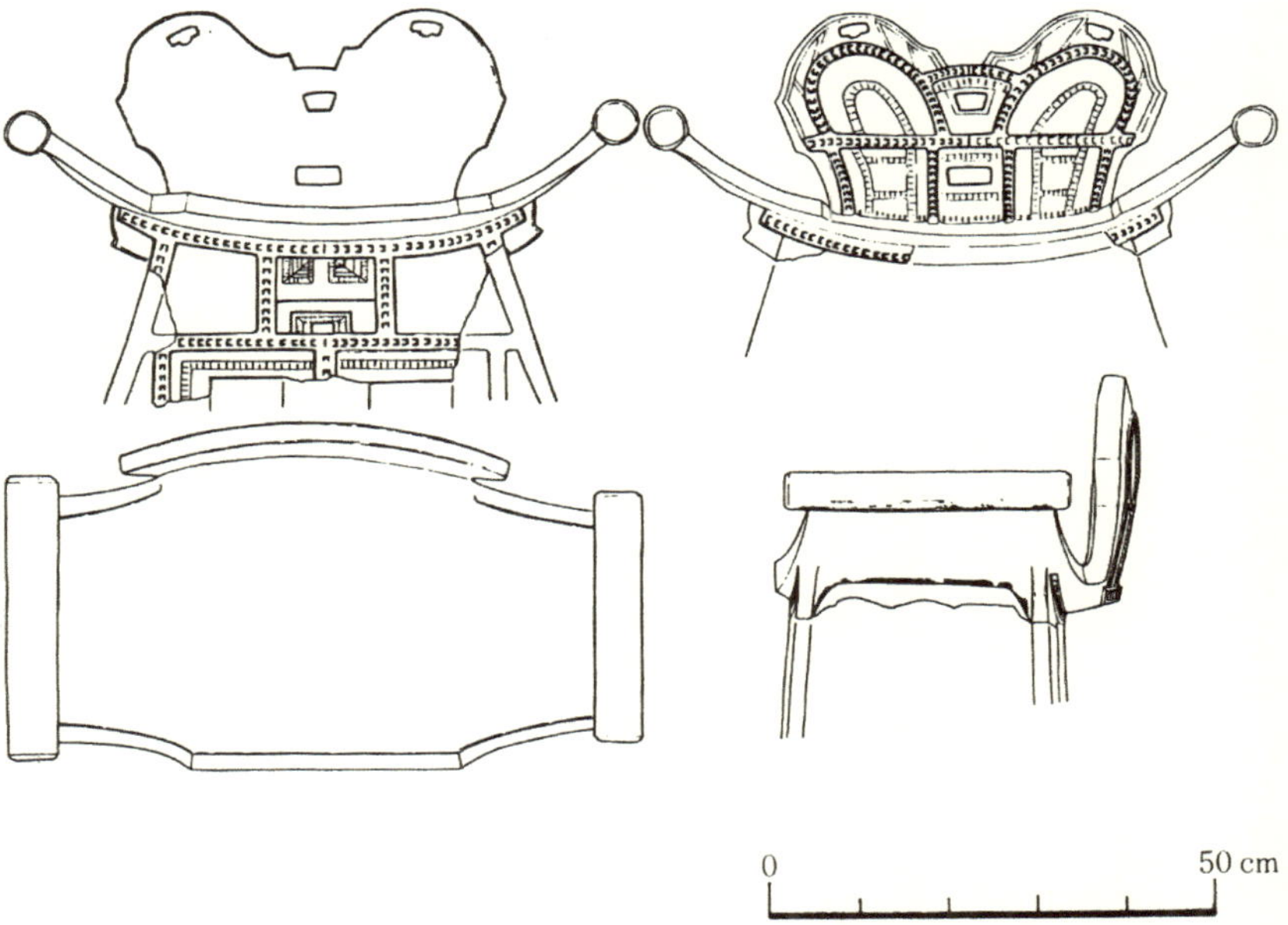

図35　椅子形埴輪（赤堀茶臼山古墳出土）

う。さらに、小破片ではあるが、これらの埴輪に混じって甲冑形埴輪の断片も出土しており、これも首長の存在を示すために椅子形埴輪の脇に置かれた埴輪であることは、ニゴレ古墳と同じである。また高杯形埴輪も、百舌鳥大塚山古墳から家形埴輪に伴って出土したミニチュア土製品のなかに、牀や椅子とともに高杯（または器台）があるところから、王権祭儀にとって重要な器物であったと思われる。

赤堀茶臼山古墳の墳頂に配置されたこのような形象埴輪群は、居館に君臨してマツリゴトを執行する首長の存在を椅子形埴輪などによって象徴的に表わし、黄泉の世界においてもその権力が維持されることを語ろうとしたものとみることができる。家形埴輪の数や形態の豊富さは、その首長の権力の大きさを強調するものであったと考えられる。五世紀後葉、関東地方でも人物埴輪が出現し、保渡田八幡塚古墳の中堤上のA区にみたとおり、祭儀に臨む首長を表わした人物埴輪が椅子に座して中央に配置されるのであり、古墳における形象埴輪群の樹立にみられる思想は変わるところがない。

3　美園型の高床式家形埴輪

美園古墳出土の高床式家形埴輪と極似する形態の埴輪が、兵庫県姫路市にあった人見塚古墳(29)から出土している。人見塚古墳は、すでに一八九六年に和田千吉らによって発掘調査され、同年末から翌年にかけて兵営敷地として削平された、直径約三〇メートルばかりの円墳である。和田の報告によると、その墳頂部には円筒埴輪が円形に巡り、家形埴輪はその内側から細片となって出土した。

現在、天理大学附属参考館所蔵品となっているこの家形埴輪は、大棟部分を欠損しているものの、和田千吉の委嘱を受けた吉田白嶺が小破片から苦心のすえに復原した資料である。美園古墳例よりやや大型のこの埴輪は、前者を参考にすると、非常に妻ころびの強い雄大な大棟をもっていたと推察される。桁行二間・梁間二間で、四面ともに床下部・高床部を二ヵ所ずつ開口させ、柱は壁体よりやや突出するように表現されている。床下部は下端に巡る廻り縁と、高床部との境界をなす廻り庇に沿って、多少の壁体を設けているが、これは埴輪製作上、床下部の強度を保つ必要から付加されたものと考えられ、大きな開口部があることから吹き放しの床下と理解できる。一方、高床部は床下部に較べて壁体を高く表現し、美園古墳例よりもはるかに大きな開口部(窓であろう)をもつ開放的な構造となっている。大棟が欠損しているために棟の方向は明確でないが、おそらく長辺側が桁行となっていたと推察でき、その一方の開口部は下壁中央を弧状に切り欠いており、入口を表わしている。高床部には美園古墳例と同様に床《ゆか》がつくられており、その中央には円形の孔が大きくあけられている。さらにこの人見塚例は、外面のみならず高床部内側までが赤彩されており、この点も美園古墳例と共通している。このように人見塚古墳出土の家形埴輪には、外観、床の存在、高床部内壁の赤彩など、美園古墳例との間にいくつもの共通点を指摘でき、この埴輪も美園古墳例と同じく首長が祭儀を実修する場を表わそうとしたものとみることができる。美園古墳出土の高床式家形埴輪がさほど特殊な事例でないことは明らかであろう。

大阪市の南部、羽曳野丘陵から北に延びる瓜破《うりわり》台地の東北端部から、河内湖に流れ込む旧大和川の分流の一つ平野川左岸の沖積地にかけて、数のうえで小方墳が優勢な前・中期の古墳群が埋没しており、長原古墳群（大阪市平野区）と呼ばれている。古墳群中、直径約四〇数メートルという最大規模の墳丘をもつ円墳、塚ノ本古墳の周濠からも、同型式の家形埴輪(30)の破片が出土している。

この埴輪は屋根の型式が不明ながら、他の部分では美園古墳例ときわめて似た立面形態をもっている。高床部には床が張られ、その内外面ともに赤彩されている点も共通している。なかでも顕著な特徴は、その柱が粘土紐を巻きあげて作った直径九〜一〇センチの円筒に表現されている点である。床下部から高床部まで一本の円筒によって柱が作られ、その途中に床が張られている。柱間は心間距離で約二五センチを測る。この埴輪の屋根を美園古墳例のような入母屋型と想定して全体を復原すると、その総高が〇・九〜一メートルにもなる巨大な埴輪となる。このような家形埴輪にふさわしい大きな屋根を支えるために、円筒を柱として堅牢性を増そうとしたのであろうが、実際の高床式建築に円柱が使用されていたことも十分考えられる。上述の川合大塚山古墳の後円部から採集された、盾を貼りつけた円柱も、それを補強する資料である。

三　人物埴輪と王権祭儀

1　瓦塚型の高床式家形埴輪

美園古墳や人見塚古墳から出土した高床式家形埴輪は、床下部が吹き放しである点に加え、高床部の四面すべてに大きな窓が開けられており、非常に開放的な構造の建物を表わしている。この開放性において新たな様式をもつ高床式建物を表現した家形埴輪について検討してみたい。

埼玉県行田市にある埼玉古墳群は、全長一三五メートルの二子山古墳をはじめとした四基の一〇〇メートル級前方後円墳や、直径約一〇五メートルの巨大円墳、丸墓山古墳を中心とする東日本有数の大古墳群である。なかでも群中第二の規模を有する埼玉稲荷山古墳（全長約一二〇メートル）の後円部にある二基の埋葬施設の一つから出土した鉄剣に、「辛亥年七月中記」にはじまる一一五文字の金象嵌《ぞうがん》銘文が発見されたことは記憶に新しい。

写真34　瓦塚古墳

新たな様式をもつ高床式家形埴輪が出土したのは、全長約七〇メートル、後円部径約三二メートル、前方部幅四五メートルの平面規模をもつ六世紀中葉に築造された前方後円墳、瓦塚古墳[31]である。一九七九・八〇年に埼玉県教育委員会が実施した周濠の存在確認のための発掘調査によって、外縁が台形平面を呈して墳丘を囲繞する二重の周濠の存

写真35　瓦塚古墳出土の高床式家形埴輪

在が明らかにされた。内濠と外濠の間には幅約八メートルの中堤が巡っている。墳丘西側にあたる外濠の中堤寄り斜面からは、集中して形象埴輪が出土した。これから検討しようとする高床式家形埴輪も、この形象埴輪群の破片から復原されたものである。

この家形埴輪は寄棟型の屋根をもち、現状の総高は七八センチで、そのうち半ば以上の四三センチが屋根の高さであるという、棟高を非常に誇張した形態をとっている。平面は桁行二間・梁間二間で、すべての柱を円筒によって表現し、壁体をまったくもたない完全な吹き放しの建築様式を表わしている。床下部は九本の総柱で、中央の柱を除く八本が、床下部から高床部まで一本の円筒によって作られており、いわゆる通し柱構造となっている。

その柱は、粘土紐を巻きあげて直径八～一〇センチ、高さ約一六センチの円筒を作り、さらにその上にやや直径の小さな長めの円筒を載せて継いでおり、通し柱の総高は三六センチあり、その継ぎ目の部分に高床が各柱を繋いで作られている。高床は厚さ約二・五～三センチの粘土板で、平側約四九センチ、妻側約四一センチの大きさに復原される。棟の部分には全体に剥落痕が認められ、棟押えや堅魚木などの棟飾りが着けられていたと推察される。

屋根・柱ともに、棟部分を除いたほぼ全面に、仕上げの表面調整をした縦方向のハケ目が認められるが、それ以外の装飾には乏しい。ただ平側の一方の屋根には、ハケメ調整によって仕上げを行なったあと、間隔をおいて横位に五本のナデを加えており、埴輪の正面と考えた側の屋根にのみ屋根の押え材を表現したのであろう。

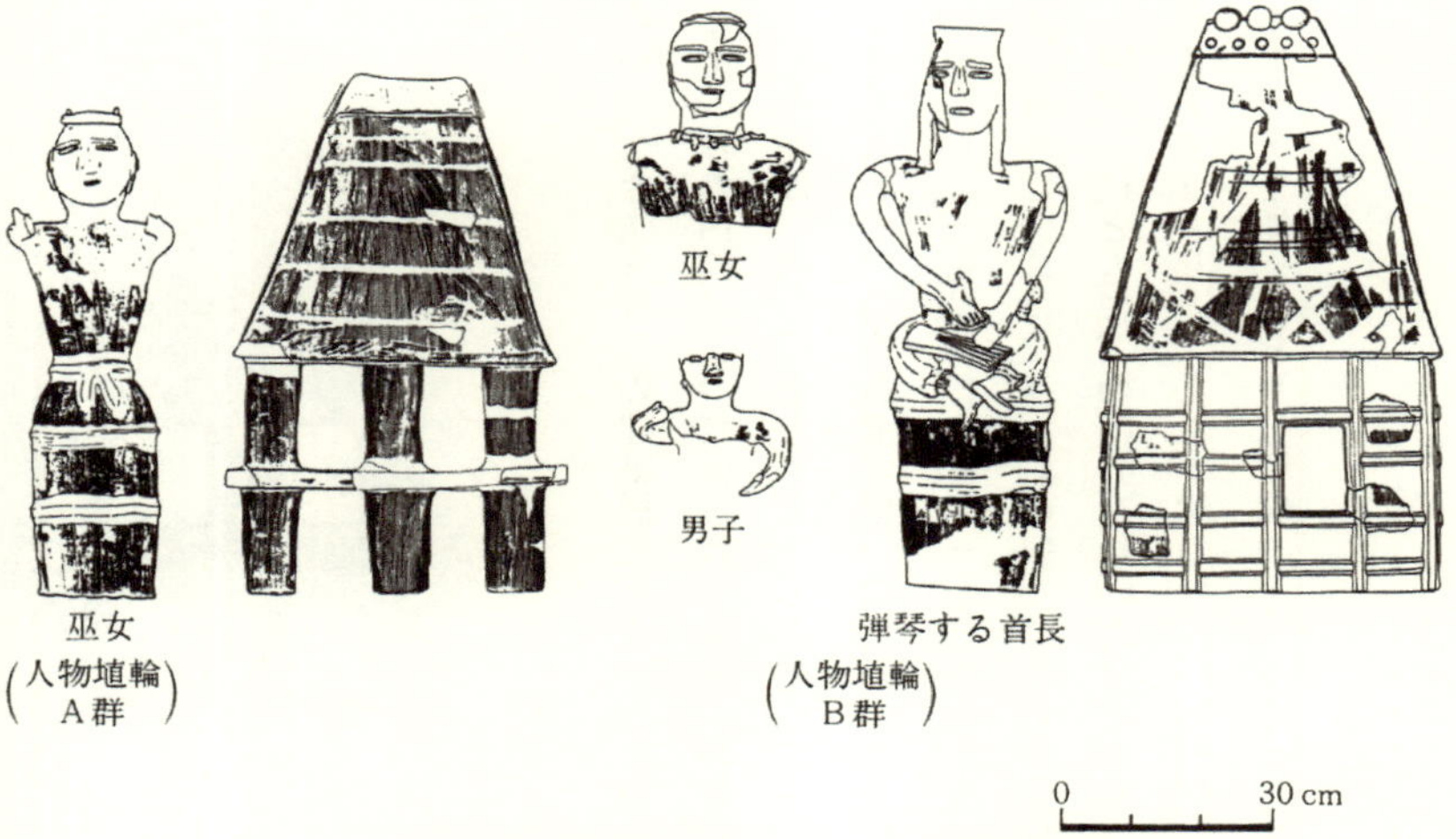

図 36　瓦塚古墳中堤にたてられていた形象埴輪群

2　瓦塚古墳の人物埴輪の配列

埼玉県教育委員会の発掘調査によって、瓦塚古墳の外濠の中堤寄りからは多数の形象埴輪が転がり落ちた状態で細片となって出土し、これらの埴輪群は本来、中堤上のやや外濠に寄った側にたてられていたものと推察されている。さきの円柱をもつ高床式家形埴輪はほぼその中程に位置していたことが、出土地点から想定できる。

いまこれら埴輪群の配列を復原的にみると、北東—南西方向に延びる中堤上に、高床式家形埴輪とは一メートル弱の距離をおいて北寄りに一群の人物埴輪（人物埴輪A群）が、またその反対側（南寄り）にはこの家形埴輪に近くもう一群の人物埴輪（人物埴輪B群）がたてられ、さらに人物埴輪B群の南寄りには、それとほんの少し距離をおいて別の家形埴輪を中心とした形象埴輪群の樹立が認められる。こうした多様な形象埴輪について、形態の明らかな埴輪を中心に、埴輪の姿と性格について検討を加えながら埴輪配列の意図を追求してみよう。

まずA群については、両手を前にさし出した女子半身象が完形であるほかはすべて断片からの推定であるが、三個体分の男子武人像の存在が、大刀や弓などの武器を持っていたとみられる腕や冑の存在から認められる。さらに人物埴輪から剥落した土製五鈴鏡が一点あり、これは巫女埴輪が所持する器物であることから、もう一つの女子埴輪の存在が推定される。したがってA群には巫女を含む女子埴輪二点、男子武人埴輪三点が配置されていたとみることができる。これら五点の人物埴輪の破片が高床式家形埴輪から〇・八五メートル離れて一・四メートルの範囲から出土しており、調査報告者は、五点の人物像を一列に並べることは不可能であり、中堤上面の、より外濠に近い側に、辟邪の意味をもつ武人埴輪像を、墳丘側に女子埴輪像を配したものと想定している。妥当な解釈であろう。

他方、B群では約一・八メートルの間に多数の人物埴輪の樹立が復原できる。まず、その姿態がある程度明らかなのは、男子弾琴座像、踊るような所作をとる男子像、頸飾りを着けた女子像の三体である。そのほか男子の結髪である美豆良や、女子の結髪である島田髷が複数個体出土している点から、さらに男子像二体、女子像三体の存在を推定でき、合計男子像四体、女子像四体となる。男子像はいずれも大刀を腰に帯びていたらしく、その個体数にみあう数の大刀が共に出土している。

写真36　弾琴する首長像（瓦塚古墳出土）

3　弾琴する首長と巫女

男子弾琴座像の姿態について、報告書は次のように述べている。

> 推定全高八三・三センチ。足の表現がなされ全身像となっているが、円筒台部を伴う半身像を製作した後に脚部を貼り加えており、プロポーションはアンバランスである。脚結《あゆい》のついた袴を着用し、軽く胡坐を組んだ膝の上に線刻の絃の四絃琴を抱く。左手は絃を押さえ、右手は撥《ばち》で弾奏する動作を

表現する。頭部には冠状のものを戴いていたと推定され、残存部には赤彩が行われる。頭髪は下げ美豆良と垂髪の表現がなされる。顔面には眼下に横方向の赤彩が行われている。腰にはベルトが着用され、左側に赤彩された頭椎状の大刀を佩く。

古代において、琴は単なる楽器であるにとどまらず、神の降臨を導くために伴奏される呪的性格をもつ楽器であった。『古事記』仲哀段には、そうした琴の性格を示す次のような記述がみえる。

> 其《そ》の大后息長帯日売命《おきながたらしひめ》は、当時神《そのかみ》を帰《よ》せたまひき。故《かれ》、天皇筑紫の訶志比宮《かしひ》に坐《ま》しまして、熊曾国《くまそ》を撃たむとしたまひし時、天皇御琴を控《ひ》かして、建内宿禰大臣沙庭《さには》に居て、神の命を請ひき。是《ここ》に大后神を帰《よ》せたまひて、言《こと》教へ覚《さと》し詔《の》りたまひしく、「西の方に国有り。金銀《くがねしろがね》を本《はじめ》と為《し》て、目の炎耀《かがや》く種種《くさぐさ》の珍しき宝、多《さは》に其の国に在り。吾《われ》今其の国を帰せ賜はむ」とのりたまひき。爾《ここ》に天皇答へて白したまひしく、「高き地に登りて西の方を見れば、国土《くに》は見えず。唯大海のみ有り。」とのりたまひて、詐《いつはり》を為す神と謂《い》ひて、御琴を押し退《そ》けて控きたまはず、黙《おだ》して坐しき。爾に其の神、大《いた》く忿《いか》りて詔りたまひしく、「凡《およ》そ茲《こ》の天の下は、汝《いまし》の知らすべき国に非ず。汝は一道《ひとみち》に向ひたまへ。」とのりたまひき。是に建内宿禰大臣白しけらく、「恐《かしこ》し、我が天皇《おほきみ》、猶《なほ》其の大御琴阿蘇《あそ》婆勢《ばせ》。」とまをしき。爾に稍《やや》に其の御琴を取り依《よ》せて、那麻那麻迩《なまなまに》控き坐しき。故《かれ》、幾久《いくだ》もあらずて、御琴の音聞えざりき。即ち火を挙げて見れば、既に崩《かむあが》りたまひぬ。

この記述では、オキナガタラシヒメ（神功皇后）を通じて神の託宣を受けるために仲哀天皇が自ら大御琴を弾じている。また、神託を信じようとしなかった天皇は、建内宿禰のすすめもあって、しぶしぶ（那麻那麻迩）琴を弾じていたが、神の怒りを受けてそのまま亡くなってしまう。神の降臨や神託を受ける呪的儀礼に琴（の音）が重要な役割を演じていたのである。神の降臨を「火を挙げて見」て確認した点は、そうした儀礼が夜または閉鎖された屋内で実修されたことを窺わせる。

一方、『日本書紀』は允恭天皇七年十二月条に、新室で讌《うたげ》が催された折り、「天皇、親《みづか》ら琴撫《ひ》きたまふ。皇后《きさき》、起《た》ちて儛《ま》ひたまふ」、そして舞い終えた皇后が「礼事《ゐやのこと》」を言上するという、琴の伴奏による祭儀の存在を伝えている。仲哀天皇による琴の伴奏によって皇后が託宣を下すさまとあわせ考えるなら、この「礼事」とは儀礼化した託宣の一種であると理解できる。

この仲哀記と允恭紀の記載は、ともに天皇が自ら琴を弾き、そのなかでトランス状態となった皇后が託宣を下すという祭儀を語っており、弾琴が神託を受ける立場にある男性首長にとって重要な行為であったことを物語っている。

さらに『古事記』のいわゆる出雲神話には、スサノヲが支配する根ノ堅州《かたす》国において数々の苦しい試練をのりこえたオオクニヌシが、妻スセリヒメを負い、スサノヲの呪宝、生大刀・生弓矢・天詔琴《あめののりこと》を携えて顕《うつ》し世に凱旋し、国作りを行なう物語がある。生大刀・生弓矢は人を蘇生させる霊力をもつ呪具であり、天詔琴はまさに神の託宣を得るために用いる呪具である。元来、この三種の呪具が根ノ堅州国の支配者スサノヲの所有物であり、それを得たオオクニヌシが出雲国の支配者となる（国作りを行う）というこの物語は、天詔琴をはじめとする三種の呪具がレガリアであったことを示している。さらにオオクニヌシが根ノ堅州国において妻としたスセリヒメはスサノヲの娘であり、その点において三種の呪具と同じくスサノヲの所有物であった。スセリヒメは生大刀・生弓矢・天詔琴という呪具とともに顕し世にもたらされたのであり、彼女にも呪的性格が色濃くただよっている。出雲国で新たに執行される祭儀では、オオクニヌシが天詔琴を弾き、スセリヒメは仲哀后オキナガタラシヒメや允恭后オシサカノオオナカツヒメと同様に、琴の音によって神がかりとなり、託宣を下したにちがいない。軽く胡坐《あぐら》を組んだ膝の上に四絃琴を置いて弾奏する瓦塚古墳出土人物埴輪は、そうした祭儀に臨む首長をかたどったものと考えられる。

この弾琴する男子首長像との関係において、同一の人物埴輪群（B群）に属する頸飾りを着けた女子埴輪が注目される。ほとんどが半身像に表現される女子埴輪像には珍しく、脚部までを表わした椅座像に復原でき、その表現法から、明らかに一般の女子埴輪像とは性格を異にした女性をかたどっている。この女子像の顔を報告者は、「大きく面長な顔に、筋の通った鼻と、水平で切長な目と眉が印象的であり、気品が感じられる」と観察している。頸には等間隔に勾玉を配した頸飾りの表現がある点も、瓦塚古墳出土の他の人物埴輪にはないものである。この女子埴輪像は同古墳出土の他の人物埴輪と較べてやや大型に作られており、さきの男子弾琴像とほぼ同大である点で、両者が対をなす埴輪として製作・配置された蓋然性が非常に高い。弾琴する男子首長の傍らに配置され、託宣を下す巫女を表わしたのがこの女子像であろう。

したがって、これら一対の男女全身像（座像）を含むB群の人物埴輪は、神託を得るための祭儀の場を構成する人物を表現したものとみられる。

4　王権祭儀の姿

さらに、B群とは約一・五メートル離れた、中堤上から外濠への斜面部分において、形象埴輪の破片がまとまって出土した。主な埴輪としては、平屋造りの家形埴輪と二つの盾形埴輪がある。

その家形埴輪は棟高八〇センチに復原され、ほぼ前記の高床式家形埴輪の棟高に近く、しかも屋根部分の高さが五〇センチにもおよぶ。この点でも前者と共通した特徴をもっている。屋根には棟押えとこれを固定するための樋貫が表現され、その上に三個の堅魚木がのせられている。また平側の屋根の一方には、全体にハケによる仕上げ調整を施したあと、屋根押えを表わすとみられる荒い斜格子風の文様が加えられている。こうした表現手法はさきの高床式家形埴輪にも認められるところで、この側を正面と考えていたことが窺える。壁の部分は出土した破片が少なく、すべてを復原できないが、縦横の両方向に凸帯を巡らして堅固な壁体構造を示している。また出入口と窓の存在が、壁体に穿孔のある破片から推察できる。

これに伴出した盾形埴輪は二点とも同じ形態をもつもので、上縁部は緩いカーブを描く山形を呈し、左右の縁線は中程がやや括《くび》れて、上下端部が張り出すような外形をなしている。盾部の高さは約五五センチで、台部を入れた総高は七〇〜七五センチに復原できる。これら盾形埴輪の破片が、さきの平屋造家形埴輪の破片と混在して出土しており、この両者が相接して中堤上にたてられていたさまが想定できる。そして、この平屋造りの家形埴輪が盾によって守護されるべき性格をもった建物であることを明示している。美園古墳出土の家形埴輪において検討した盾と首長祭儀の関係から類推して、この家形埴輪は、新嘗や首長権継承をはじめとした王権にかかわる祭儀を執行する建物の一つであったとみられる。そしてこの家形埴輪は、盾形埴輪だけでなく武人埴輪によっても守られていたらしく、冑部分の形象埴輪片がその傍から出土している。

以上、瓦塚古墳の中堤上にたてられた形象埴輪の姿態とその性格について検討を加えてきた。いま巨視的にこれら形象埴輪群の配列をながめると、①人物埴輪Ａ群、②高床式家形埴輪、③人物埴輪Ｂ群、④盾に守護された平屋家形埴輪にグループ分けすることができ、さらに①と②、③と④という人物埴輪群と家形埴輪を一組とする配列意図の存在が推定できる。そして各組には、人物埴輪群と家形埴輪の間に、埴輪を配置しない空間地が認められる。空間地とはいっても、①と②の間が一メートル弱、③と④の間が約一・五メートル程度である。家形埴輪と人物埴輪群は、この空間を中にして向き合って配置されていたのであろう。

人物埴輪Ａ群の中心をなすのは、おそらく腰に鈴鏡を下げた巫女埴輪とみられ、両手を前に出した女子半身像は、これに奉仕する人物をあらわしている。①と②の組合せは、高床式の開放的な建物において巫女による祭儀が実修されるさまを語るものと考えられ、三体の武人埴輪は、そうした祭儀の場を守護するために配置されたのであろう。

他方、人物埴輪Ｂ群は、上述したとおり、男子首長の弾琴によって神がかりしたその妻が、巫女として神の託宣を首長に与えるという儀礼の場を埴輪によって再構成したものであり、平屋の家形埴輪がその祭儀の場であったとみられる。そこには神が降臨するのであり、その聖なる建物を守護するために、盾形埴輪や武人埴輪がたてられたのであろう。さきの人物埴輪A群では男子首長像がみられず、巫女埴輪のみであった。このA群とB群を構成する人物埴輪の種類と家形埴輪の形態の相違は祭儀の目的と祭式のちがいとして理解される。瓦塚古墳の中堤に配置された形象埴輪群が表わそうとしたものは、まさに古代首長の「ハレの空間」での王権祭儀であった。

瓦塚古墳の報告者は、腕や結髪（美豆良や島田髷）の一部など、ごく断片的な破片の出土にとどまっている人物埴輪についても、極力その全体の姿態を考察しようとし、中堤にたてられていたであろう形象埴輪の配列復原と、それが表現しようとする祭儀を積極的に考察することに努力している（埼玉県教育委員会『瓦塚古墳』埼玉古墳群発掘調査報告書第四集、一九八六年）。

その考察は、③人物埴輪B群と②高床式家形埴輪との関係を理解するに際してきわだった冴えをみせる。まず男子弾琴埴輪のほかに琴の断片（五絃）が出土している点から、人物埴輪B群のなかにさらに一体の男子弾琴埴輪を加上し、踊るかのような所作をする男子人物埴輪の存在とからめて、人物埴輪B群を構成するとみられる九体の埴輪を音楽奏者と踊り手の二つのグループに分ける。その前提に立って、筆者が男子弾琴埴輪と対をなす巫女とみた大型の女子椅座埴輪を「楽と踊りを司る立場にある歌女」と推定する。このような考察に立脚して、報告者は人物埴輪B群を「日常の歌舞を表現するものでは無く、首長の霊をゆさぶり、再生を願うたまふりの儀式を表現したものと考え」、その一方に隣接して置かれたと推定される高床式家形埴輪に「後世の神楽殿のような舞台としての機能と性質」を付与する。そして、「人物埴輪B群は本来この舞台の上で行われている歌舞の有様を、そのまま舞台の脇に引き出して表現したもの」であると、人物埴輪B群と高床式家形埴輪の有機的理解について卓見を提示している。

しかし他方、それらの左右にそれぞれ一メートル前後の間隔をおいて配置された①人物埴輪A群と、④平屋家形埴輪・盾形埴輪などの形象埴輪群について、報告書はまったく触れるところがない。これでは片手落ちというものではないか。大局的にみて、①〜④の形象埴輪群はひとまとまりとなって外濠の中堤寄り斜面から出土しているのであり、①および④が、②や③と無関係に配置されたとみることは、②と③の有機的な関係をみごとに復原しているだけになお不自然の感を免れない。①と②、③と④の間にある一メートル前後の空間をも含めた形象埴輪配置の全体像から検討がなされるべきではなかろうか。①〜④全体をひとまとまりの埴輪配置と認識し、それら形象埴輪の姿体や所作、さらにはその配置がいかなる意図のもとに何を表わしたものかを理解しようとするには、①と②および③と④の間の多少の空間に、形象埴輪群相互を分断する役割を与えるのではなく、それぞれを繋ぐものとしての役割を付与すべきではなかろうか。調査者の埴輪配置復原と配置意図の考察への熱意がひしひしと感じとれる報告書であるだけに、①と④について触れなかったのは惜しまれる。

瓦塚古墳において形象埴輪が配置されたと推定される地点は、中堤上の、後円部から前方部に向かって右側のくびれ部からやや前方部に寄った付近である。埼玉県教育委員会による発掘調査では、墳丘右側の周濠（内濠と外濠）とそれに挟まれた中堤が、墳丘主軸に並行して約五〇メートルの長さで全面的に発掘された。さらにその後、一九八六〜八七年に、行田市教育委員会が、県教育委員会の調査区の北東側（後円部北側）の調査を行ない[32]、内濠の一部と、一五メートルにわたって中堤および外濠を検出している。瓦塚古墳の墳丘全長が約七〇メートルであるから、その右側の外部施設（濠と周堤）のほぼ大半が調査されたわけで、さらに墳丘右くびれ部に付設されている造出しと、外濠の外縁部分の一部にまで調査範囲がおよんでいる。この広大な調査範囲のうち、形象埴輪群の出土した範囲は、外濠の中堤寄り斜面の七メートル×四メートルという、ごく限られた地域であり、当然これら形象埴輪群が本来たてられていた地点もそれに隣接した中堤上のほぼ同程度の範囲に限定できる。同古墳については、さらに前方部左隅角部分の内濠・中堤と外濠の一部が発掘され、この区域では、内濠から円筒埴輪の出土があるものの、形象埴輪は検出されなかった。したがって、上述した形象埴輪群がたてられた中堤上の一画は、古墳築造にあたって計画的に形象埴輪を配置する場として企図されていたことがわかる。

瓦塚古墳の中堤上の、形象埴輪群が配置されていたと推定される一画から約八メートルほど後円部寄りには、中堤と外濠外縁を連絡するかのように、外濠掘削に際して掘り残した幅二メートル弱（上縁部）、長さ（外濠の幅にあたる）約六・三メートルの陸橋状遺構が検出された。筆者はこれまで中堤上の一画に配置された形象埴輪群に視点をあてて述べてきたが、中堤上には外濠側に円筒埴輪列が巡らされていたことが、外濠に転落した埴輪片の出土状況から窺える。これら円筒埴輪列には、五本のうちに一本の割で、口縁部が大きく開く朝顔形円筒埴輪がほぼ規則的に配列されていたらしい。この円筒埴輪列のところどころには人物や馬などの形象埴輪が加えられていたことも確認されている。陸橋状遺構はそうした円筒埴輪列で囲繞された中堤内への通路であったと推定される。さらに、瓦塚古墳の墳丘くびれ部には右側にのみ造出しが付設されており、陸橋状遺構は内濠側には設けられなかったものの、ちょうど造出しに向かって造られたかのような位置にあり、この両者の関係も注意される。造出しとその周辺の内濠からは、須恵器の甕・高杯・提瓶などが出土し、埋納後の被葬者を祀る一種の墓前祭の場であったとみられ、外濠外縁からまっすぐに造出しの方向へと設けられたのがこの陸橋状遺構であると考えられる。さらに言えば、その陸橋状遺構に近く配置された形象埴輪群も、造出しにおける祭儀と何らかの関係があるのではなかろうか。

5　埼玉古墳群にみる王権祭儀

陸橋状遺構は、瓦塚古墳と同じく埼玉古墳群を構成する埼玉稲荷山古墳[33]や埼玉二子山古墳[34]においても、発掘調査によって存在が確認されている。しかも、すべて墳丘西側に、中堤と外濠外縁を連絡するように造られている点も共通している。埼玉稲荷山古墳は全長約一二〇メートル、後円部径約六二メートル、前方部幅約七四メートルを測る前方後円墳で、埼玉古墳群では最も早い五世紀末頃という時期に築造された大型古墳である。また埼玉二子山古墳は全長約一三五メートル、後円部径約六五メートル、前方部幅約八六メートルという埼玉古墳群のなかで最大の墳丘規模をもつ前方後円墳で、同古墳群においては、わが国最大の円墳、丸墓山古墳（直径約一〇五メートル）についで六世紀前半に築造された古墳であり、前方後円墳としては埼玉稲荷山古墳についで築造された古墳である。瓦塚古墳の築造は六世紀中葉であるから、埼玉稲荷山古墳→埼玉二子山古墳→瓦塚古墳という前方後円墳の系譜が明らかになるとともに、これら三基の首長墓が長方形の平面プランをもつ二重周濠を有し、中堤と外濠外縁を連絡する陸橋状遺構を墳丘右側の外濠内にもつなどの共通点が注目される。このような首長墓の築造にみる伝統的な付属施設採用は、それらの被葬者が一つの家系に繫がる首長たちであるとともに、造墓工人集団を率いたその統率者たちもまた一つの系譜に属する人びとであったことを語っている。

瓦塚古墳に先行して築造された二基の大型首長墓にみる陸橋状遺構が瓦塚古墳の同遺構と相違する点は、陸橋状遺構と中堤が連絡する部分の中堤に、方形に近い大きな突出部が存在することであり、陸橋状遺構はその前端部分中央にとりついている（各古墳の発掘調査報告書は、この突出部を「造出部」と呼称するが、墳丘くびれ部付近にある造出しと混同する恐れがあるので、ここでは「突出部」と呼称する）。この突出部の規模は埼玉稲荷山古墳で幅約二七メートル、長さ約二六・五メートルを測り、外濠も突出部外縁に添って掘削され、長方形の平面プランをもつ外濠は、この部位のみ突出する形となっている。次の埼玉二子山古墳では、前端部での幅が約四三メートル、中堤から突出した長さが約二八メートルと、さらに大きな規模となり、外濠は突出部を大きく包みこむように広い幅をもち、突出部付近は三五メートルをこえる規模になる。なお、突出部前端での外濠幅は約九メートルで、この部分に陸橋状遺構が存在する。

両大型古墳の突出部とその周辺の外濠からは形象埴輪が出土しており、本来は突出部上面に配置されていたことを出土状態は明示している。しかし埼玉二子山古墳の形象埴輪は断片的な出土にとどまり、検討資料とするに不十分である。他方、埼玉稲荷山古墳では人物埴輪などに比較的まとまった資料が出土し、突出部上面に配置されていた形象

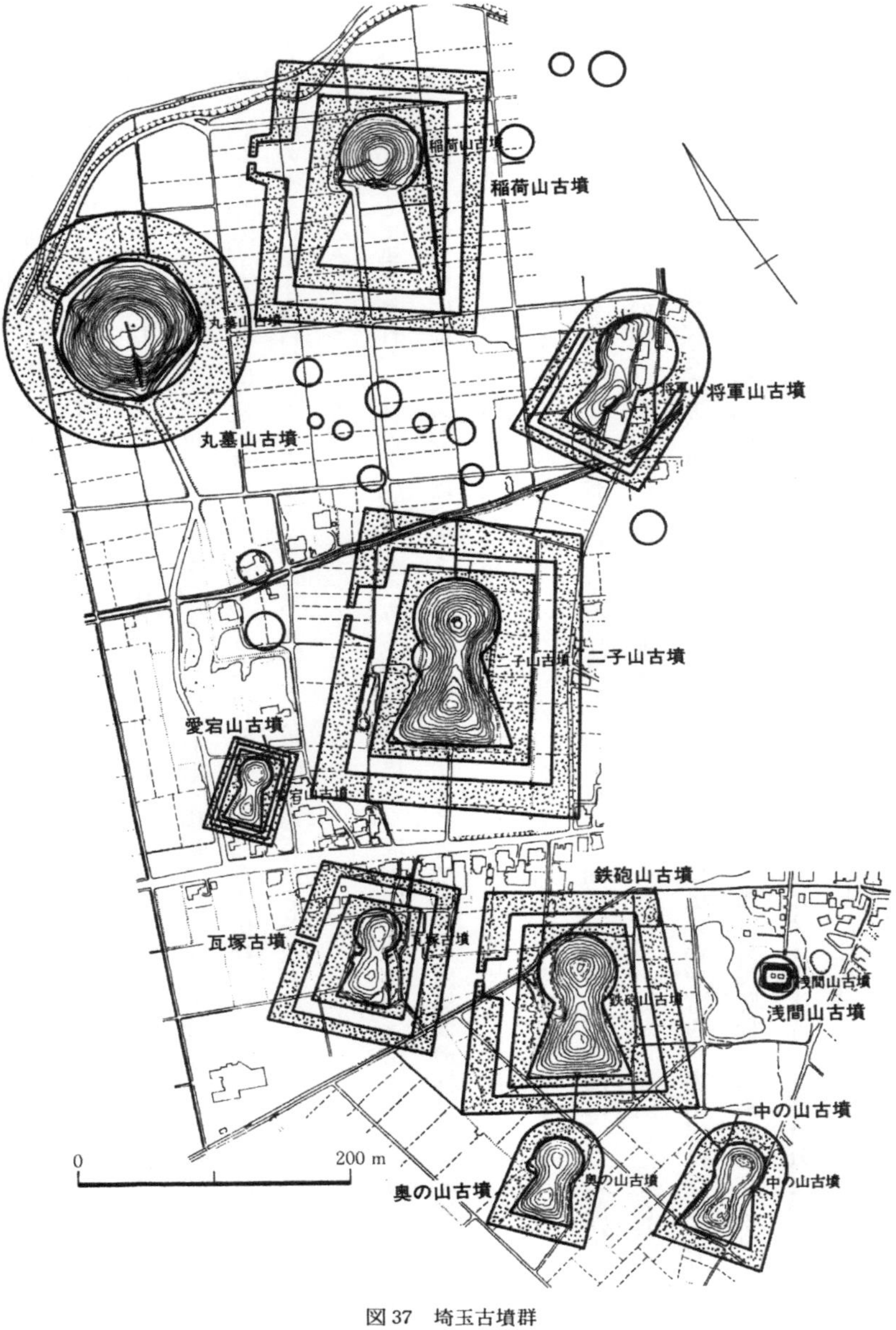

稲荷山古墳
丸墓山古墳
将軍山古墳
二子山古墳
愛宕山古墳
鉄砲山古墳
瓦塚古墳
浅間山古墳
中の山古墳
奥の山古墳
0
200 m

図 37　埼玉古墳群

埴輪の概要をある程度うかがい知ることができる。いま同古墳の突出部に配置されたであろう形象埴輪を、出土した断片的資料から復原的に整理すると以下のようになる。

A　四絃琴を弾じる首長（冠をかぶると推定される）
B　腰に五鈴鏡をさげた巫女
C　眉庇付冑をかぶった武人（二体）
D　盾持ちの武人
E　靫を負う武人
F　そのほか七〜八体の男子人物
G　飾り馬
H　猪
I　切妻型屋根をもつ建物

これら形象埴輪は、その多くが断片の出土にとどまっているため、突出部上面における本来の配置を推察するのは困難であるが、弾琴する首長や鈴鏡を身に着けた巫女、さらには武人や建物などの形象埴輪の組合せは、さきに検討した瓦塚古墳出土形象埴輪群のそれと共通するところであり、弾琴する首長と巫女を中心とした王権祭儀の場を形象埴輪によって表現した様子が、ここでも窺える。おそらく埼玉二子山古墳の突出部にも、埼玉稲荷山古墳の突出部と同様の形象埴輪の配置があったものと推察される。

なお、埼玉稲荷山古墳の突出部の位置は中堤の後円部寄りにあり、この突出部と内濠を隔てて相対する後円部裾には造出しの一部が発掘調査によって確認されており、相互の間に関連性が強く感じられる。

このような中堤突出部は、埼玉二子山古墳に続いて築造された瓦塚古墳にはみられず、陸橋状遺構は中堤に直接とりついている。しかし中堤上における陸橋状遺構との結接点近くには、埼玉稲荷山古墳などの中堤突出部と同じく、古代首長の「ハレの空間」での祭儀を表わしたとみられる形象埴輪群の配置がある。これは瓦塚古墳の築造に際して突出部が設けられず、その機能が中堤上の一画に移されたことを意味している。なお、瓦塚古墳の陸橋状遺構が墳丘の造出しを意識しているとみられる点は、陸橋状遺構と造出しとの深い関係を物語っている。

このように五世紀末以降、埼玉稲荷山古墳→埼玉二子山古墳→瓦塚古墳とほぼ累代的に系譜を追うように築造された首長墓のいずれもが、前方後円墳の墳丘をめぐる二重の長方形周濠をもち、さらには墳丘右側の中堤の一画に形象埴輪群を配列した区画を有するという共通の特色が明らかになった。しかもその形象埴輪群は、首長・巫女・武人・盾・家などほぼ同一の組合せから成っており、首長によって実修される王権祭儀の具象的な姿であるとみられる。それは埼玉古墳群の所在する北武蔵地方において、安定かつ定型化した王権祭儀が連綿と続いていたことを窺わせる。また瓦塚古墳出土例において明らかなように、椅子に座る首長と、それと対をなす巫女の組合せは、さきに概観した保渡田八幡塚古墳をはじめとした上毛野地方の古墳にも認められる。すなわち、人物埴輪を中心とする形象埴輪群の配置に表わされた王権祭儀の姿は、東国という広い範囲のなかで共通の祭式が実修されていたことを明示するものである。しかもそこに表わされた祭儀の姿は、筆者がさきに赤堀茶臼山古墳やニゴレ古墳の形象埴輪について、居館に君臨してマツリゴトを執行する首長の存在を表わし、黄泉《よみ》の世界でもその権力が維持されることを語ろうとしたものと考察した、人物埴輪出現前の形象埴輪配置に表われた思想の延長線上にあるといえる。

6　畿内後期古墳にみる王権祭儀

大和を中心とした、いわゆる畿内と呼ばれる地域では、六世紀に入ると、首長墓への横穴式石室の導入という大変革とともに、形象埴輪を墳丘にたてる行為は衰退に向かう。

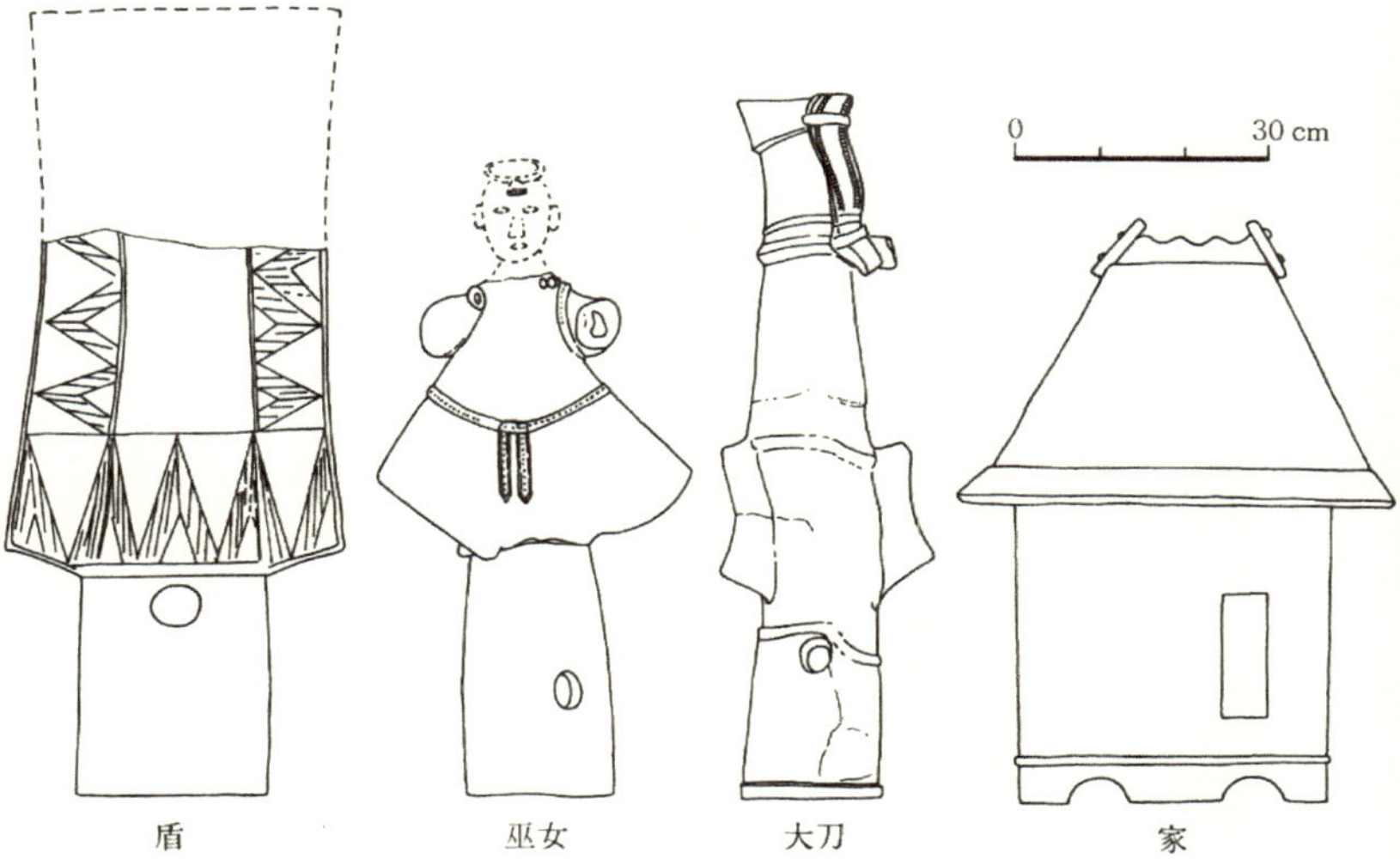

図 38　勢野茶臼山古墳の形象埴輪

奈良盆地西部、竜田川流域に展開する平群谷古墳群は、武内宿禰後裔伝承をもつ雄族、平群《へぐり》氏の奥津城[35]である。この古墳群の中核をなす勢野《せや》茶臼山古墳と烏土塚《うどづか》古墳という二基の前方後円墳は、横穴式石室導入後における形象埴輪樹立の状況をよく語ってくれる。

勢野茶臼山古墳[36]は全長約四〇メートルの前方後円墳で、埋葬施設は全長一〇メートルを測る片袖の横穴式石室である。玄室長四・六メートル、玄室幅は奥壁で二・二メートル、羨道部寄りで二・七メートルで南西に開口する。玄室は非常に持送りが強く、天井がドーム状を呈する特徴ある石室で、調査によって出土した須恵器から六世紀前半の築造とみられる。形象埴輪は羨道部閉塞石の外側からまとまって検出された。報告書はその出土状況を、本来の配置を復原しつつ次のように述べている。

埴輪はこの羨道部の羨門部の閉塞石中に混在して出土したが、埋葬当初は一群を構成して埋納されていたようで、中期古墳において墳丘頂上部に配置されていたものが間隔を縮小して羨門部に置かれたかの如き印象をうける埋納状態であった。すなわち羨道中央部に間口を羨道に直行するように家形埴輪をおき、羨門側に盾面を外方にむけて盾形埴輪を立て、家形埴輪と盾形埴輪の間に、羨門部を向け右側に大刀形埴輪、左側に円筒埴輪、家形埴輪に接して右側に蓋形埴輪を置き、盾形埴輪、大刀埴輪は羨門部の方向に倒れ盾形埴輪の上に大刀形埴輪の破片が重なって出土している。人形（ママ）埴輪は家形埴輪の前方に外側をむいて立っていたらしく、背を上にして倒れていた。家形埴輪は西側に押しつぶされた如く倒壊したのか盾形埴輪、人物埴輪の上にその破片がのって出土している。

これら形象埴輪群の正面には盾形埴輪がたてられていたらしく、まさに石室への悪霊の侵入を防ぐ辟邪の盾である。人物埴輪は頭部と腕の一部を失っているが、体部はほぼ完存しており、両手を前に差し出す供献の姿態をとり、意須《おす》比《ひ》と呼ばれる袈裟《けさ》状の衣をまとった巫女である。大刀形埴輪は威儀用の武器として形象埴輪の組合せに含まれたものであろう。また家形埴輪は寄棟型の屋根をもち、棟に三個の堅魚木をのせ、平側に入口を表わす長方形の切り込みがあるが、全体的に抽象化の傾向がみてとれる。また、巫女埴輪が供献の姿態をとるからには、それを受ける首長をかたどった埴輪の存在が予測されるが、配置されていた形跡はない。

関東地方を中心とする古代東国における人物埴輪には、保渡田八幡塚古墳や瓦塚古墳例で検討したように、巫女埴輪と対をなす首長とみられる人物埴輪が存在するが、大和や河内など、ヤマト王権の中枢地域では、首長を埴輪に表現する例はさほど多くはない。それに対し、首長と相対して祭儀の場を構成する巫女を表わした人物埴輪は五世紀後葉の早い時期に出現し、多くの出土例をあげることができる。勢野茶臼山古墳もそうした一例であるが、首長像が存在しないにもかかわらず、巫女が首長の存在を想定したかのように供献の姿態をとるのは、供献するなんらかの対象の存在を暗示している。すなわち、首長の存在の肩がわりをする埴輪があったと推察される。筆者はそれを「ハレの空間」の中心的建物、すなわち祭儀が実修される建物をあらわした家形埴輪であると考えている。その家形埴輪が表現する祭儀用建物の中には牀《とこ》が設けられ、そこにはまさに祭儀に臨む首長が臥《が》しているのである。美園古墳や百舌鳥

写真37　烏土塚古墳（背後は平群の山）

大塚山古墳の家形埴輪は、その牀までも表現した例である。勢野茶臼山古墳において、家形埴輪に接するようにキヌガサ形埴輪が置かれているのは、家形文鏡のA棟の図柄にみるキヌガサと同様、そこに首長が存在することを語っている。大刀形埴輪も、首長の権力を象徴する代表的器物として配置されたものである。

このように、勢野茶臼山古墳の横穴式石室前面に配置された形象埴輪群の語るところは、首長と巫女によって実修される王権祭儀の姿であり、その祭儀の場を守護するために、盾形埴輪が外を向いてたてられたと理解される。

平群谷古墳群を構成するもう一基の前方後円墳、烏土塚古墳(37)は、六世紀第Ⅲ四半期の築造とみられる古墳である。墳丘全長六〇・五メートルを測り、後円部には南に開口する巨石横穴式石室がある。一九六九年に奈良県教育委員会によって実施された発掘調査には、当時大学生だった筆者も参加した。

その石室規模は全長一四・三メートル、玄室長六メートル、玄室奥壁幅二・八メートル、玄室高四・三メートルを測り、玄室と羨道にそれぞれ一基の組合式家形石棺が納められていた。石室はすでに盗掘を受けていたとはいえ、なお獣形鏡、鉄鉾、金銀装大刀、弓、鉄鏃のほか優秀な馬具類など豊富な副葬品の出土をみた。また閉塞石外側の石室正面から形象埴輪が四個の子持高杯とともに出土した。この形象埴輪には、寄棟型屋根をもつ家形埴輪、両手を前に出して供献の姿態をとるとみられる巫女埴輪の胴部、さらに琴形埴輪の残欠がある。琴は人物埴輪に付属するものとみられ、首長を表現した弾琴する人物埴輪の存在した可能性がきわめて高い。とすれば、祭儀用建物を表わした家形埴輪の前に弾琴する首長埴輪とこれに供献する姿の巫女埴輪が相対して配置されていたさまが復原できる。また四個もの子持高杯の出土は、これら形象埴輪群を対象とした祭祀が行なわれたことを示しており、おそらく弾琴する首長埴輪こそ、鳥土塚古墳玄室の家形石棺に埋納された被葬者その人の表現であろう。したがって、そこには勢野茶臼山古墳の形象埴輪群の配置にみられる理念と共通したものが指摘される。鳥土塚古墳は大和における最も新しい前方後円墳の一つであり、形象埴輪樹立が終末を迎える段階の様相を語る重要な資料である。

勢野茶臼山古墳や鳥土塚古墳という奈良県における有力豪族の奥津城の形象埴輪群の配置にみられるこのような理念は、さきに検討した東国の古墳における形象埴輪群配置のそれに共通するものであり、形象埴輪の配置について、広範な地域に共通した理念が存在したことを示している。さらに、さきにみたように、その理念が人物埴輪出現前から連綿と受け継がれてきた点をあわせ考えるなら、古墳時代における地域王権の祭儀が、かなり早い段階（筆者は前方後円墳という共通した首長墓の形態が普及する段階と考えている）から、共通した理念と祭式に裏打ちされていたことを推察させる。

注

（1）大阪府教育委員会・大阪文化財センター『美園』（近畿自動車道天理～吹田線建設に伴う埋蔵文化財発掘調査概要報告書）一九八五年。
渡辺昌宏「大阪府美園遺跡一号墳出土の埴輪」（『考古学雑誌』第六七巻第四号掲載）一九八二年。
（2）伊藤勇輔・楠元哲夫『日本の古代遺跡』6（奈良南部）、一九八五年。
（3）秋山日出雄・網干善教『室大墓』奈良県史跡名勝天然記念物調査報告第一八冊、奈良県教育委員会、一九五九年。
（4）羽合町教育委員会・羽合町歴史民俗資料館『重要文化財　長瀬高浜のはにわ』一九八六年。
（5）小笠原好彦「家形埴輪の配置と古墳時代豪族の居館」（『考古学研究』一二二四掲載）一九八五年。
（6）島根県教育委員会『重要文化財　平所埴輪窯跡出土品復元修理報告書』一九八一年。
（7）末永雅雄・島田暁・森浩一『和泉黄金塚古墳』日本考古学報告第五冊、一九五四年。
（8）豊中市教育委員会『御獅子塚古墳第三次調査現地説明会資料』一九八五年。

柳本照男「革盾を出土した古墳」(『季刊考古学』一六掲載)一九八六年。
(9) 小林行雄『古代の技術』一九六二年。
(10) 狩野久・佐藤興治ほか『平城宮発掘調査報告』Ⅸ、奈良国立文化財研究所、一九七八年。
(11) 奈良国立文化財研究所「推定第一次朝堂院東朝集殿地区の調査(一七一次)」(『昭和六〇年度平城宮発掘調査部発掘調査概報』所収、一九八六年。
(12) 井上和人・岩永省三「古墳時代の遺構と遺物」(『奈良県観光』第三五六号掲載)一九八六年。
(13) 西谷真治・鎌木義昌『金蔵山古墳』倉敷考古館、一九五九年。
森貞次郎「鳥船塚古墳」(小林行雄編『装飾古墳』所収)一九六四年。
(14) 梅原末治・小林行雄『筑前国嘉穂郡王塚装飾古墳』京都帝国大学文学部考古学研究報告第一五冊所収、一九三九年。
(15) 原口長之・高木正文「長岩横穴墓群」(『熊本県装飾古墳総合調査報告書』所収、熊本県教育委員会)一九八四年。
乙益重隆「長岩横穴群」(注13前掲書所収)。
(16) 直木孝次郎「石上と榎井」(『続日本紀研究』一巻一二号掲載)一九五四年。
(17) 伊達宗泰「北葛城郡河合村大塚山古墳群」(『奈良県史跡名勝天然記念物調査抄報』一二所収、奈良県教育委員会)一九五九年。
(18) 後藤守一・相川龍雄「多野郡平井村白石稲荷山古墳」(『群馬県史蹟名勝天然記念物調査報告』第三輯所収、群馬県)一九三六年。
(19) 野上丈助も同様の見解をとっている。大阪府立和泉北考古資料館『特別展　大阪府の埴輪』(図録)、一九八二年。
(20) 森浩一「百舌鳥古墳群」(『探訪日本の古墳』(西日本編)所収、一九八一年。
(21) 伊達宗泰・小島俊次ほか『メスリ山古墳』奈良県史跡名勝天然記念物調査報告第三五冊、奈良県立橿原考古学研究所編、一九七七年。
(22) 梅原末治『佐味田及新山古墳研究』一九二一年。
(23) 松本洋明「宇陀地方の遺跡調査」(『奈良県遺跡調査概報』一九八四年度所収、奈良県教育委員会)一九八五年。
(24) 福島武雄・岩澤正作・相川龍雄「八幡塚古墳」(『群馬県史蹟名勝天然記念物調査報告』第二輯所収、群馬県)一九三二年。

(25) 石塚久則ほか『塚廻り古墳群』群馬県教育委員会、一九八〇年。
(26) 西谷真治・置田雅昭『ニゴレ古墳』京都府弥栄町文化財調査報告第五集、弥栄町教育委員会、一九八八年。
(27) 後藤守一『上野国佐波郡赤堀村今井茶臼山古墳』帝室博物館学報第六冊、帝室博物館、一九三三年。
(28) 小笠原好彦、注5前掲書。
(29) 和田千吉「播磨国飾磨郡白国村人見塚調査報告」(『東京人類学会雑誌』第一三二号・一三四号掲載)一八九七年。
天理大学編『ひと　もの　こころ』第二期第三巻、一九八八年。
(30) 長原遺跡調査会『長原遺跡発掘調査(資料編)』一九七六年。
(31) 杉崎茂樹・田中正夫・若松良一ほか『瓦塚古墳』埼玉古墳群発掘調査報告書第四集、埼玉県教育委員会、一九八六年。
(32) 塚田良道・中島洋一『瓦塚古墳・下埼玉通遺跡』行田市文化財調査報告書第一九集、行田市教育委員会、一九八八年。
(33) 柳田敏司・金子真土ほか『埼玉稲荷山古墳』埼玉県教育委員会、一九八〇年。
(34) 杉崎茂樹『二子山古墳』埼玉古墳群発掘調査報告書第五集、埼玉県教育委員会、一九八七年。
(35) 辰巳和弘「平群氏に関する基礎的考察」(『古代学研究』六四・六五号掲載)一九七二年。
(36) 伊達宗泰「勢野茶臼山古墳」(『奈良県史跡名勝天然記念物調査報告』第二三冊所収、奈良県教育委員会)一九六九年。
(37) 伊達宗泰・岡幸二郎ほか『烏土塚古墳』奈良県史跡名勝天然記念物調査報告第二七冊、奈良県教育委員会、一九七二年。

第三章　神社建築の創造

一　造替される祭儀用建物

1　祭儀用建物の東と西

四・五世紀、古墳時代の豪族の居館におけるマツリゴト（祭事・政事）の場、すなわち「ハレの空間」には、家屋文鏡A棟や美園古墳・人見塚古墳出土の家形埴輪にみられるような、入母屋型の屋根と非常に高い床をもった建物が、祭儀用建物としてその中心に建てられていた。しかしそれは、のちに畿内と呼ばれるヤマト王権中枢地域でのことであって、当時の東国では、三ッ寺I遺跡のように平屋建の外観をもつ大型建物が祭儀用建物であったとみられ、赤堀茶臼山古墳の墳頂に配置されていた堅魚木をもつ大型の平屋建物をあらわした家形埴輪も、その様相を語っている。だが東国においても、高床式の祭儀用建物が四・五世紀段階にまったく出現しなかったわけではなく、群馬県白石稲荷山古墳出土の寄棟型屋根をもつ高床式家形埴輪のように、閉鎖的な高床部の入口脇にミニチュアのキヌガサを差しかけたとみられる小孔があけられ、さらにこの埴輪と共に出土した三棟の倉とみられる高床式建物と建築様式を異にするという例もあり、将来さらに検討する必要がある。

現在のところ、東国において高床式の祭儀用建物が居館の「ハレの空間」に登場するのは、埼玉古墳群が出現する五世紀後葉の頃と筆者は考えており、瓦塚古墳や中の山古墳からは、円柱を表現したきわめて開放的な構造をもつ高床式家形埴輪が、祭儀を実修する姿を表現する人物埴輪群とともに出土した。しかし東国では依然として平屋の祭儀用建物が「ハレの空間」の中心を占めていたらしく、瓦塚古墳では盾に守護された平屋の家形埴輪が、弾琴する首長やこれに奉仕する巫女などの人物埴輪と組をなして配置されていた。瓦塚古墳や中の山古墳出土の円柱をもった吹き放し型式の高床式建物は、川合大塚山古墳から出土した盾を柱に表現する高床式家形埴輪の系譜をひくものとみられ、この点においても祭儀用高床式建物の中心は畿内地方にあったといわねばならない。

神戸市の松野遺跡は五世紀末〜六世紀初頭の居館遺跡であるが、二重の柵列に囲まれた「ハレの空間」内にあるSB〇五、SB〇六という二棟の掘立柱建築は、いずれも高床式建物に復原され、「SB〇五は現時点では棟持柱を持った高床建築と確認できる唯一の遺構であり、また、建築的に伊勢神宮本殿の祖型とも云える形式をもつ点から、神殿的な性格の建物である可能性を与えても良いであろう。SB〇六は、東側面の小柱穴列を露台束柱痕跡とみると、家屋文鏡の高殿（A棟——筆者注）と同一形式のものと考えられ、祭式儀礼に際して主宰者の居所であり、直会殿ともなったであろうか」（神戸市教育委員会『松野遺跡発掘調査概報』一九八三年）と、まさに祭儀用高床式建物として性格づけされる良好な発掘例である。

美園古墳出土の高床式家形埴輪の高床屋内に造りつけられた牀とその上面の網代状の敷物表現、さらに四面の外壁中央に線刻された盾、キヌガサの竿を差し込んだとみられる小穴などの具象的な表現は、この家形埴輪の製作にあたってモデルとなった祭儀用建物が存在したことを類推させ、さらにはそれと同型の建築様式をもつ家屋文鏡のA棟も、この埴輪のモデルが四世紀代に大和地方に実在した祭儀用建物であることを傍証している。

前方後円墳の出現に象徴される古墳時代の幕開けは、首長が共同体構成員から隔絶した巨大な墳墓を築くだけでなく、現世においてその首長が地域社会に対して首長権を行使する場、すなわち「ハレの空間」を具備した居館が成立する段階であったと筆者は予察している。日本海に面した砂丘上に立地する鳥取県東伯郡羽合町の長瀬高浜遺跡からは、そうした成立期の「ハレの空間」における高床式祭儀用建物と、そこでの祭儀の実態を解明するうえに重要な遺構群や遺物が検出された。

2 祭儀用建物の造替

中国山地を代表する大山《だいせん》の東北麓一帯やそれに続く中国山地の水を集めて日本海へそそぐ天神川の河口近くに、天神川が流下した土砂と日本海沿岸の海流によってつくられた大規模な砂堆、北条砂丘があり、長瀬高浜遺跡はその東端に位置している。まさに大字長瀬小字高浜という地名にたがわぬ景観の地に営まれた大集落遺跡である。

現在の天神川は砂丘を分断して北流し、日本海にそそいでいるが、この流路は江戸時代中頃の元文年間（一七三六～四一）に開削されたもので、それ以前は砂丘後背部に添って大きく北東方向へ流路をとり、約三キロ北東の橋津地区を河口としていた。長瀬高浜遺跡は天神川が砂丘を分断する右岸に位置する、古墳時代前期後半から中期前半の大集落遺跡を中心とした複合遺跡である。

同遺跡の発掘調査は天神川流域の下水道終末処理場建設にともなって、一九七七年から七年間にわたり、鳥取県教育文化財団によって実施された。調査面積は約五万平方メートルにもおよび、厚さ一〇メートルの白砂の下に埋没していた古墳時代の二〇〇〇戸を数える建物跡を検出した。調査結果のなかで注目されるのは、調査地区の北東隅近く、周囲を竪穴住居跡に囲まれたなかに、柵列によって囲繞された空間があり、そのなかから古墳時代前期後半より中期初頭の間に連続して建築されたとみられる大型の掘立柱建物跡三棟（年代順にＳＢ三〇・ＳＢ二九・ＳＢ四〇と呼称される）が発掘されたことである。(1) 柵列遺構についてはあとで詳細な検討を加えることにして、まずこの大型掘立柱建物跡について検討したい。

まず三棟のうちで最も古いＳＢ三〇は桁行二間・梁間二間の平面プランをもつ掘立柱建築で、ほぼ南北方向に棟を平行させせた建物である。柱間距離は桁行が約四・六〇メートル、梁間方向では約三・六五メートルで、発掘によって

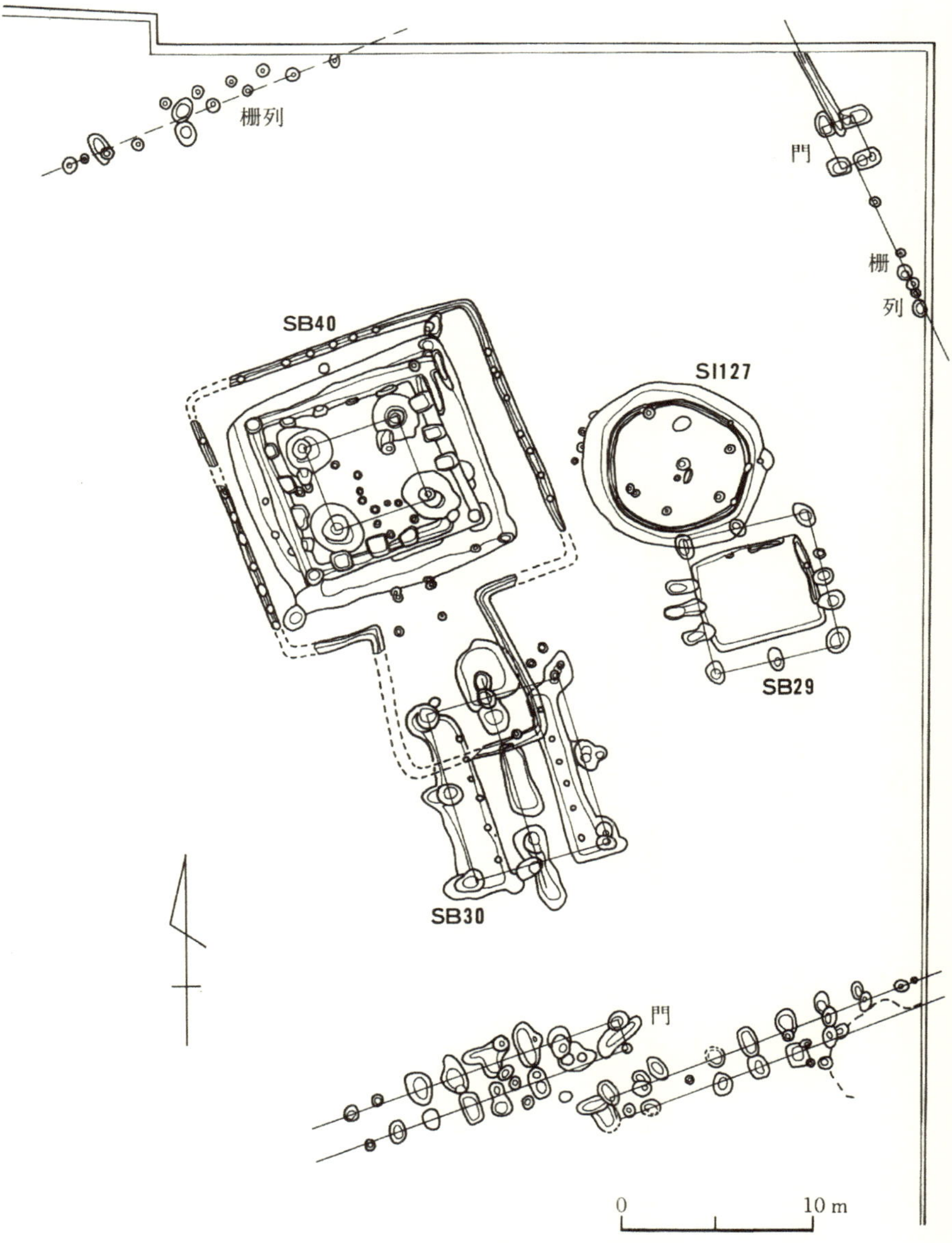

図 39　歴代の祭儀用建物と柵列（長瀬高浜遺跡）

確認された柱の痕跡から、東の柱の直径は約四〇センチ、西側のそれは約五五センチという太いものであった。この東西の柱列からそれぞれ約一・四メートルほど内側に、ほぼ等間隔に並ぶ六個の小ピットが検出された。おそらく空間を仕切るための施設と考えられる。こうした施設が柱列と組み合わされず、それよりかなりの距離をおいた建物空間の内側に設けられたのは、この建物が平屋建ではなく、高床式建築だったからであろう。柱の太さもこの見方を支持するものである。床下を閉鎖する施設が存在したのであろうが、それは東西の柱列に並行した側のみであり、南北のいわゆる妻側の床下には、そのような施設は設けられなかった。妻側の中央の柱の外側にも、やや浅めながら柱穴があり、報告者はここに棟持柱を立てたと考えている。そうすると、さきの松野遺跡SB〇五でみた神殿的な性格の建物とよく似た様式をもった建物ということになる。

このSB三〇の床下にはほぼ棟筋と同じ線上に柱穴や長方形土壙《どこう》が並んでおり、おそらく床を支える束柱が立てられた跡と推定される。しかしながら、床下中央に位置する長方形土壙がやや柱並びから東にずれていることから、あるいは別の解釈も可能かと思われる。床下中央の土壙の大きさは、南北四・〇四メートル、東西一・七二メートル、深さ三五〜四八センチである。

筆者がこの土壙に注目するのは、床下を東西から仕切ったとみられるさきの小ピット列が、あるいはこの土壙を外界から形式的に隔離したり守護したりするための施設ではなかったかという推定による。こう考えてはじめて、この小ピット列が高床式建物SB三〇の一部として機能するのである。したがってこの土壙は、SB三〇にとって大変重要な遺構であった可能性が生じる。うがった見方が許されるなら、そこは首長祭儀のシンボルとなる祭器を（一時的に）埋納したり、あるいは伊勢神宮正殿に残る「心《しん》の御柱《みはしら》」のようなものを立てたりする、最も重要な聖なる場所であったかもしれない。SB三〇にみられる形式的にせよ床下を閉鎖する施設は、すでに検討を加えた家屋文鏡のうち、「ハレの空間」の中心建物を表現したとみられるA棟にも窺える。

ＳＢ三〇に続いて建設されたＳＢ二九は、ＳＢ三〇の北東約一二メートルの位置に、それと柱並びをそろえて建てられている。その平面プランは桁行二間・梁間二間であり、東西の主柱穴の間に一つずつ、束柱とみられる柱穴があり、おそらく東西に棟方向をもつ建物かと推測される。その規模は一辺が約七～七・三メートルの方形で、ＳＢ三〇よりもひとまわり小さい。西側の中央柱と束柱はやや外側へ張り出してたてられており、あるいはこの位置に梯子《はしご》などの昇段施設があったのかもしれない。

この建物跡で注目されるのは、床下部の柱列で囲まれた内側ほぼいっぱいに、東西六・一メートル、南北四・八メートル、深さ二五～四二センチの方形の竪穴が設けられている点である。竪穴内の地面に柱穴はなく、その四周には仕切り壁が高床の床部まで立ちあがっていたらしく、壁を立てる際の下地に組まれた木や竹を固定するための木舞《こまい》の端部を埋める際に掘られたとみられる溝状の遺構が、部分的に竪穴の掘り方直下に認められ、ＳＢ二九の床下には、柱列よりひとまわり小さく仕切られ閉鎖された空間が復原される。ＳＢ三〇の床下部分にも、東と西の方向からの視線をさえぎる施設が存在することを指摘したが、このＳＢ二九には、四周を完全に閉鎖した空間が生まれたのである。ＳＢ三〇では床下中央に掘り込まれた長方形土壙が、ＳＢ二九においてほぼ柱列の内側いっぱいの面積を占める竪穴へと変化したものと考えられる。外界からの視線を拒否する神聖な空間が、そこに設けられていたのである。ただ、この竪穴とほぼ重複して、次の段階（五世紀初頭ごろ）の竪穴住居が建設されたため、ＳＢ二九の竪穴の性格を検討するに足る遺物をほとんど認めえなかったのは残念である。

三棟の大型高床式建物のうち、最後に建設されたＳＢ四〇は、ＳＢ二九の北西約一二メートル、ＳＢ三〇の北約一〇メートルに位置する。この建物は、一辺一二・六メートル四方で、深さ約六〇センチ程の方形竪穴を床下にもつ四本柱建築である。竪穴の内側に柱をたてるために約五メートルの間隔をおいて掘られた柱穴は、径約二・五メートル、深さ二・二～二・五メートルという巨大なもので、柱の直径は五〇センチ以上であったと推定され、柱間距離の大きさとともにかなりの高さをもつ巨木建築が復原できる。この建物の南側では、梯子の末端とその支柱を示すとみられる柱穴が検出されており、これが高床式建築であったことを示している。竪穴の内側には、その掘り方よりやや小さい一辺約九・六メートル、幅約一メートルの溝が柱穴をとり囲み、その内側寄りの肩部分には一辺〇・七〜一メートルの方形を呈する小柱穴が溝の各辺に三〜四個、等間隔に並んでいる。この溝と小柱穴列は、高床式建物の床下四周を巡っており、ここに方形の柱をたて、その外側に厚板を張った堅牢な板壁構造を復原することができる。したがって床下部分は完全な閉鎖空間となり、SB三〇・SB二九の床下の特質を、閉鎖空間の完成度において、より発展的に継承したものといえる。床下の太い四本柱は、外部から見ることができなかったことになる。

家屋文鏡のA棟にみる床下の外壁構造は、柱列と床下の仕切り壁が同一平面をなすように表現されており、仕切り壁より外に柱列が立つSB二九と、仕切り壁が柱列を隠してしまうSB四〇の中間に位置づけられる。

試みにこの巨木建築SB四〇の高さを推察してみたい。まずSB四〇の梯子の末端を示すピットから床下外壁までの水平距離は四・五メートルあり、家屋文鏡A棟にかけられた梯子の傾斜角度（五三度）を援用することによって床の高さを算出すると、地表面から約六メートルの値を得る。さらに高床部の壁面の高さは大きくみても三・五メートルを超えることはないとみられ、屋根の高さも同程度と推定すると、建物の棟高は約一三メートルとなる。これに千木や堅魚木といった棟飾りが付けられていたとすれば、総高が優に一五メートルを超える大型建築となる。直径五〇センチを超えたと思われる柱は通し柱であったと考えられ、その総高は、竪穴の深さと、柱を立てるための掘り方の深さを加えると約一三メートルとなり、この程度の柱であれば十分に採取可能といえる。床の高さが六メートルもある建物を建てるには、柱どうしを横に繋ぐ貫《ぬき》が数段にわたって床下部に施されていたと思われる。SB四〇は長瀬高浜の集落内でひときわ抜きんでた建物であったと推測される。

3　祭儀用建物の神聖化

ＳＢ四〇の東西両側面から背後には、建物から三〜四メートルの間隔を保って、柵状施設を巡らしたとみられる布掘り遺構がある。これは床下部の閉鎖性と相俟って建物の隔絶性を強調する施設であった。

さらに建物の正面、すなわち梯子がかけられた南側には、長方形に突出するような溝状遺構が梯子の末端から約八メートル南へ延びて、両側面の柵状施設にとりついており、この溝状遺構も、建物を周囲から区画する施設の存在を示している。

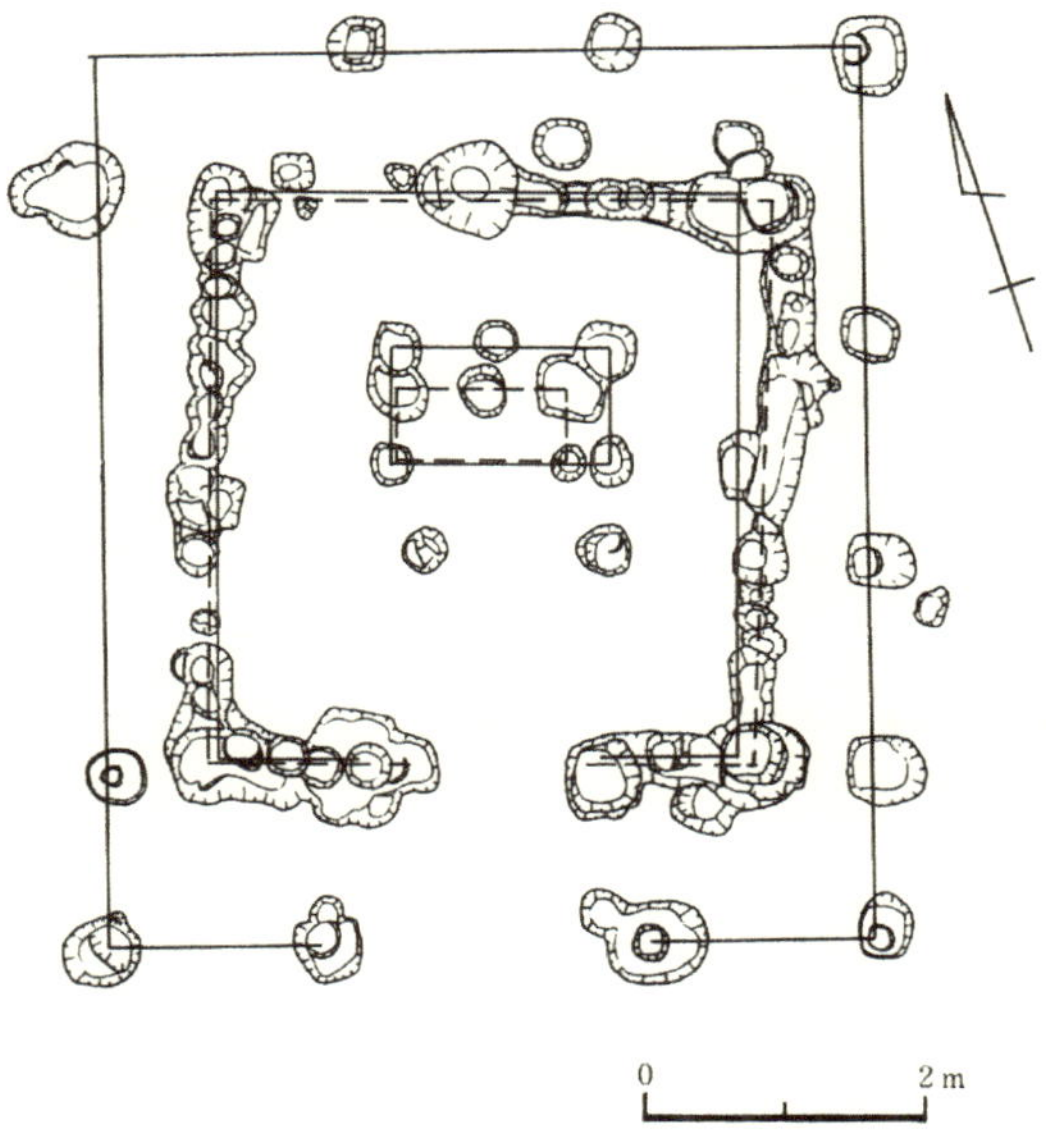

図40　櫟本高塚遺跡の祭儀用建物（実線が１期，点線が２期）

このように、ある特定の建物などの施設を取り囲むように巡らされる柵状遺構の性格について、いま少し他の調査例から検討を加えてみよう。

奈良県天理市の櫟本高塚《いちのもとたかつか》遺跡[2]では、丘陵西傾斜面を削平した広大な平坦面の北寄りに、二重の柵列に囲まれた小型掘立柱建物跡が検出された。東西一・五メートル、南北〇・八メートルというこの建物は、北側の柱間のみが二間で、その他はみな一間という変則的な建物である。これを囲む柵列は、内側が東西三・九メートル、南北四・二メートル、外側が東西五・四メートル、南北六・六メートルという規模で、両者ともに柵列南辺の中央の柱間が広く、出入口となっていたようである。さきの小

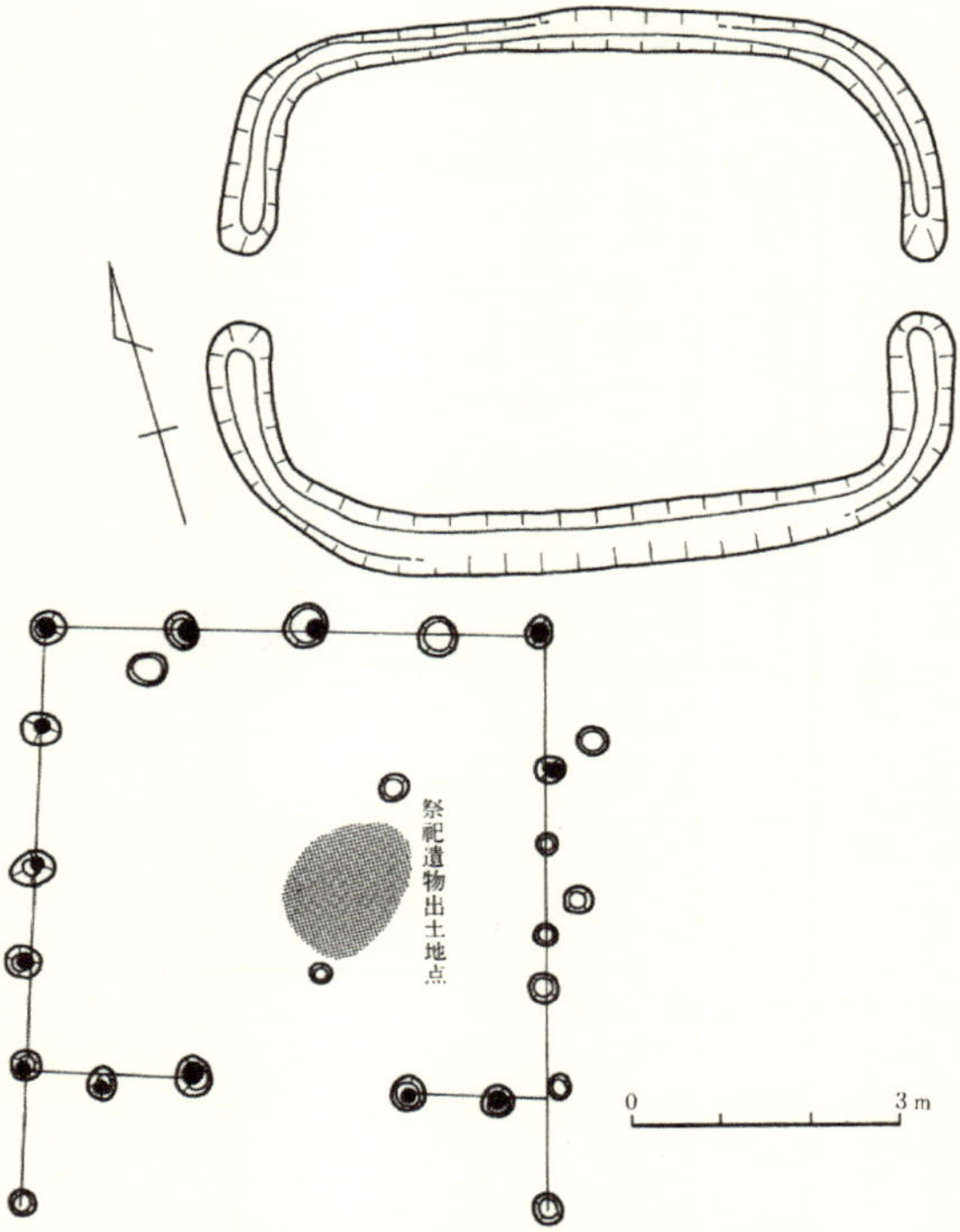

図41　柵列を巡らした屋外祭祀場（伊場遺跡）

掘立柱建物は、この二重柵列で囲まれた空間のやや北寄りに南面して位置している。柵木の柱穴は中央の小建物のそれよりも大きく、太い材が使用されたようである。小建物はその平面規模からみて、せいぜい二メートル程度の棟高とみられ、それをとり囲む二重の柵列は、建物全体を包み込むようにして、視覚的にも十分に結界の役目を果たしたと思われる。これらの遺構の年代は六世紀後半で、周辺からは同時期の土師器高杯《たかつき》が二〇〇個体も出土した。この高杯の出土量は、同遺跡から出土した六世紀後半の遺物の総量の九割以上を占めるという異常さである。さきに検討を加えた三ッ寺Ⅰ遺跡の石敷祭祀場からも高杯がまとまって出土し、祭祀に使用されたものと推察された。檪本高塚遺跡出土の大量の高杯は、二重の柵列に囲まれた小建物とそれらの遺構の正面にひろがる広場で行なわれた祭祀に用いられたあと、廃棄されたのであろう。

また静岡県の伊場遺跡（浜松市・浜名郡可美村）では、古墳時代集落の一画から、方形に柵をめぐらして区画した遺構が検出されている。(3) 東西約五・八メートル、南北約五・二メートルの長方形に巡らされた柵列の南辺中央の柱間は約二メートルと広く、ここが出入口であったとみられる。この区画内には明確な遺構は検出されず、ほぼその中央付近から、五世紀末〜六世紀初頭とみられる土師器高杯一六個をはじめ、杯《つき》一〇個、壺二個、坩《かん》二個、甕一個、手捏《てこね》土器一五個、須恵器高杯一個の土器類がまとまって出土した。高杯や杯の類がかなり多く、また祭祀用土器とみられる手捏土器も多いことから、この長方形区画は屋外祭祀場と推察され、柵をめぐらしたとみられる遺構は、その内部を祭祀空間として外部から結界するための施設と考えられる。なお、この祭祀場の背後には、東西八メートル、南北六・四メートルの長方形に溝を巡らした五世紀前半の遺構があり、一段階前の祭祀場と推察される。

図42　鳥羽遺跡の祭儀用建物復原図

また群馬県前橋市の鳥羽《とりば》遺跡では、奈良時代後半期の神社風建物が検出され、(4) その周囲から柵の跡とみられる遺構が発掘された。神社風建物は方二間（一辺約四・四メートル）の高床式の掘立柱建築で、切妻型の屋根をもつとみられ、東側に正面の妻を向け、その北側の柱間を出入口としていた。四周には縁がとりつき、建物の出入口の前には昇段施設が設けられていたと考えられ、その平面プランは出雲大社本殿に多くの類似点を認めることができ、立面プランも同様の形態に復原できる。この建物から二・七〜四・〇メートル離れた四周には、約五〇センチ間隔に柵木を立てたとみられる布掘り遺構が検出され、さらにその外側を幅約五メートル、深さ約一・八メートルという大規模な濠が取り囲んでいた。

鳥羽遺跡は三ッ寺I遺跡の東約三・五キロに位置しており、祭

写真38　住吉大社本殿の二重柵列

儀用とみられる建物を柵列と大規模な濠で囲繞したその外観からは、三ッ寺Ⅰ遺跡の「ハレの空間」がもつ祭事的な性格が二世紀半近い年代の経過によって、究極的に抽象化されたかのごとき印象を強く受ける。もとより鳥羽遺跡と三ッ寺Ⅰ遺跡を営んだ集団の異同を明らかにするすべはないが、神社建築とその囲繞施設の遠源を理解するうえで興味ある例といえる。

　こうした祭儀用建物を、それと接するように囲繞する柵列は、現在でも住吉大社（大阪市住吉区）の本殿にみることができる。住吉大社には海に向かって西面する四棟のそれぞれ独立した本殿があり、第一本宮・第二本宮・第三本宮・第四本宮と呼ばれ、それぞれ底筒男《そこつつのお》命・中筒男命・表《うわ》筒男命・神功皇后を祀っている。このうち第一本宮から第三本宮の三棟は、棟筋を東西方向に一直線にそろえて縦に並ぶという類例をみない配置となっている。これら四棟の本殿は軒端近くを二重の柵列によって囲まれている。内側の柵列は上縁が三角形の山形をした柱状の板材を隙間なく連ねたもので、神社ではこの柵列を「板玉垣」と呼んでいる。一方、外側の柵列は等間隔に立てられた角柱（上縁は山形になっている）を四本の貫によって連結した柵列で、これは「荒忌垣」と呼ばれている。これまでみたように、柵列が祭儀用建物を囲繞する例は古墳時代にまで遡り、したがって住吉大社の本殿を囲む柵列は古相を伝えたものと考えられる。

　以上の検討から、柵列が祭儀用の建物や祭祀場など、いわゆる「聖なる空間」を囲繞する施設であることが明らかとなったが、これによって、同様の柵列に囲まれた長瀬高浜遺跡の高床式建物ＳＢ四〇の性格はなおいっそう明らかになる。

　もとより、このように小範囲を囲繞する柵列だけでなく、さきにみた三ッ寺Ⅰ遺跡や松野遺跡、さらに後に詳述する長瀬高浜遺跡のように、首長の居館全域やマツリゴトの場である「ハレの空間」といった広大な面積を囲繞する柵列についても、それに囲まれた内部を当時の人びとが神聖視・絶対視していたことは三ッ寺Ⅰ遺跡の大規模な遺構から窺われ、ここでも柵列のもつ意味は同じである。

4 銅鐸を吊るした祭儀用建物

以上のように、遺構の状況からＳＢ四〇は「ハレの空間」の中心的建物だったと考えられるが、そこからは櫛歯文の小銅鏡（径三・七センチ）や金銅製の金具（用途不明）、刀子・斧・鉋《やりがんな》・鏃などの鉄製品、管玉の未製品、さらには碧玉製管玉など、豊富な遺物が多量の土器とともに出土し、またその周辺からも素文の小銅鏡や銅鏃が多数発掘された。特に小銅鏡や玉類の出土は、ＳＢ四〇が祭儀用建物であったことを遺物の面からも明らかにしてる。四本の巨大な主柱穴のうち、三本の掘り方内には、一つの杯（低い脚のついた杯）が分割されて入れられていた。この事実は、ＳＢ四〇の柱立てにあたって地鎮祭祀が行なわれたことを窺わせ、この建物が長瀬高浜集落を支配した首長にとって重要な建物であったことをなおいっそう明らかにする。

ＳＢ四〇の東側からは、柵状遺構にほぼ隣接するように、ＳＩ一二七と呼ばれる大型竪穴式建築跡が検出されている。平面プランは六角形に近く、長瀬高浜遺跡の竪穴住居跡が一般に方形平面プランを採るのと性格を異にし、さらに床面積が約五〇平方メートルと、本遺跡で最大規模である点も注目される。出土遺物の点でも、祭祀に用いられたとみられる手捏土器や小型丸底壺をはじめ、多数の壺や高杯・器台・杯などの土師器のほか、鉋四点、鎌二点、剣先形三点という多数の鉄製品、さらに石ノミなど、本遺跡で最も豊かな出土品をみた建物跡である。

このＳＩ一二七とそれに隣接する祭儀用高床式建物ＳＢ四〇は、後者がやや先行して建設されてはいるものの、並存していた可能性が強い。ＳＩ一二七のもつ遺構・遺物の両面からの特性は、この建物が、ＳＢ四〇を祭儀の場とし

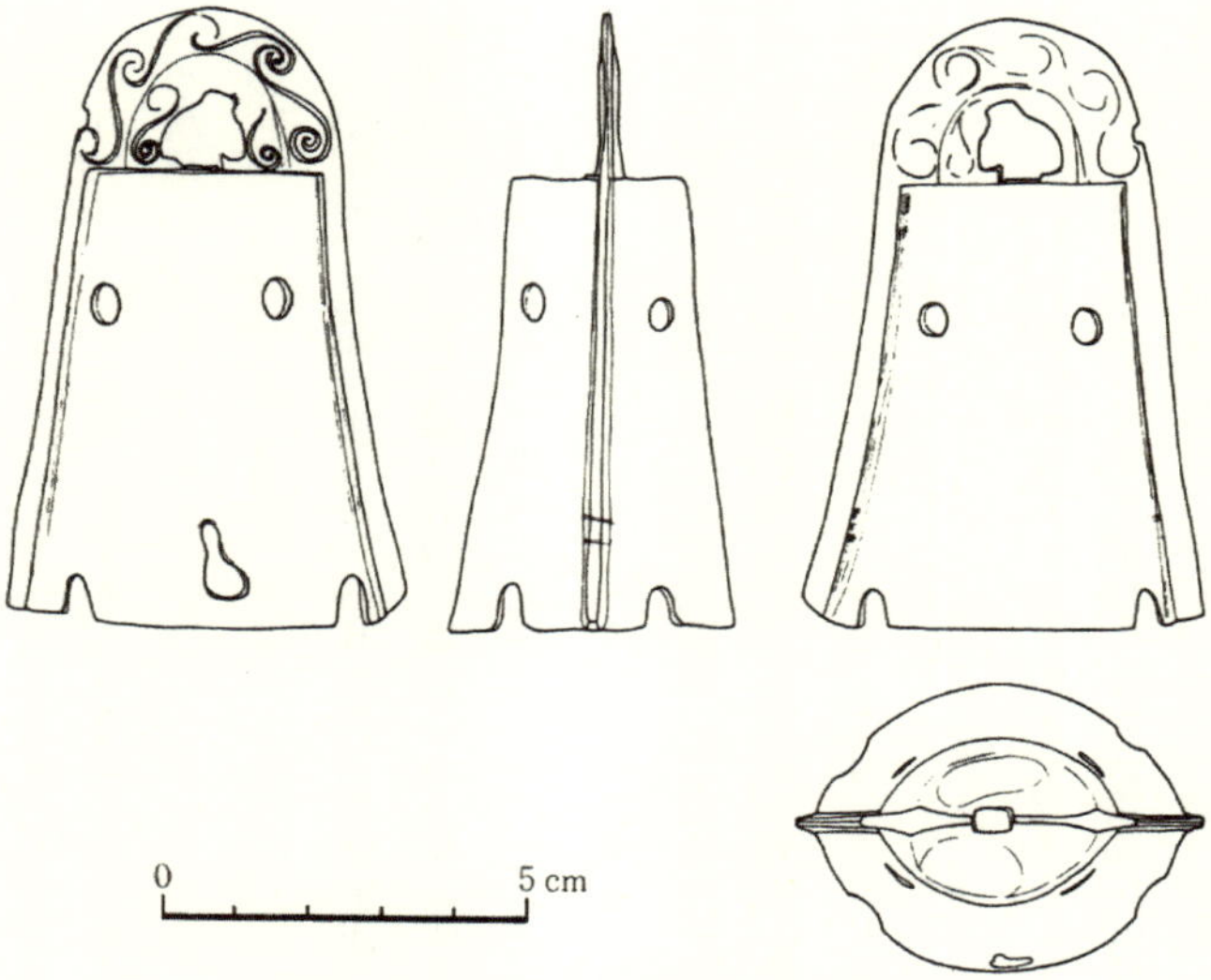

図 43　長瀬高浜遺跡 SI 127 出土の銅鐸

た首長の住居か、祭儀に際して利用される付属屋であったことを推測させる。すなわち、さきにみた松野遺跡の神殿的性格をもつＳＢ〇五に対する、「祭式儀礼に際して主宰者の居所であり、直会殿とも」規定されたＳＢ〇六の関係と、きわめて似た状況が浮かびあがってくるのである。

さらに注目されるのは、このＳＩ一二七が廃絶したあとの竪穴内の埋土中から、高さ八・八センチの小型銅鐸が出土したことである。この銅鐸は外縁付鈕式という分類に属し、弥生時代中期に製作されたとみられる遺物であるが、それが古墳時代中期初頭ごろに廃絶した遺構の埋土中に包含されていたことは、かなりの長期間にわたって祭器として使用されてきたことを推察させる。それを証明するのが、この銅鐸の鈕内縁であって、その中央部が著しい磨滅を示しており、長期にわたって祭祀具として垂下され使用されてきたことが明瞭にみてとれる。なお、この鈕の表面にはＳ字状をした呪的な渦巻文様がみられ、祭祀具としての性格をいっそう際立たせている。銅鐸は「ＳＩ一二七が完全に埋没する直前の埋砂に包含されて」おり、ＳＩ一二七がいまだ完全に埋没しない段階で、共同体の祭祀具として弥生時代から使用されてきた銅鐸がそこに遺棄されたという事実こそ注目すべきであり、その段階でもなお、当該住居跡の性格が忘れ去られていなかったことを示している。筆者は、この銅鐸を垂るした場所こそ、ＳＢ四〇とそれに先行する祭儀用高床式建物ではなかったかと想定している。

SB四〇およびSI一二七が使用されなくなるころ、この地域一帯には一般の集落が進出してくる。長瀬高浜遺跡の集落は調査地よりもさらに北東方向へと延びており、祭儀用建物を備えた首長の居館は、より広い土地を求めて移動したのであろう。SI一二七への銅鐸の遺棄は、この地域における土地利用の大きな変更を象徴する出来事であるにとどまらず、長瀬高浜の集落を中心に広く天神川流域を支配してきた首長が弥生時代から連綿と実修してきた王権祭儀に、大きな変革があったことを意味している。

SI一二七に銅鐸が遺棄されたのは、この建物が利用され機能していた四世紀末〜五世紀初頭よりやや時間をおいた、五世紀前半の中頃の時期と推察される。この時期は、いわゆる「倭の五王」による積極的な対中国南朝外交が展開されはじめるとともに、ヤマト王権による国内経営が本格化する時代である。そうした動きのなかでの銅鐸の廃棄という事実が語るところは、弥生時代以来の在地的な王権祭儀が否定され、ヤマト王権による地方支配の強化に対応した新たな王権祭儀の創出という動向ではなかろうか。第一章でみた「出雲国造神賀詞」に語られるような、地方豪族による聖水供献の儀礼なども、その一つとして理解できよう。

5　歴代遷宮制と式年遷宮

長瀬高浜遺跡における出土土器の編年によると、最も早く建てられたSB三〇は長瀬I期、続くSB二九は長瀬I〜II期、そしてSB四〇は長瀬II期に該当し、これらの示す年代は古墳時代前期後半〜中期初頭に比定でき、この期間、長瀬高浜遺跡の当該地区には、常に一棟の祭儀用高床式建物が存在したこととなる。この事実は土器の編年からだけでなく、三棟の高床式建物とそれに関連する諸遺構の切りあい関係からも見てとれる。すなわちSB三〇は、その北に建てられたSB四〇の正面（南側）とそこに架けられた梯子の末端をも含めて溝状遺構によって切られており、SB四〇が後出する遺構であることは明らかである。またSB二九は、銅鐸を出土しSB四〇と一対として機能したとみられるSI一二七によって北側柱列の一部が切られ、SI一二七よりも前に建てられた建物であることを示している。

これらの高床式建物が継続して存続した古墳時代前期後半〜中期初頭という年代幅は、せいぜい六〇年程度とみられ、これを単純に高床式建物の数（三棟）で割ると、一つの祭儀用高床式建物に約二〇年という存続年代が与えられる。SB三〇は直径四〇〜五五センチという太い柱を用い、棟持柱をもっており、さらにSB四〇においても、直径五〇センチ以上の柱を立てるに際し、深さ二・二〜二・五メートルもの掘り方内に埋めて建物の堅牢さを増しており、そうした点からみるならば、一建物二〇年程度という存続期間はいかにも短かく、意図的な建物の廃棄と新しい祭儀用建物の建設という行為を想定せざるをえない。

約二〇年という数字は、一代の首長の平均的な治政年数とみることが可能であり、祭儀用高床式建物の意図的な廃棄と新たな建設は、首長の代替りと関連するものと考えられる。この高床式建物が、天神川流域一帯を支配した古代地域王権のマツリゴト（祭事・政事）を執行するための中心をなす建物であることはすでに述べた。このような性格をもつ建物が首長の代替りごとに廃棄・建設されるのは、大王（天皇）の代替りとともに行なわれた遷宮と同じではないか。

江戸時代、河内国の国分にある松岳山《まつおかやま》丘陵から出土したと伝える船王後《ふねのおうご》の墓誌は、「戊辰年」（六六八年・天智七年）という、墓誌としてこれまでで最も古い年紀が刻まれた資料である。この墓誌は船王後の経歴を語るなかで、三人の天皇について、その名を呼称するに次のような表現をもってしている。

「乎娑陁宮治天下天皇」（敏達天皇）

「等由羅宮治天下天皇」（推古天皇）

「阿須迦宮治天下天皇」（舒明天皇）「乎娑陁宮」は敏《び》達《たつ》天皇の訳語田《おさだ》幸玉宮《さきたまのみや》、「等由羅宮」は推古天皇の豊浦宮、「阿須迦宮」は舒明天皇の飛鳥岡本宮をさしており、いずれもが宮処や宮号をもって天皇を表わしている。こうした表記法は七世紀以前の大王《おおきみ》（天皇）をさす場合にひろく採用されたとみられ、「法隆寺伽藍縁起幷流記資財帳」や「大安寺伽藍縁起幷流記資財帳」、さらには法隆寺金堂薬師如来坐像光背銘など数多くの史料に散見されるところである。それゆえ、持統天皇による藤原京遷都以降、一つの宮都で累代にわたる天皇がマツリゴトを行なうようになると、この表記法をもって天皇が呼称されることはなくなる。特定の宮処や宮号とそこに住んだ大王（天皇）との関係が重視されたればこそ、このような表記法が成立するのであり、その前提に大王（天皇）の歴代遷宮の原則があったことは明らかである。遷宮は七世紀以前において、王位継承儀礼と密接な関係をもつ祭儀の一つであったと考えられよう。

一方、八世紀以降の律令制下における天皇の王位継承儀礼である大嘗祭は、「大嘗」が「大新嘗」とも呼ばれ、原則として天皇即位後の最初の新嘗が大嘗にあてられる点からも、古くから民間において実修されてきた「ニヒナメ」の祭儀が昇華して、王権にかかわる儀礼へと発展したものと考えられる。大嘗祭では、新天皇が聖なる新穀を神と共食したあと、大嘗宮正殿内に設けられた牀において衾にくるまって臥す所作が実修されるのであり、これによって穀霊王としての新天皇が誕生するのである。

この祭儀は十一月下卯《しものう》の日に行なわれる神事であり、王位継承儀礼のなかで最も重要な祭儀である。この卯の日の神事のために、七日前から大嘗宮の造営が始められ、卯の日の神事が終わると大嘗宮はただちに取り壊され、焼却される。大嘗宮の正殿をはじめ、御厠《みかわや》、膳屋《かしわや》、臼屋《うすや》などの付属屋に至るまで、その殿舎は黒木（皮つきの丸太）をもって構造材とし、屋根には青草を葺く。正殿の屋内は地床であって、まず地面に束草《つかかや》を敷き、その上に簀《すのこ》と蓆《むしろ》を敷いて床《ゆか》としている。壁も草をもって芯《しん》とし、その外面と内面のそれぞれに蓆《むしろ》を用いる。まさに「仮設の宮殿」ともいうべき建物である。

こうした大嘗祭が成立する過程において、天武朝は重要な時代といわれる。『日本書紀』天武天皇二年十二月条には、「大嘗《おほにへ》に侍奉《つかへまつ》れる中臣・忌部及び神官《かむつかさ》の人等《ひとども》、并《あはせ》て播磨・丹波、二つの国の郡司《こほりのみやつこ》、亦以下《またしもつかた》の人夫等《おほみたからども》に、悉《ことごとく》に禄《もの》賜ふ」と、同年十一月に大嘗が行なわれたことを語る記載がみえる。王位継承儀礼としての大嘗がはじめて『日本書紀』に記録されたのである。さらに記紀神話の「天岩戸隠れ」や「天孫降臨」など新嘗・大嘗と関係の深い説話が最終的な完成をみるのが天武朝であることをあわせ考えるなら、この時期に王権祭儀が大きく整備されたとみて間違いなかろう。歴代遷宮の原則が持統八年（六九四）の藤原遷都によって崩れる時期と前後して、このような王権祭儀とそれを裏打ちする神話が確立されたことに注目したい。岸俊男(5)が説くように天武十三年三月に藤原京の造営が決定していたとすれば、なお天武朝という時代が際立ってくる。

歴代遷宮の原則を放棄した恒久的な都城（藤原京）の造営は、大嘗儀礼の成立と密接に関連した政策であった。大嘗祭における大嘗宮の造営は、歴代遷宮の原則が都城制のなかで形を変えて受け継がれたものとみることができよう。それは歴代遷宮と王位継承儀礼に密接な関係が存在することを暗示している。

従来、七世紀以前の歴代遷宮は、前天皇の死穢を忌むという観念の存在によって行なわれるものと一般に理解されていた。しかし筆者は、死の穢れに対する古代人の観念が遷宮を促す要因の一つであることを認めつつも、それ以上に、王位継承儀礼と遷宮の関連を重視して、新大王（天皇）が穀霊王として誕生するに際し、マツリゴトの場である宮殿を新たに造営することは、王権に関する一種のタマフリとして新大王（天皇）の繁栄に繋がるとみられていたのであって、それが歴代遷宮という原則を生みだす最大の要因だったと考えている。

長瀬高浜遺跡における祭儀用高床式建物の造替は、大王（天皇）の王位就任に連動した遷宮の慣習が古く四世紀代に遡ることを推察させるとともに、地域王権の王位就任儀礼においても同様の慣習が存在したことを示している。しかも、まったく別の場所に新しく宮殿の建設を行なう遷宮よりも、同一の「ハレの空間」のなかで、地点をかえて祭儀用高床式建物の造替を行なう長瀬高浜遺跡に、より古相が窺える。

長瀬高浜遺跡の「ハレの空間」に造替された三代の祭儀用高床式建物の平均存続年数が約二〇年であることは前述したが、この数字が伊勢神宮における式年遷宮の期間と一致することは注目される。伊勢神宮の式年遷宮の制は天武朝に定められたと伝えられ、『大神宮諸雑事記』によれば、その制度における第一回の遷宮は、皇大神宮（内宮）が持統四年（六九〇）、豊受大神宮（外宮）がその翌年に行なわれている。以来、室町時代における中絶の時期があるものの、現在に至るまで式年遷宮の制度は受け継がれ、昭和四十八年（一九七三）の遷宮で六〇回目を数える。遷宮が行なわれる期間を正確にみると、内宮は元亨三年（一三二三）、外宮は正中二年（一三二五）までは一九年目ごとに行なわれ、それ以降は二〇年目ごとに行なわれている。一九年目というのは、遷宮の年を第一年としてそれから二〇年目を次の遷宮の年としていたからである。

『日本後紀』弘仁三年（八一二）条には、住吉・香取・鹿島の三神社でも二〇年ごとに式年遷宮が行なわれていたことが記されており、さらに賀茂御《かものみ》祖《おや》神社（下鴨神社）でも十一世紀以降に同様の遷宮が行なわれた記録がある。

このように式年遷宮が行なわれる理由について、筆者は次のように考えている。すなわち、祭政一致のマツリゴトが行なわれた時代には祭儀用建物も首長の代替りごとに造替されていたが、祭事と政事が分離されるにつれて二つのマツリゴトの場も分離されるようになり、政事のための建物については一代ごとの造替が踏襲され、祭事のための建物については式年による造替がなされるようになったのではなかろうか。伊勢神宮の式年遷宮の制が天武朝に定められたとすると、それは歴代遷宮の制を崩壊させた藤原京建設の計画がなされた時期にあたり、両者は有機的な関係をもった施策であったと考えられる。

長瀬高浜遺跡における祭儀用建物の造替に、古社にみる式年遷宮の遠源を求めるなら、一般的な神社創祀を考えるうえで、古墳時代の豪続居館のもつ祭事的側面がそこに大きく作用したことは否めないであろう。三ッ寺Ｉ遺跡の検討において明示したように、「ハレの空間」での聖水祭祀は「水の神」「井の神」への信仰に裏打ちされたものであり、祭儀の中心建物となった正殿には、すでに神社祭祀の萌芽がみてとれる。

二 「ハレの空間」の聖域化

1 長瀬高浜遺跡の門構造

祭儀用建物であることを明示する柵列によって囲繞され、集落のなかでひときわ規模を誇ったと推察される高床式建物ＳＢ四〇と、それに先行して累代的に建造され、同様の性格をもつＳＢ二九・ＳＢ三〇、さらにＳＢ四〇に隣接した、首長の住居か祭儀の付属屋とみられるＳＩ一二七などの存在は、これら諸遺構の存在する場所が、長瀬高浜遺跡の古墳時代集落を営んだ集団の首長の居館域であったことを想定させるに十分である。鳥取県教育文化財団が刊行した『長瀬高浜遺跡発掘調査報告書』Ⅴ・Ⅵ（両者とも一九八三年刊）の調査成果を詳細に検討すると、これら諸遺構を大きく取り囲む柵列の存在が明らかになってくる。再び一五一頁の図39をごらんいただきたい。

まずＳＢ四〇の正面（南方向）、建物から約三〇メートル離れた地点に、ＳＢ四〇の梁間方向とほぼ平行して、東西方向に走る二本の二重柵列がある。いま北側の柵列をＡ、南側のそれをＢと呼ぼう。柵列Ａは約一・八メートルの間隔をもって並行に走る二重柵列で、西側から延びてきてＳＢ四〇の中軸線の東約三メートルの地点で跡切れる。一方、東から延びて西へ至る柵列Ｂは約一・二メートルの間隔をもつ二重柵列で、ＳＢ四〇の中軸線上付近で跡切れ、それ以上は西へ延びることがない。柵列Ａと柵列Ｂは、ＳＢ四〇の中軸線の延長付近で約一・六メートルの間隔をおいて約三メートル並行したのち、柵列Ａが東端、柵列Ｂが西端となる。おそらく両者が並行する部分に居館の門が西向きに存在したと推察できる。したがって祭儀用建物の位置する空間に至るには、南から北進し、柵列Ｂの西端をまわり込むようにして門を西から東へと入ったあと、柵列Ａの東端をまわり込むことになる。直線的にまっすぐには祭儀用建物のある空間に入れない構造となっていたのである。

ＳＢ四〇の正面にみられる柵列遺構と、それが構成する門構造を、本遺跡の首長居館の「ハレの空間」の南側を区画する施設と考えたが、ＳＢ四〇の東約二二メートルの所でも、ＳＢ四〇の棟筋（桁行）に平行して走る一本の柵列遺構が検出されている。この柵列遺構は一二メートルの長さにわたって検出された南北方向の柵列であるが、その南北の両延長ともに未調査域となっており、柵列の全体は明らかになっていない。しかしこの柵列は柵列Ｂと直交する方向を示しており、おそらく未調査域において両者はとりつくものと推定できる。なお、この柵列の一部に門とみられる遺構を認めることができる。

ＳＢ四〇をはじめとした祭儀用建物群の北および西方向には、居館域を明瞭に区画する遺構は認められないが、ＳＢ四〇から西方約二八メートルの間は、集落にともなう遺構がきわめて希薄な地域となっており、西側を区画する何らかの施設の存在が推察される。東側の柵列から西側の遺構の希薄な地域の西縁までの推定東西幅を求めると、約六〇メートルという数値が得られる。この数値は、松野遺跡の「ハレの空間」の幅（外側の柵列での幅は約五〇メートル）よりも大きく、他の古墳時代の居館と比較しても遜色ない規模である。

なお北側の区画については、ＳＢ四〇の背後約一六メートル付近に東西方向に走る柱穴列が認められ（報告者はこの遺構についてコメントしていない）、しかも柵列ＡやＢとほぼ平行することから、これが北側を区画する柵列であったと考えたい。すると南北の幅は約五七メートルとなり、祭儀用建物遺構群を中心とした長瀬高浜遺跡の「ハレの空間」は、東西約六〇メートル、南北約五七メートルと、ほぼ正方形の区画を有することとなる。

なお、この居館に「ケの空間」が、区画された居館域として隣接していたとみるならば、それは未調査区域となっている東側であろう。ただしSI一二七を首長の日常の住居と考えると、この「ハレの空間」はすなわち首長居館の全域となる。筆者は、「ハレの空間」と「ケの空間」を明確に区画するのが古墳時代の豪族居館を規定する重要な条件と考える立場から、長瀬高浜遺跡の居館の「ケの空間」を前者のように理解している。

これまで検討してきた長瀬高浜遺跡の「ハレの空間」を囲繞する柵列遺構は、ほぼその中央にSB四〇が位置し、南側の門とみられる柵列Aと柵列Bが並行する地点がSB四〇の中軸線上に位置することから、明らかにSB四〇と共に建設された施設であることは間違いなさそうである。SB三〇がこの正方形に近い「ハレの空間」で占める位置は南に寄りすぎ、SB二九は東南隅近くに位置するという点も、柵列遺構とSB四〇が関連した遺構であることを示している。一方、SB三〇やSB二九が存在した時期には、その周辺に同時期の竪穴住居跡があった様子はみられない。この事実は、それぞれの祭儀用建物を中心とした「ハレの空間」を区画するための施設の存在を窺わせるものである。

長瀬高浜遺跡の「ハレの空間」正面の二重柵列にみる入口構造は、外部からまっすぐに「ハレの空間」に至ることができないようになっている。換言すれば、聖なる空間と、そこに建つ神殿ともいえる祭儀用高床式建物を外部から直接目にすることを拒否する仕組みとなっている。こうした入口の構造は長瀬高浜遺跡だけにみられるものではなく、五世紀末から六世紀初頭の居館跡である松野遺跡にも、まったく同一の構造が認められる。溯って二〇頁の図4をごらんいただきたい。

松野遺跡では、「建築的に伊勢神宮本殿の祖型とも云える形式をもつ」「神殿的な性格の建物」であるSB〇五と、「祭式儀礼に際して主宰者の居所であり、直会殿ともなった」SB〇六（神戸市教育委員会『松野遺跡発掘調査概報』一九八三年）を「ハレの空間」の中央に配置し、それを取り囲むように東西約四〇メートル、南北約三三メートルの規模で長方形に巡る一本柵列と、その外側をさらに大きく囲む東西約五〇メートル、南北約四〇メートルの不定方形の柵列（南辺柵列は二重で他は一重）があり、その内側の柵列の南側に上述の入口施設が設けられている。外側の柵列にみる入口施設はその過半が未調査のため、ここにも同様の施設が存在するか否かは不明である。

東西幅約四〇メートルを測る「ハレの空間」の南辺を区画する柵列は、南北に走る西辺の柵列南端から約一一〇度屈曲して東に延びる柵列が約二五メートル、他方、東辺柵列の南端から約八六度屈曲して西へ延びる柵列が約一四・五メートルある。この二本の柵列は交差したり接続することはなく、「ハレの空間」南辺の中央やや東寄りに、約二・一メートルの間隔をおいて二メートル近く並行し、ここが入口となっていた。したがってこの入口は、長瀬高浜遺跡とは逆の東向きとなっている。すなわち外柵の入口を入って北上し、西側から延びた柵列の東端部をまわり込み、東側より延びた柵列との間を東から西へと「ハレの空間」に入ったあと、東側から延びた柵列の西端をまわり込んで始めて、ＳＢ〇五やＳＢ〇六の祭儀用建物に臨むこととなる。この入口とみられる部分の柵列は、それ以外の部分よりも密に柱穴が検出され、ここに門扉などの開閉施設が設けられていた可能性がある。

こうした「ハレの空間」の入口構造は、物理的な力をもって侵入する敵から「ハレの空間」を防御するような頑強な構造をもつものではなく、あくまで「ハレの空間」にまっすぐ入ることを拒否するための施設といえる。それは祭儀の場である聖所を外部から直視できないようにするための施設であり、聖所への悪霊の侵入を防ぐ観念的な施設といえる。

2 囲形埴輪の性格

このような豪族居館の門や、居館の一部である「ハレの空間」の入口施設の構造を理解するうえで、囲形《かこいがた》埴輪と呼

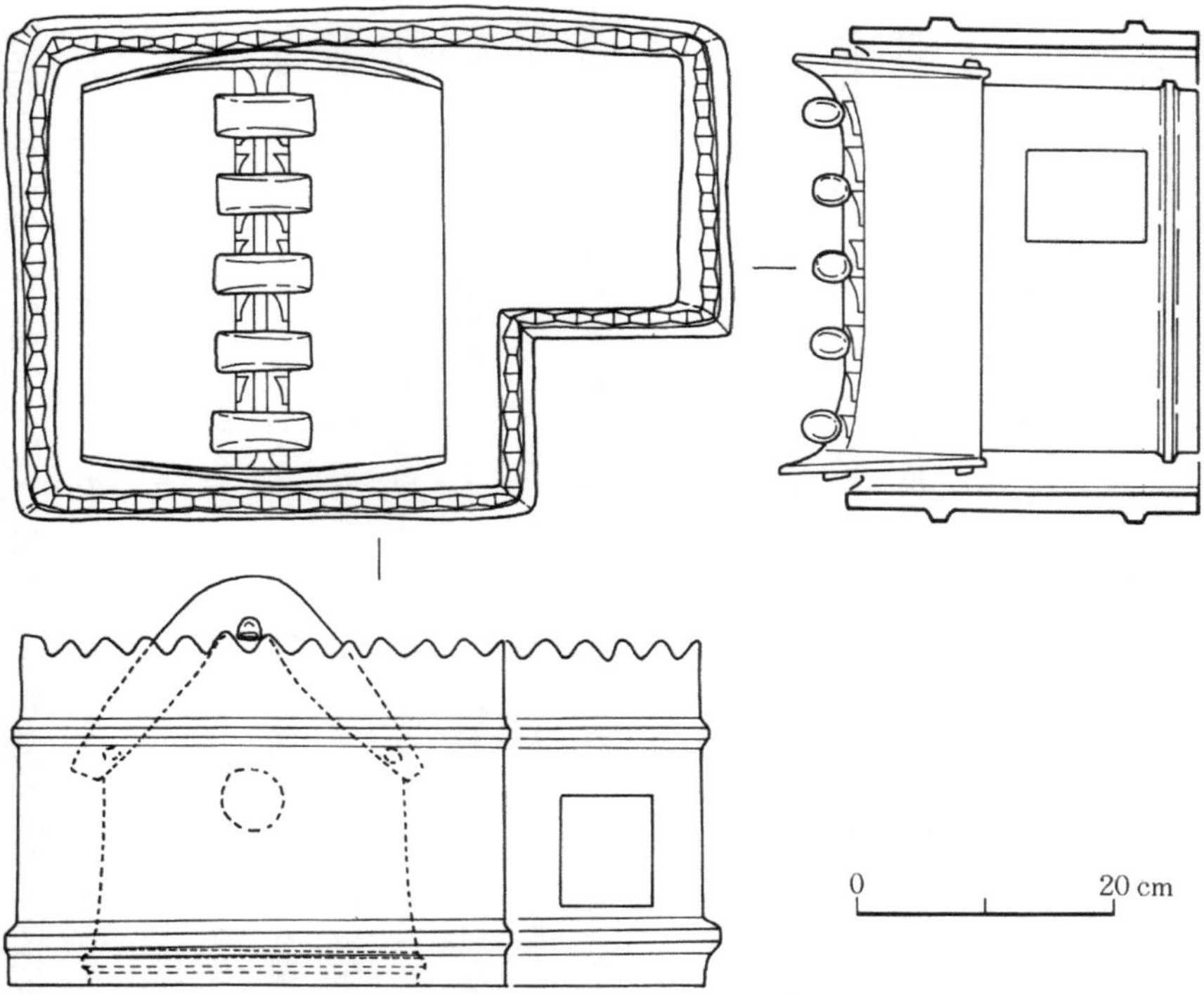

図44　経ヶ峰1号墳出土例から復原した囲形埴輪と家形埴輪の関係

ばれる特殊な形態をもつ形象埴輪は重要な資料である。出土状況の明らかな経ヶ峰《きょうがみね》一号墳（愛知県岡崎市）例を中心として、囲形埴輪の形態を紹介しつつ検討を加えることにしたい。

経ヶ峰一号墳[6]は、全長三五メートル、後円部径二七・五メートルを測る帆立貝型前方後円墳で、囲形埴輪はそのくびれ部の墳丘中段付近から、内部に家形埴輪を置いた状態で出土した。この囲形埴輪は、約三七センチ四方の方形平面の一辺に、一方に扁して約一八センチ（幅二二センチ）の突出部を付けた、いわゆる鉤《かぎ》の手状の平面形をなし、天井部と底部のない筒状の形象埴輪であり、「囲形埴輪」という名称はそうした形状から付けられたものである。その壁面の高さは二七センチあり、その上辺全体に鋸歯様の凹凸が表現され、住吉大社本殿の「板玉垣」に似た形状の柵列をあらわしたものとみられる。壁の外面には二本のタガが平行して巡らされており、柵木の横木（貫）を表現した可能性が強い。鉤の手に突出した部分の、屈曲部に面した壁面は、その大半が欠損しているが、赤堀茶臼山古墳出土の囲形埴輪を参考にすると、この部分に矩形の切り込み穴があり、入口を表現していたとみられる。この囲形埴輪の方形部分には、平面が妻側二五センチ、平側三〇センチの基底をもつ家形埴輪が置かれており、囲形埴輪は文字どおり、この家形埴輪をとり囲む柵や塀を表現した形象埴輪であることが始めて明らかにされた。

囲形埴輪の中に置かれた家形埴輪は、棟に鰭《ひれ》形の連続線刻文を有し、堅魚木を乗せた切妻屋根をもつが、壁面が完全には復原できず、ために埴輪自身の高さを知ることができない。この家形埴輪を囲む囲形埴輪の方形部外辺の一辺が三七センチを測ることから、当該家形埴輪の軒の出を考慮したとき、軒先が囲形埴輪の壁面に接するほど方形部いっぱいに屋根がかぶり、かろうじて屋根の部分を窺い見る程度か、家形埴輪の壁面が囲形埴輪よりも高く、軒先が覆いかぶさるように囲形埴輪の上に張り出し、屋根全体を見ることができるかのいずれかであったろう。

このような建物にきわめて接近した柵列がみられる状況は、上述した長瀬高浜遺跡の祭儀用高床式建物SB四〇に付設された柵列と共通した要素である。したがって家形埴輪の正面左側が囲形埴輪の突出部内の空間に面することとなり、その広場に面して囲形埴輪の入口が開かれていて、その入口の外部からは、この小空間を窺うことはできても家形埴輪を見ることはできず、そこには長瀬高浜遺跡や松野遺跡の「ハレの空間」の入口構造と共通した思想、すなわち祭儀の場または祭儀を執行する建物を直視することを拒否し、まっすぐな進入路を設けないという思想が窺い知れるのである。さらに言えば、囲形埴輪は長瀬高浜遺跡や松野遺跡にみられるような、「ハレの空間」を囲繞する柵列を象徴化かつ抽象化したものであり、鉤の手状に屈曲した部分は、それら「ハレの空間」の入口施設を表わしたものと考えられる。

囲形埴輪は早く赤堀茶臼山古墳(7)や金蔵山古墳(8)から出土しており、前者の調査報告はこれを帷帳《いちょう》・壁代の類を表わした形象埴輪と推察し、後者のそれは柵を表現したものとみている。「囲形埴輪」という名称を用いたことからも、この埴輪が一定の範囲をとり囲む施設を表現したものとみられていたと考えられる。これを継承的に発展させた小笠原好彦[9]は、赤堀茶臼山古墳出土の囲形埴輪の製作技法が同古墳出土の多数の家形埴輪のうちの主屋（前章においてAと類別した）や脇屋（同じくBと類別）に共通し、残る小型の家形埴輪とは異なる点に注目し、AやBとセットをなして配置された埴輪と考えた。そして主屋と二棟の脇屋に囲まれた空間地である「前庭」の正面に、主屋と相対して置かれたものと推定し、次のように考察を加えている。

> それは区画施設とそれにともなう「門」を表現した埴輪を想定すべきではなかろうか。そしてこの方形の区画は、大阪府鞍塚古墳西方、岡山県金蔵山古墳の類例にみる剣先状鋸歯列の付設からすると、柵、塀を表現したものと理解される。すなわちこの囲形埴輪の入口上部の剣先状鋸歯列は、まさに防禦装置が施された門とそれに付属する柵、塀を示したものとみなされる。（小笠原好彦「家形埴輪の配置と古墳時代豪族の居館」『考古学研究』一二四号、一九八五年）

筆者とは考察の根拠や過程を異にするものの、すでに同様の結論が発表されていることを明らかにしておきたい。ただ筆者は、小笠原が「防禦装置」と理解する囲形埴輪の上縁の「剣先状鋸歯列」を、豪族居館や「ハレの空間」を「聖所」とみなしてそれを地域集団の日常の生活域から区画する形式的・観念的な性格をもつ構造物としての、柵列や塀を表現したものと考えたい。

三　大社造建築と豪族居館の理念

1　大社造建築の平面プラン

長瀬高浜遺跡の「ハレの空間」における中心となった祭儀用建物ＳＢ四〇は、一五メートルを超える棟高をもつ床《ゆか》の高い大型掘立柱建築であった。しかも、その神聖さをいやがうえにも強調するかのように、両側面から背後にかけて柵列を巡らした建物であった。さらにＳＢ四〇を中心に配置された「ハレの空間」を囲繞する柵列は、そのマツリゴトの空間を外部から直視することを拒む入口構造をもち、それは「ハレの空間」の神聖視につながるとともに、そこでのマツリゴトを司る首長が、彼によって支配された地域集団から隔絶した存在として人びとに認識されていたことを窺わせる。「ハレの空間」をとり囲む柵列越しに、はるかに高く聳え立つＳＢ四〇の姿は、長瀬高浜遺跡の集落の人びとを威圧し、首長の権力を誇示する象徴でもあった。ＳＢ四〇には、いわゆるマツリゴト（祭事・政事）の場（ハレの空間）のなかでしだいに祭祀用建物としての色彩を濃くしてゆく高床式建物の姿が明示されている。

写真39　出雲大社本殿

床《ゆか》が非常に高い祭祀用建物といえば、長瀬高浜遺跡と同じ中国地方の日本海側、島根県地方に分布をみる、出雲大社本殿を代表とした「大社造」の神社建築があげられる。

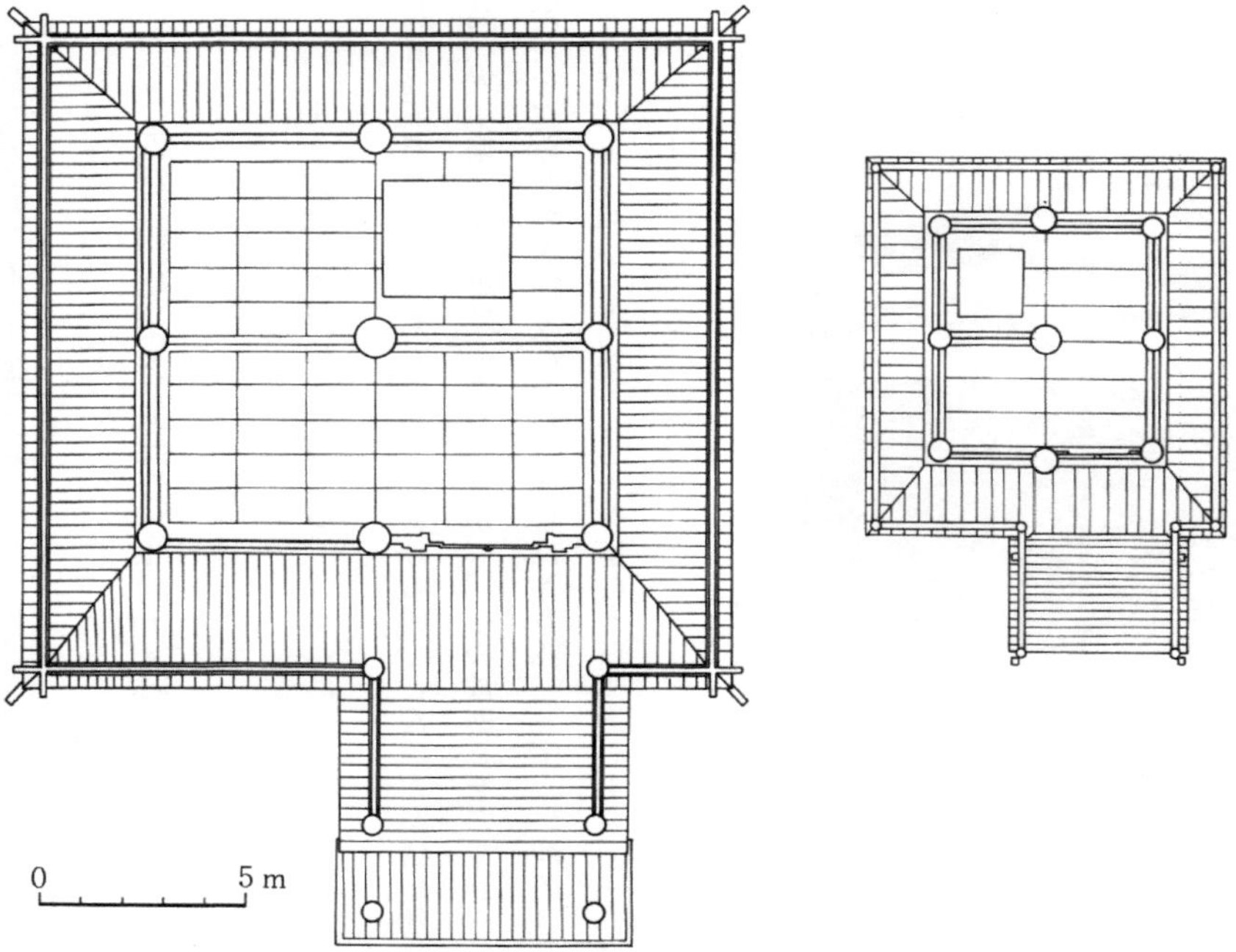

図45　大社造建築の平面図（左・出雲大社本殿，右・神魂神社本殿）

今日の出雲大社本殿は約二〇メートルの棟高（千木の先端までの高さは約二四メートル）があり、床の高さは約四・五メートルにもおよぶが、往古はさらに大型の高床式建物であったといわれている。現在の本殿は延享元年（一七四四）に建造されたもので、文化六年（一八〇九）、明治十四年（一八八一）、昭和二十八年（一九五三）の三度にわたる修理が加えられて今日に至っている。

伊勢神宮や住吉大社などの古社に造替の慣習があったように、出雲大社においても延享以前に幾度もの造替が行なわれた。しかし伊勢神宮が二十年ごとに定期的な造替をくりかえして今日に至っているのに対し、出雲大社ではその年限が一定せず、十七世紀以降では、慶長十四年（一六〇九）、寛文七年（一六六七）、そして延享元年（一七四四）の三度を数えるにすぎず、造替の年限も五八年目・七七年目と、伊勢神宮に較べて非常に長い。もっとも古代末期から中世にはまだ頻繁に造替をくりかえしており、十一世紀から十六世紀の六〇〇年間に一八回を数える。この一八回の造替のうち約半数は三〇年前後を造替の時期としているが、建久元年（一一九〇）の造替では一五年目、元中三年（一三八六）の造替では六一年目など定期制がまったく認められず、おそらく建物の腐朽や焼失などによって適宜建替えが行なわれたと考えられ、ここには式年遷宮（造替）の制は存在しなかったとみられる。

「大社造」の特徴はその平面プランにある。桁行二間・梁間二間、一辺が約一〇・九メートルを測る正方形の平面規模で、屋内にはその中心に「心の御柱」と呼ばれる柱があり、合計九本の総柱建築である。屋根は切妻型をなし、妻が正面を向いた、いわゆる妻入りの建物で、正面も二間であるから、その中央に柱が立つわけで、入口は一方に片寄ることになる。出雲大社本殿の場合は正面右側の柱間が入口となり、正面左側は蔀戸《しとみど》、残る三面は板壁となっている。

屋内は、「心の御柱」と右側壁の中央側柱との間に板壁による間仕切りがあり、入口（南側）からみたその背後に御内殿と呼ばれる神座《かみくら》が西面している。したがって入口から本殿内に進むと、まず間仕切りの板壁に突きあたり、左に向きをかえて「心の御柱」の左側をまわり込むように、右に向きをかえて奥に進み、再度右に向きをかえてはじめて御内殿に相対することとなる。御内殿（神座）は、本殿の入口のある南を向いているのではなく、屋内の間仕切りの板壁と本殿の後壁との間にあって、屋内に面する西向きとなっており、本殿正面から礼拝する者に対しては横を向く形になっている。

このような平面を構成する九本の柱は、それぞれ太さを異にしており、「心の御柱」は直径約一・一メートル、正面と背面の両妻側にあたる中央側柱が直径約〇・八五メートルを測り、四隅の柱の直径〇・七三メートルより太くなっている。このうち、「心の御柱」は、慶長十四年（一六〇九）の造替の大社本殿の平面を写したとされる『匠明《しょうめい》』所載の本殿指図に「ウズノ柱」と注記されている。「ウズ」とは「尊厳ある」「貴い」という意味の語であり、まさに大社建築を象徴する柱として認識されていたことを示しており、「心の御柱」が特に太い材をもって立てられているのは、そうした意味があってのことである。なお「心の御柱」という名称は、おそらく明治以降、伊勢神宮の「心の御柱」にならって付けられたものとみられ、近世には上述した「ウズノ柱」あるいは「岩根御柱」と呼ばれていた。

　四隅よりやや太い両妻側の中央側柱は、四隅柱の中心を結ぶ線よりもわずかに外側に出されて立っており、その上部は直接棟木を支える構造となっている。現存する最古の大社造建築といわれる松江市の神魂《かもす》神社の本殿では、この中心のずれはさらに大きく、中央側柱の三分の二近くが外へ出ており、やはり棟木を直接支えている。こうした中央側柱の状況は、この柱が棟持柱として、伊勢神宮の各社殿の建築と同様、壁面から独立していたことを推察させるとともに、本来は棟持柱と中央側柱が並存していたことを考えさせる。さきに検討した長瀬高浜遺跡の高床式建物ＳＢ三〇の妻側の遺構に、すでに同様の構造を復原することができ、その二本の柱を一本にしたものが大社造建築の妻側外壁の中央柱だといえる。

　このように、出雲大社本殿における柱の太さの違いは、構造と理念の両面において古相を残したものとみることができ、本殿の入口方向に対して御内殿の向きが横を向いているのも、大社造建築がその当初からもっていた特徴とみてよいのではなかろうか。

写真40　神魂神社本殿

2　大社造建築の理念

　天正十一年（一五八三）の建造とみられる神魂神社本殿は、現存する最古の大社造建築とみられる。出雲国総社であったと考えられる当社は、『出雲国風土記』や『延喜式』にその名をみることはできないが、出雲大社の宮司である国造家が、毎年の新嘗祭や、国造継承儀礼として火継の神事を同社で執り行なう慣例であったことからみて、出雲国造と深いかかわりをもつ神社として、その創祀を古代に遡らせることができる特別の格式をもった神社であろう。

大庭《おおば》大宮とも呼ばれる神魂神社は、出雲国府の西約一・八キロの丘陵上にあり、出雲大社が南に正面を向けるのに対し、国府のある東を向いている。その本殿の規模は、出雲大社本殿に較べて約半分であり、桁行約五・七五メートル、梁間五・一五メートルと、やや奥行の深い平面をなす。九本の柱はいずれも太く、出雲大社本殿と同様に社殿中央のいわゆる心柱が最も太く、約七〇センチの直径を測り、正面と背面の両妻側中央柱が直径約六二センチ、四隅柱が直径約五五センチを測る。大社本殿との建築規模の差に比して木太い造りとなっているのが印象的である。両妻側の中央柱が棟持柱の役割をも兼ね、両隅柱より三分の二近く、その中心が外へ出て立てられており、大社本殿よりも古相を示すことは上述した。

古代の出雲大社本殿は後述するごとく、非常に床と棟の高い建物だったといわれている。現在の大社本殿は約二〇メートルの棟高に対し、床高は約四・五メートルである。しかるに神魂神社本殿は棟高約一一メートルに対して約三メートルの床高をなし、棟高に対して床高の占める比率が大社本殿より大きく、この点でも現大社本殿より古相を示している。

再び神魂神社本殿の平面プランについて検討したい。本殿の入口は大社と同じく、正面向かって右側の柱間であり、左側の柱間には蔀戸がはめ込まれている。しかし心柱と側壁の中央柱との間に設けられた間仕切りの板壁は、入口を入った突当りではなく、入口左側の蔀戸と相対する位置にはめ込まれており、その背後に、本殿への進入方向（東側）に対して横を向く形で神座（内殿）が北面している。したがって、本殿に入ってまっすぐ奥へ進み、心柱に添って左へ向きをかえると神座に相対することとなる。いわゆる逆L字形に進めばよいのであり、出雲大社本殿よりも単純な進路によって神座に向きあうことができる。しかし、これでは蔀戸と板壁の間仕切りとの間に挟まれた空間が遊

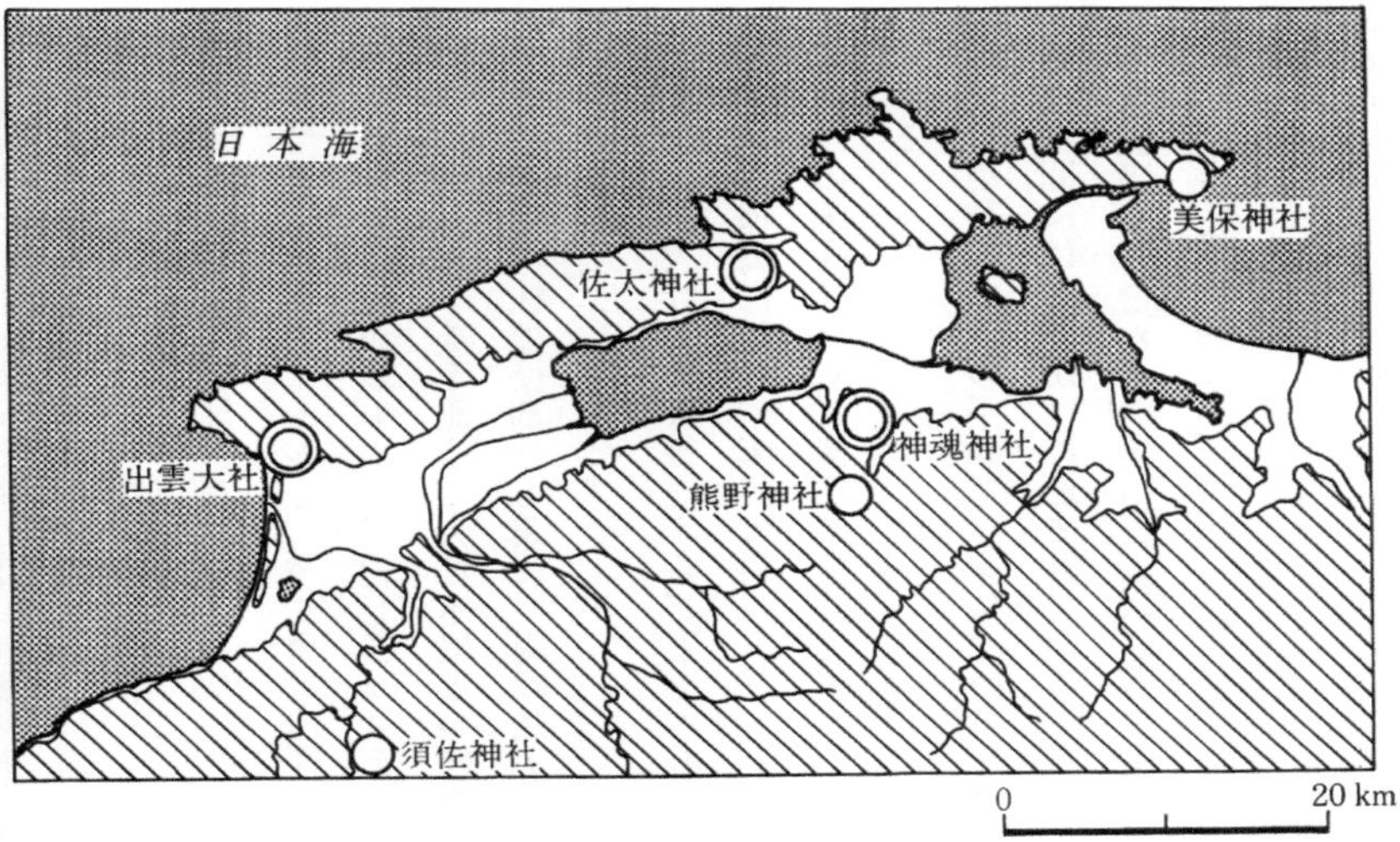

図 46　主な大社造建築の神社と古社

んでしまうこととなり、きわめて不自然な屋内空間の割付けとなる。このような変則的な平面プランは、神座に至る経路をより単純化した結果として考え出された形態か、それとも、本来は入口が正面の向かって左側にあり、出雲大社本殿とは左右が逆の平面プランであったものが、後世に入口の位置を出雲大社本殿と同様に正面の向かって右側にした結果であるかのいずれかとみられる。いずれにせよ大社造建築は、本殿内に進入したとき、その進入路と神座の向きが直交し、入口から神座と直接相対することができない構造となっている点が共通している。

また、出雲大社本殿と神魂神社本殿は、本殿の正面する方向および神座の向きをまったく異にする。すなわち大社本殿が南を正面とし、その神座が西を向くのに対し、神魂神社本殿は東面し、神座は北を向いているのである。

従来、出雲大社の神座（御内殿）が西を向く理由については多くの説がある。

すなわち、九本の柱からなる平面プランを、四間取りの住居あるいは宮殿のプランが神殿プランに受け継がれたものと考え、その主人の居間の位置を神座にするとともに、来訪者の方向に神座を向けたとする説。また、日の出の方位として神聖視された東を祭祀者が臨み拝するために神座を西に向けたとする説。さらにタケミカヅチとアメノトリフネがアマテラスの命を受けてオオクニヌシに国譲りを迫るために天降った伊那佐（伊耶佐）の小浜の方向を向いているとする説。またさらには、その西方一帯にひろがる海の彼方にある常世の国に相対するという説などである。しかしこれら諸説では、出雲大社本殿の神座の向きに関する説明にはなっても、神魂神社の本殿が東に向き、神座が北を向くことを説明できない。

島根半島の中央部、『出雲国風土記』が記す狭田の国の産土《うぶすな》神サタ大神を主神とする佐太神社（島根県八束郡鹿島町）は、大社造建築の本殿が三棟並び、そのいずれもが神魂神社と同じく東を正面として、北から北殿・正中殿・南殿と呼ばれている。これらの本殿はいずれも文化四年（一八〇七）に建造されたものである。正面中央の正中殿が最も大規模で、五・四六メートル四方の平面をなし、出雲大社と同じ平面プランを採っている。残る北殿と南殿はいずれも四・五五メートル四方の平面をなすが、北殿が正中殿と同一の平面プランを採るのに対して、南殿は北殿・正中殿とは左右を逆転させた平面プランとなっている。すなわち正面左側に入口をもち、その突きあたりに、心柱と左壁中央側柱を繋ぐ間仕切り壁をもっている。いずれの本殿も東を向くことから、正中殿と北殿の神座は南を向き、南殿の神座は北を向いて、互いに相対することとなる。

　このように、主要な大社造建築の神座の方向が、出雲大社では西、神魂神社や佐太神社南殿では北、

写真 41　佐太神社

写真 42　佐太神社正中殿

佐太神社正中殿・北殿では南と、統一性が認められず、先にみた大社本殿の神座の向きについての諸説もさほど根拠あるものとは認められない。筆者は長瀬高浜遺跡や松野遺跡、さらには囲形埴輪にみた豪族居館の「ハレの空間」の入口構造の形態から分析した、聖なる場や建物を直視しないという古代人の思想が、大社造建築の平面プランおよび神座の方向の決定に大きく作用していると考えている。

ながく出雲大社の社家である千家国造家に伝えられ、本居宣長の『玉勝間』十三の巻の「出雲の大社の御事」に掲げられて著名となった「金輪造営図」は、平安時代から鎌倉時代初期までの時期の本殿に関係した平面図である。そこには本殿の東北部に西面する御内殿の平面図が描かれている。それは井桁に組んだ基礎の上に柱を立てたとみられるもので、「御内殿」「在御濱床」「御妻戸」という注記がなされており、これが小規模な神社建築であったことを窺わせている。福山敏男[10]は「東半が母屋で両側に戸を開き、四面に大床（縁）をめぐらし、西半は庇で下を浜床とした流造で、平入の屋根をもつ小建築である」と考察している。こうした形態をもつ神座が奈良時代まで遡るか否かは不明であるが、長瀬高浜遺跡のＳＢ四〇のごとき「ハレの空間」の中心建物が象徴的に表現されたものとみることもできよう。

大社造建築にみる仕切り壁を含む壁構造には、長瀬高浜遺跡や松野遺跡などの豪族居館を囲繞する柵列が投影され、その中に置かれる神座は、居館の中心に配された祭儀用建物に該当すると考えられる。すなわち大社造建築には、古墳時代の豪族居館が理念のうえで凝集しているといえる。

3　第二の門構造とその起源

ところで、第一章で詳述した三ッ寺Ｉ遺跡の三重の柵列に囲まれた「ハレの空間」には、中心建物の正殿に相対して、その前面にひろがる祭儀の場として重要な役割を担ったであろう広場を区画するように一列に並んだ三個の柱穴がある。報告書（群馬県教育委員会・群馬県埋蔵文化財調査事業団ほか『三ッ寺Ⅰ遺跡』一九八八年）において中央柱列あるいは一号柱列と呼ばれたこの遺構は、正殿とは約一五メートルの間隔（ここが祭儀用の広場にあたる）をおいて、その桁行方向に平行した柱穴列である。しかもその中央の柱穴は、正殿の棟筋に直交する方向の中軸線上にあり、この柱穴列が正殿との密接なかかわりのもとに建設された施設の遺構であることは明らかである。

おそらくこの三個の柱穴は、正殿の正面とそこにひろがる祭儀用広場を外部から直接見ることを妨げる、いわゆる「目隠し塀」の柱を立てた穴と考えられる。柱穴の形状からみると、厚い板状の木材を柱としたようである。この柱穴列を中にして広場と反対の側は未調査区域であるが、この区域には、目隠し塀の跡とみられる柱穴列に近く、「ハレの空間」を囲繞する三重の柵列から分かれた一重または二重の柵列が、目隠し塀と平行に設けられ、ちょうど目隠し塀の正面にあたる部分において、「ハレの空間」に至る入口として柵列が跡切れていたと推定される。したがってこの正面入口からは、目隠し塀の存在によって、直接に正殿やそこに広がる祭儀の広場を視野に入れることができない仕組みとなっている。「ハレの空間」に入るためには、入口を進入して目隠し塀に突き当たったあと、右か左に向きをかえ、塀の端に添って再び向きをかえなければならない。入口の形態は異なっても、参入者の進路のとり方には、さきにみた長瀬高浜遺跡や松野遺跡の入口構造や、大社造建築での神座への経路と同様に、聖なるものの直視を避けるという古代人の思想が明示されている。

この目隠し塀とみられる遺構は、古墳時代の例では三ッ寺Ⅰ遺跡のほかに確認できないが、八世紀以降の官衙《かんが》遺跡には散見される。

平城宮跡の第二次朝堂院地区の東北方に隣接する官衙区域で、八世紀後半に、それまで掘立柱建物と塀から構成されていた建物群を、礎石・塼《せん》積み基壇・瓦葺き・築地からなる建物群に改築した省クラスの官衙遺構が完掘されている。(11) この南面する建物群は、中央やや奥に正庁があり、その正面にある広場を挟んで東西に脇殿を、正庁背後に後殿を配する、いわゆる品字形配置にもとづく典型的な官衙建物であり、南門を入った広場に面する部分に塼積みの目隠し塀が復原できる。

さらに平城宮第二次朝堂院地区朝庭域の十二堂に囲まれた中央には、奈良時代前半期に一回、同後半期に二回にわたって造立された大嘗宮のうちの悠紀《ゆき》院遺構が完掘された。その南門と北門を内にはいった正面に、門から約六メートル離れて目隠し塀を立てた跡と推定される溝状遺構が検出された。また、この南北の目隠し塀の中央を直線に結んで東の悠紀院と西の主基《すき》院を分ける塀の存在も確認された。この大嘗宮悠紀院跡とみられる遺構は延喜践祚大嘗祭式や『儀式』の記述から復原される大嘗宮の当該施設の配置とほぼ合致するものであり、上述の目隠し塀の施設は、それらの文献には「屏籬《まがき》」とみえる。

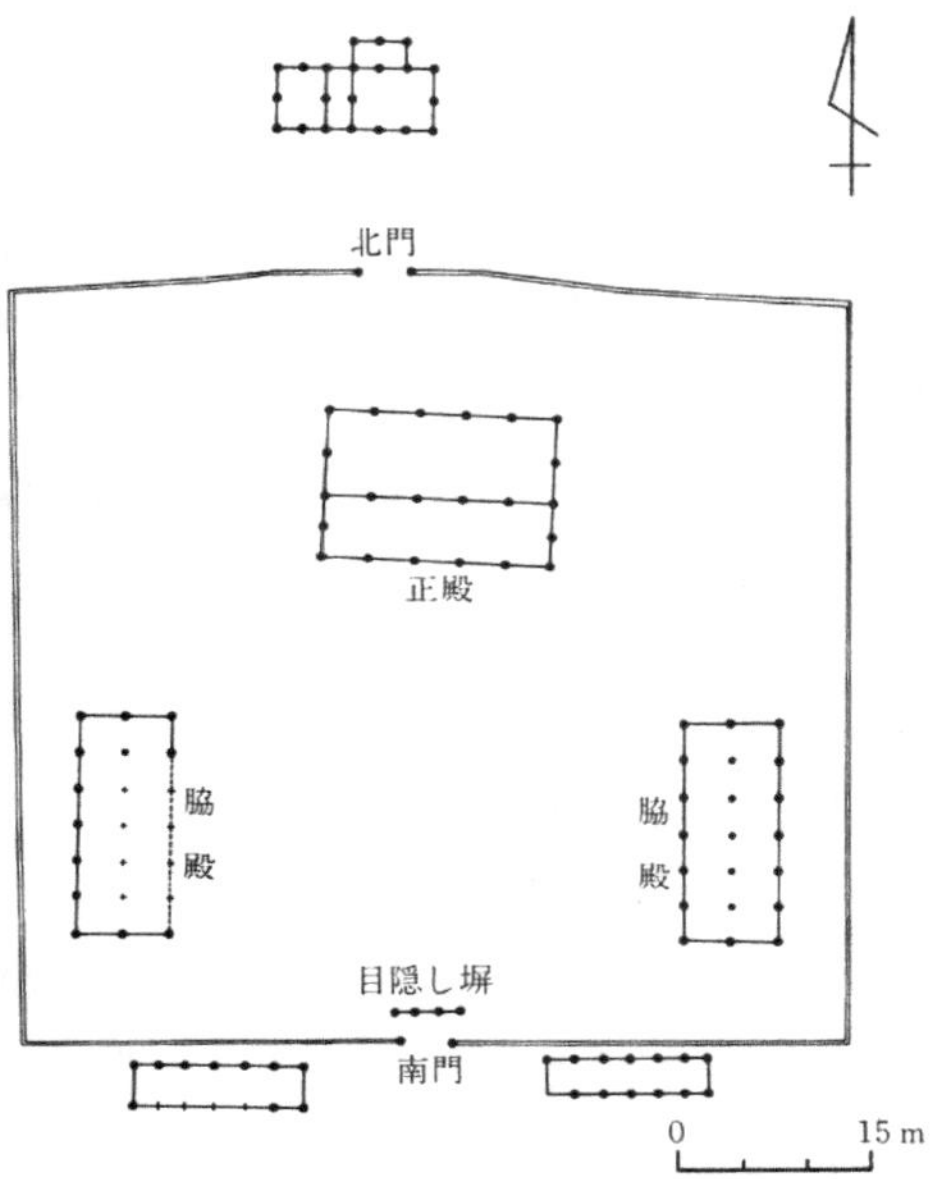

図47　払田柵第Ⅰ期政庁平面図

この目隠し塀は、中央官衙遺跡のみならず、地方官衙遺跡にも認められる。九世紀前葉〜中葉の下野国庁跡[12]（栃木県栃木市）、八世紀末に出羽国に築かれた城柵官衙の一つとみられる払田柵《ほった》跡[13]（秋田県仙北郡仙北町、天平宝字三年（七五九）藤原朝狩によって築造された雄勝城に比定する説もある）の創建期の政庁跡、さらに延暦二十二年（八〇三）に坂上田村麻呂によって築造され弘仁四年（八一三）に廃された志波城跡[14]（岩手県盛岡市）の政庁跡など、いずれも南門（正門）を入った正面に、目隠し塀を設けたとみられる柱列が検出されている。現在のところ、こうした官衙遺跡にみられる目隠し塀の最古の遺列は三ッ寺Ⅰ遺跡の例であり、すでに五世紀第Ⅲ四半期には目隠し塀が出現していたことが

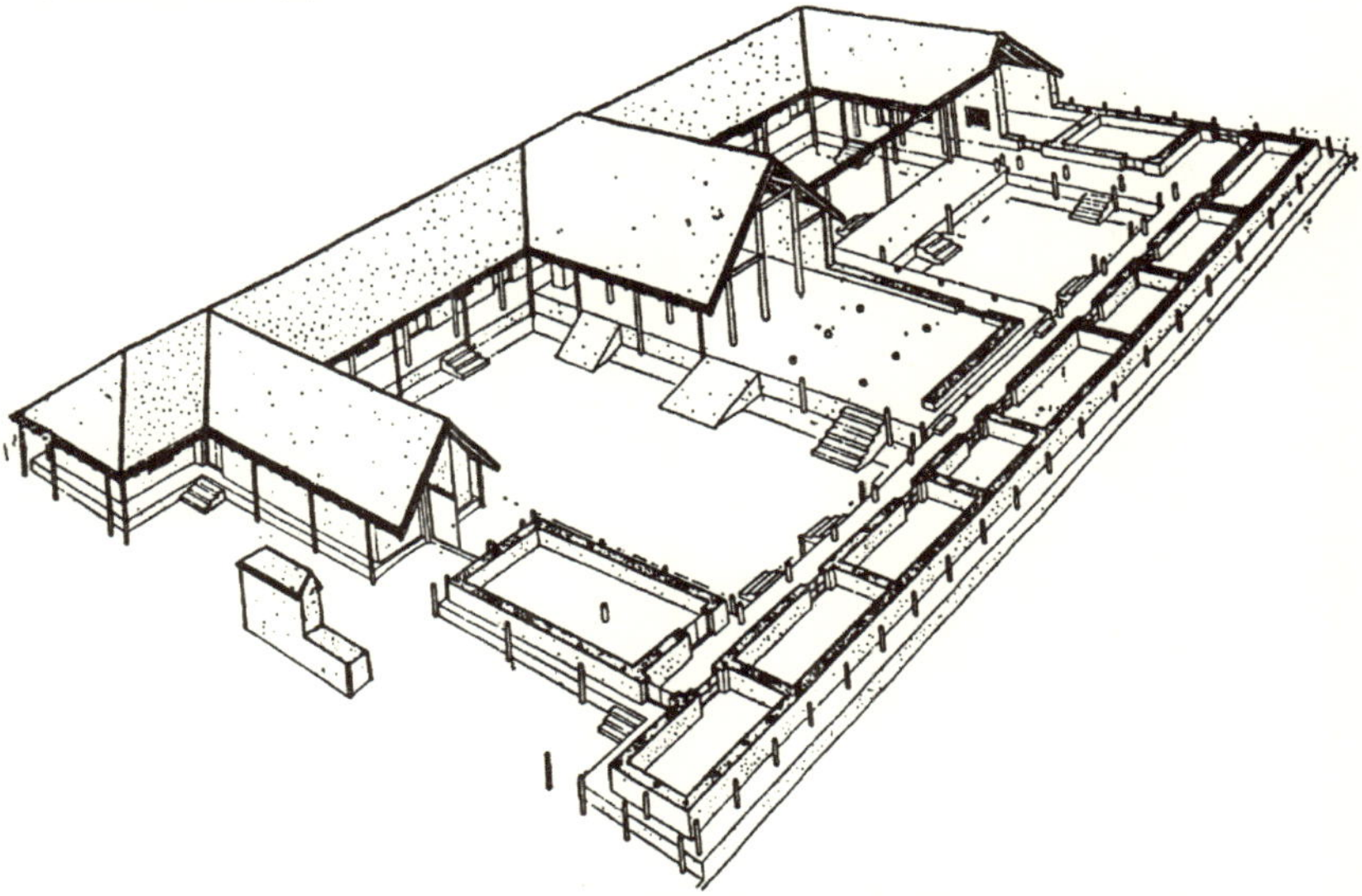

図48　岐山県鳳雛村の西周建築遺跡復原図

確かめられる。

この目隠し塀の遠源は中国にあると考えられ、早くは西周時代（前一〇五〇〜七七〇年）の遺跡から検出されている。陝西省の岐山《きさん》県は扶風《ふふう》県とともに渭水の上流にあり、西周初期の都城があった地域で、周原と呼ばれているが、岐山県鳳雛《ほうすう》村で発掘された東西約三三メートル・南北約五〇メートルの大型建築群の門にはすでに目隠し塀が設けられている[15]。南に正面をもつこの建築群は、その中心にある広場に面して開放的な柱間を構造をもつ大型建物（堂）を配置している。この広場を中にして堂と相対する位置に門があり、門の外壁から外側へ約四メートル離れた正面に、東西四・八メートル、厚さ一・二メートルという、門の幅よりも広くかつ堅牢な目隠し塀が設けられていた。この建築遺跡には、祭祀に使用されたと推定される多量の甲骨文が埋蔵されており、宗廟に該当する遺跡とみられている。このように目隠し塀は、その出現当初から、特別な性格をもつ建物の門に付設されたのである。

門の外に目隠し塀を設ける例はわが国でも散見され、『延喜式』や『儀式』によれば、大嘗宮の東西二門に付設され、伊勢神宮の南北両門の外にも設けられて「蕃垣《まがき》」と呼ばれて

写真43　ヒンプン（沖縄県島尻郡久高島）

いる。

中国の目隠し塀は、現在では漢族の代表的な住居型式である四合院《しごういん》住宅にも受けつがれている。四合院住宅は、院子《ユアンズ》と呼ばれる中庭（広場）の正面奥に中心家屋である正房を配し、中庭の両側に廂房を配し、中庭を中にして正房と相対する位置に門房を配する形をとり、建物のない部分にはレンガや黄土をつき固めて築いた高い塀が巡らされている。そして、その門を入った正面に目隠し塀がレンガや黄土をつき固めて築かれている。この目隠し塀は北部中国では「影壁《インビ》」、福建省や浙江省では「屏門《ピンメン》」あるいは「屏風《ピンフン》」と呼ばれ、目隠しの役目以上に、悪霊が門内へ侵入するのを防ぐという意味をもつと考えられている。[16]

目隠し塀は、わが国の南西諸島にもひろくみられ、ヒンプンと呼ばれている。窪徳忠[17]によれば、ヒンプンは門と母屋の間を遮る壁状の施設で、土を盛って石で囲み、上に生木を植えたもの（沖縄本島南部）、細竹を編んだ垣根様のもの（沖縄本島北部）、粘土と瓦を交互に重ねて最上段を漆喰で固めたもの（石垣島）など、その材料と構造はさまざまである。近年ではコンクリート・ブロック製のものもかなり増えてきたという。

ヒンプンの語源については、台湾を仲立ちとして南西諸島に近接する中国本土の福建省や浙江省地方において目隠し塀を「屏風《ピンフン》」と呼ぶことに由来するとみられ、目隠し塀の伝来の系譜をたどることができる。この目隠し塀は南西諸島ではほかにもツラカクシ、マエヤシ、ナカグスクなどと呼ばれ、なかでも興味深いのは、徳之島でこれを「キジュ」とか「キジュガキ」と呼ぶことである。おそらく「鬼除」から出た名称であり、目隠し塀の本質の一端を伝えている。

窪の調査によれば、人びとは門を入ってヒンプンの右か左をまわり込むようにして母屋へ至るが、その場合、一般に上客や男性はヒンプンの向かって右側から、普通の客、女性や子供、使用人などは向かって左側から、それぞれ母屋に進むものとされている。こうしたヒンプンの右と左の使い分けはかなり早くから行なわれていたと考えられ、興味深い。

このように、三ッ寺Ｉ遺跡にみられる「ハレの空間」への入口構造が、その始原と分布において東アジア一帯にひろがりをみせるのに対し、先に検討した長瀬高浜遺跡や松野遺跡での入口構造は古墳時代の日本に限られるようであり、その入口の形態を含む豪族居館の姿を理念のうえで受け継いだ建築が大社造建築なのである。

四　出雲大社と高屋伝承

1　雲にわけ入る千木

平安時代末の歌人寂蓮法師（藤原定長）は諸国遍歴の旅の途上、出雲大社に詣で、「天雲たな引く山のなかばまでかたそぎのみえけるなむ、此の世の事とも覚えざりける」と感動して、次のような歌を詠んだ。

やはらぐる光や空にみちぬらむ雲にわけ入るちきのかたそき

「ちきのかたそき」とは、「千木の片削ぎ」のこととみられ、千木の先端が垂直に削ぎ落とされたさまを表わしたもので、空高く延びた千木に出雲大社本殿の威容を象徴させた歌である。「雲にわけ入るちき」とか、「此の世の事とも覚えざりける」という表現には誇張があるにせよ、当時の大社本殿が非常に背の高い壮大な建物であったことが推察できる。

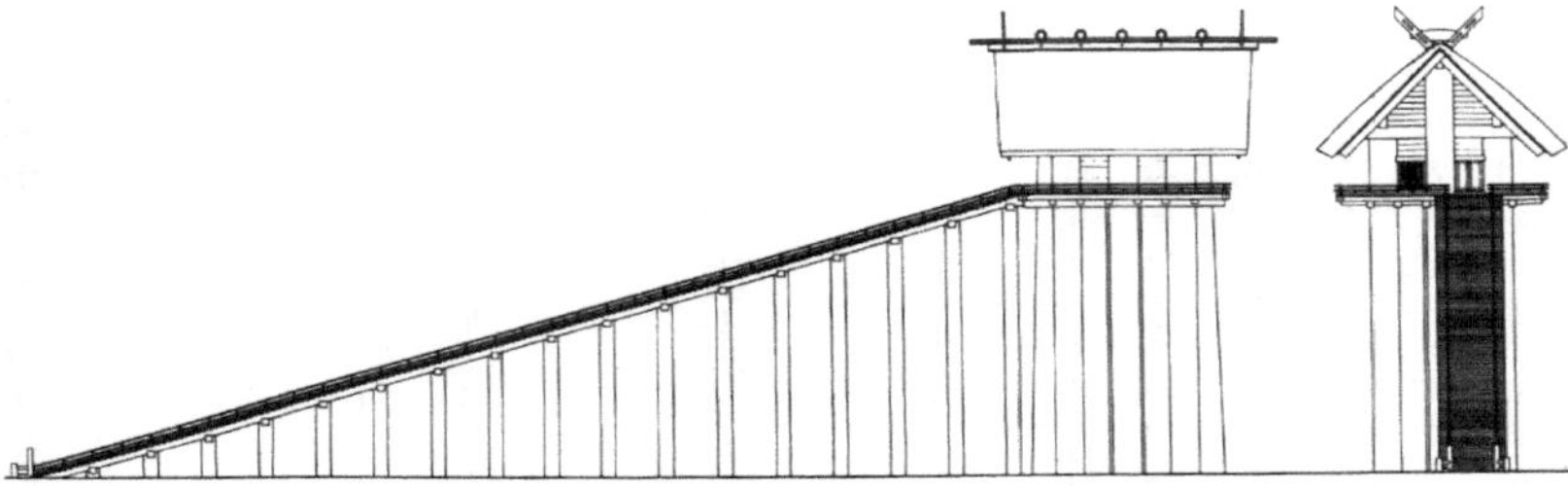

図49　出雲大社本殿復原図（福山敏男説）

古代の出雲大社本殿の巨大さを知る史料に、『口遊《くちずさみ》』という、源為憲が天禄元年（九七〇）に撰作した、当時の貴族子弟のための社会科教科書がある。これは当時の社会常識を暗誦しやすくまとめた内容で、そのなかに「大屋を誦して謂ふ」と注して、「雲太　和二　京三」と、大型建物の順位をあらわした個所があり、雲太とは出雲国城築（杵築）明神々殿（出雲大社本殿）、和二とは大和国東大寺大仏殿、京三とは大極殿八省をさすと解説が付されている。

これは塔を除いた建物の高さを較べたもので、古代の大仏殿は一五丈六尺（約四七メートル）あったとされており、したがって出雲大社本殿は少なくとも一六丈（約四八メートル）以上あったことになる。現在の本殿は千木先端までの総高が約二四メートル（八丈）であるから、かつてはその二倍の高さだったことになる。事実、大社の社伝は本殿の高さを、上古は三二丈（約九七メートル）、中古は一六丈（約四八メートル）、その後は八丈（約二四メートル）と伝えており、その中古の高さに一致する。上古の三二丈では、高床の神社建築として、不安定きわまりないものになるから、おそらくこの数値は、伝承のうえで大社本殿の壮大さを主張するための数字であろう。とすれば、一六丈という数値が現実味のある高さということになる。

さきにあげた千家国造家が所蔵する「金輪造営図」には、棟持柱とみられる妻側の中央柱が大きく外側へせり出して描かれ、また現在「心の御柱」と呼ばれる本殿の中心柱には「岩根御柱」と注記されるなど、古い大社造の様相が随所に窺えることから、これは平安時代から鎌倉時代初期までの大社本殿の平面図と考えられている。この図

写真 44 「出雲大社近郷図」に描かれた大社本殿

は、「金輪造営図」という名が示唆するように、九本の柱のおのおのが三本の材木を鉄の輪で結束したものであったことを示しており、最も細い側柱でも「柱口一丈」(直径約三メートル)と注記されている。「岩根御柱」の直径についての注記はみられないが、現在の大社本殿の各柱との比率によってそれを求めると、約一・五丈(約四・五メートル)という巨大な数値となる。これは古代の大社本殿が非常に壮大で、その架構に必要とする太い柱材を得ることが不可能なために採られた手法であったとみられる。また本殿に昇るための階段は現本殿と同じく正面妻側の向かって右側の柱間の前に位置し、そこに長い階段が描かれ、その部分に「引橋長一町」と注記されている。一町といえば一〇〇メートル余の長さであり、多少の誇張があるにせよ、この表現からも本殿の床が著しく高いものであったことが窺える。

福山敏男は大社本殿に関するこうした伝承や史料を積極的に肯定し、棟高一六丈の大社本殿の復原図を発表した。この復原図はその後、多少の修正が加

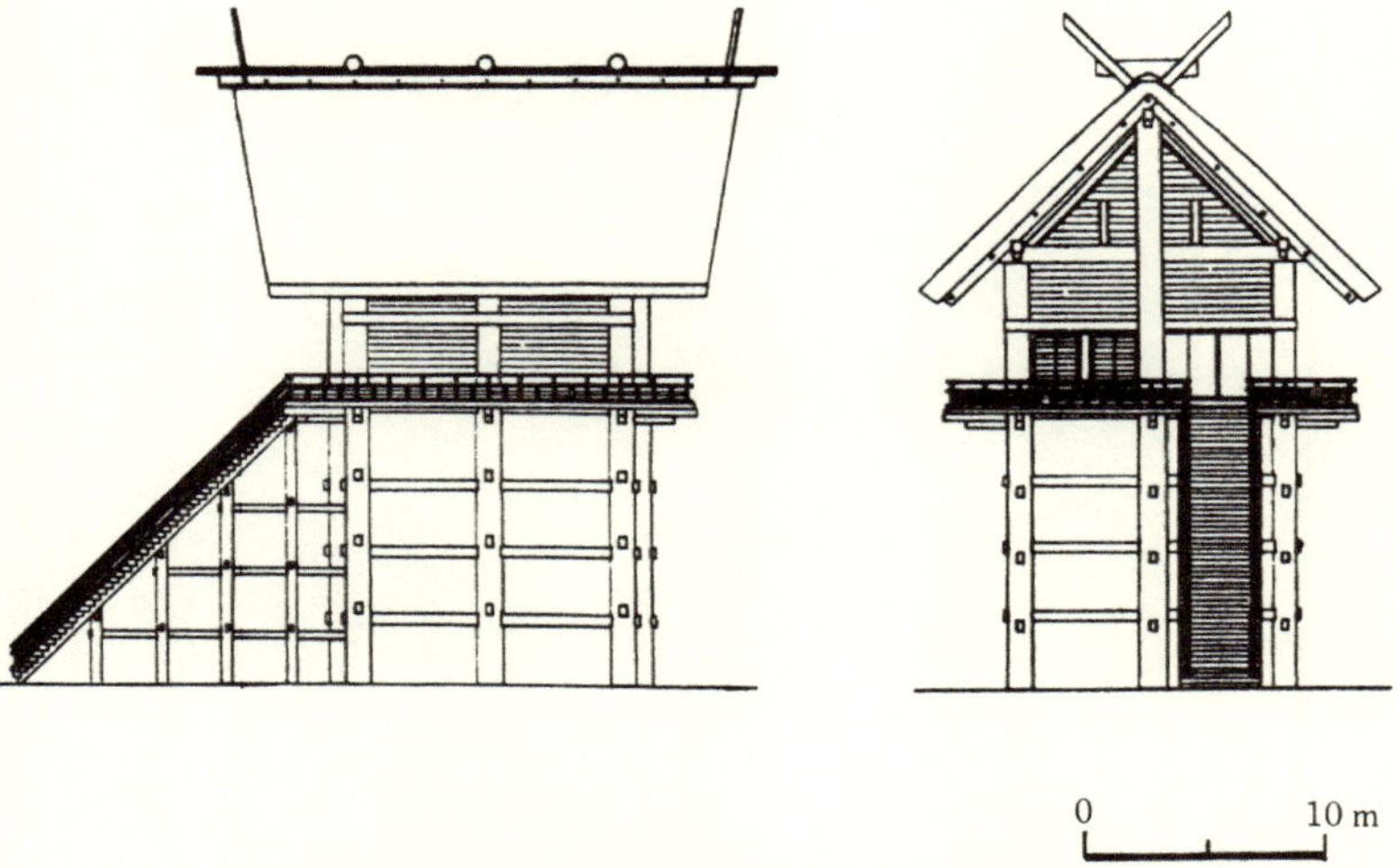

図50　出雲大社本殿復原図（堀口捨巳説）

えられはしたものの、基本的な変更はみられず、今日ではひろく知られるところとなっている。[18]

この福山敏男の一六丈説による復原に対して、堀口捨巳[19]は社伝にいう上古三二丈、中古一六丈、現在八丈という数字が八の倍数であり、この「八」は古代日本において、数が多いとか大きいという意に用いられる数字であって、この数字にはあまり重きを置くべきでないとして別の復原図を発表した。

堀口は千家国造家が所蔵する鎌倉時代の出雲大社とその周辺の景観を描いたと推定される「出雲大社近郷図」にみられる大社本殿の床《ゆか》から桁までと、床から地面までの比率をもとにして、古代の大社本殿の千木の先端までを一〇丈余り（約三〇メートル）として復原を行なっている。そしてさきの『口遊』の記載については、「奈良の大仏殿が百五十尺高さの記録があるので、それより高いとする誦によれば、これは低く過ぎるのではあるが、そのやうな誦はたゞ伝へがあつたのみで、現には見られなかつた時にも伝ひ得ることである。そして平安時代に奈良の大仏殿を見知つた目にも、都離れた所に、細長い百尺余りも聳えた建物を見たときにはやはり寂蓮が驚いたやうな驚きをするであらう」（「出雲の大社」『古美術』昭和二十三年六月号）と、その信憑性に疑問を呈している。

福山の復原案によれば大社本殿の床高は約三〇メートル、堀口によれば約一二・五メートルと、両者の床高には大きな差があるものの、堀口説を採ってもなお床の高さには目を見張るものがある。

2　出雲大社本殿と長瀬高浜遺跡

『出雲国風土記』出雲郡条には、大社の建造にかかわる次のような地名伝承がみえる。

> 杵《き》築《づき》の郷《さと》　郡　家《こほりのみやけ》の西北《いぬゐ》のかた廾八里六十歩《あし》なり。八《や》束水臣津《つかみづおみつ》野《の》命の国引き給ひし後《のち》、天《あめ》の下造らしし大神の宮を造り奉《まつ》らむとして、諸《もろもろ》の皇神等《すめがみたち》、宮処に参集《まゐつど》ひて、杵《き》築《づ》きたまひき。故《かれ》、寸《き》付《づき》といふ。神亀三年、字を杵築と改む。

「天の下造らしし大神の宮」、すなわち大穴持命《おおあなもち》（大己《おおな》貴《むち》命、大国主命）の宮とは、『出雲国風土記』に「杵築大社」とみえる出雲大社のことであり、その社《やしろ》を建造するに際し、諸々の皇神たちが参集して敷地を杵で突き、地固めを行なったことが、「杵築」の地名起源となったと記している。この伝承からも、往古の壮大さが窺い知れる。

この出雲大社の建造は『古事記』『日本書紀』の大国主神（大己貴神）の国譲り伝承にも語られており、その規模の巨大さが強調されている。

> 此の葦原中国は、命《みこと》の随《まま》に既に獻らむ。唯僕《あ》（大国主神）が住所《すみか》をば、天つ神の御子の天津日継知らしめす登陀《とだ》流《る》天の御《み》巣《す》如《な》して、底津《そこつ》石根《いはね》に宮柱布斗斯理《ふとしり》、高天《たかま》の原に氷木多迦斯理《ひぎたかしり》て治め賜はば、僕は百足《ももた》らず八十《やそ》坰手《くまで》に隠りて侍《さもら》ひなむ。（『古事記』上巻）

> 高皇産霊尊《たかみむすひのみこと》、（中略）大己貴神《おほあなむちのかみ》に勅《みことのり》して曰《のたま》はく、「（中略）夫《そ》れ汝《いまし》が治《しら》す顕露《あらは》の事は、是《これ》吾孫《すめみま》治すべし。汝は以て神事《かみのこと》を治すべし。又汝が住むべき天日隅《あまのひすみ》宮は、今供造《つく》りまつらむこと、即ち千《ち》尋《ひろ》の栲縄《たくなは》を以て、結《ゆ》ひて百八十紐《むすび》にせむ。其の宮を造る制《のり》は、柱は高く大《ふと》し。板は広く厚くせむ。（中略）又汝が往来《かよ》ひて海《わたつみ》に遊ぶ具《そなへ》の為には、高橋・浮橋及び天鳥船、又供造《つく》りまつらむ。」（『日本書紀』神代下・第九段・一書第二）

オオクニヌシ（オオアナモチ）のために造られたこの宮（天日隅宮）は出雲大社をさしており、その建物が高く太い柱材と広く厚い板材をもって建造され、高々と千木をあげ、さらに昇殿のための高い梯子（高橋）を設けた壮大かつ堅牢な建物であった様子が窺える。『日本書紀』によれば、オオアナモチはこの宮において「神事を治」したという。まさに神を祀るために建造された建物であった。

筆者はさきに、大社造建築の平面プランは古墳時代の豪族居館の構造を観念的に抽象化させたものであると指摘したが、このような床の高さもまた、「ハレの空間」の中心に建つ祭儀用建物の高い床《ゆか》をなおいっそう象徴化した結果とみるべきであろう。

長瀬高浜遺跡の「ハレの空間」に建つ掘立柱高床式建築のＳＢ四〇が、六メートルもの床高と、一五メートルにもおよぶ棟高において、四世紀末の長瀬高浜集落でひときわ群を抜いた建物であったことは、くりかえし述べてきたところである。しかもその建物に沿って巡らされた柵列によってなおいっそう神聖さを強調するとともに、高床の建物内には銅鐸が祭器として垂下されていた可能性がきわめて高い点などから、この建物は首長による祭祀的色彩の濃いマツリゴトの場の中心であったことはほぼ疑いないところであり、神社建築の遠源をここにみることができる。

3　高屋伝承と祭儀用建物

『出雲国風土記』神門郡条に次のような地名伝承がある。

高岸《たかきし》の郷《さと》　郡家の東北《うしとら》のかた二里なり。天の下造らしし大神の御子、阿遅須枳《あぢすき》高日子《たかひこ》命、甚《いた》く夜昼哭《よるひるな》きましき。仍《よ》りて、其処《そこ》に高屋《たかきや》を造りて、坐《ま》せて、即ち、高椅《たかはし》を建てて、登り降《くだ》らせて、養ひ奉りき。故、高崖《たかきし》といふ。神亀三年、字を高岸と改む。

この地名説話には、高屋が高椅によって昇降しなければならない高床の建物であったことが記されており、その建物のなかで、いまだ大人《おとな》らしくならないアヂスキタカヒコ（オオアナモチの子）を養ったというのである。これと同種の説話が『日本書紀』垂仁天皇二十三年条に語られるホムツワケの伝承である。それによると、生後三〇年に至るまで「猶泣《なほいさ》つること児《わかご》の如」きホムツワケが、空高く飛翔《ひしょう》する鵠《くぐい》を見て、はじめて言葉を発することができた。高屋に「甚く夜昼哭きま」すアヂスキタカヒコを養ったという『出雲国風土記』の伝承も、空高く飛ぶ鳥のマナを獲得せんとする儀礼の存在を示唆している。垂仁紀の伝承は続いて、鳥取造の祖天湯河板挙《あまのゆかわだな》がその鵠を追いかけて出雲国において捕えたと語っており、高岸郷の地名伝承とのかかわりから興味深い。

長瀬高浜遺跡の掘立柱の高床建築ＳＢ四〇、そして大社造建築と出雲大社の建造にかかわる伝承、さらに『出雲国風土記』にみる高屋伝承が、いずれも山陰地方のものである点が大いに注目される。おそらく豪族居館の「ハレの空間」の中心にあった高床の祭儀用建物が、同地方において異常に床高を増幅させて神社建築へと発展をみせたことが、それらのことから推察される。

『万葉集』にもただ一首、「高屋」がみえる歌があり、それには「舎人皇子御歌一首」という詞書がある。

　ぬば玉の夜霧は立ちぬ衣手の高屋の上にたなびくまでに　（『万葉集』巻第九―一七〇六）

「夜霧は立った、高屋の上にたなびくほどに」という歌意であろう。簡潔な情景描写が印象的である。この歌にみる「高屋」について、従来これを地名とみ、奈良時代桜井市の高屋安部神社の旧所在地付近や、大阪府羽曳野市古市に鎮座する高屋神社付近に比定しようとする注釈が多いが、筆者はこの「高屋」を文字どおり「高き屋」、すなわち床《ゆか》の非常に高い建物とみても、まったくさしつかないと考える。

また、「衣手の」は袖を高くあげる意で、高屋のタカにつづく枕詞とする注釈が一般的である。もちろんこの解釈でよしとすべきであろうが、「高屋」を建物と考える筆者には、もう一歩踏み込んでみたい気がする。「衣手のわかる今宵ゆ妹も吾もいたく恋ひむな逢ふよしを無み」（『万葉集』巻第四―五〇八）の「衣手」が「わかる（別る）」につづく枕詞であることを考えるなら、旅に向かう人を見送る際に高屋に登って袖を高く振る一種のタマフリの行為が行なわれていたことが、その伏線にあると推察される。したがって、高屋で袖を振るということから、「衣手の」を「高屋」の枕詞と理解することもできるであろう。そうだとすれば、「衣手の」以下の後半部の歌意は「衣の袖が風にたなびくように、夜霧もまた高屋のうえにたなびいている」と解釈でき、より内容が豊かになる。

一七〇六番の歌をこのように解釈すると、その情景から、高屋はかなりの高さをもつ建物であったこと、しかも高屋がタマフリ行為の場としてひろく認識されていたことが見えてくる。『出雲国風土記』においてアヂスキタカヒコを養った高屋にも同様の性格があったと考えられ、高屋もまた祭儀用建物として理解できる。

『日本書紀』によれば、景行天皇が西征の途上、日向国に設けた行宮を高屋宮と呼んだ（景行紀十二年十一月条）という。古代の宮号には、師木之水垣宮（崇神天皇、『古事記』）、師木之玉垣宮（垂仁天皇、『古事記』）、多治比之柴垣宮（反正天皇、『古事記』）、磐余池辺双槻宮（用明天皇、『日本書紀』）など、その宮の景観上の特徴や、宮の象徴（シンボル）と認識されたものによって名づけられた例が散見される。このような事例からみると、高屋宮は宮殿内に存在した高屋をその宮殿の象徴とみなして案出された宮号であると考えられる。

注

（1）鳥取県教育文化財団『長瀬高浜遺跡発掘調査報告書』V、一九八三年。
（2）池田保信『櫟本高塚遺跡発掘調査報告』櫟本高塚遺跡発掘調査団、一九八九年。
（3）斎藤忠ほか『伊場遺跡遺構編』浜松市教育委員会、一九七七年。
（4）唐澤至朗・綿貫邦男『鳥羽遺跡G・H・I区』関越自動車道（新潟線）地域埋蔵文化財発掘調査報告書第一一集、群馬県教育委員会・群馬県埋蔵文化財調査事業団、一九八六年。
（5）岸俊男「飛鳥から平城へ」（『古代の日本』五、所収）一九七〇年。なお同論文は岸俊男『日本古代宮都の研究』（一九八八年）に再録されている。
(6) 斎藤嘉彦・山口豊ほか『経ヶ峰一号墳』岡崎市教育委員会、一九八一年。
(7) 後藤守一『上野国佐波郡赤堀村今井茶臼山古墳』帝室博物館学報第六冊、帝室博物館、一九三三年。
(8) 西谷真治・鎌木義昌『金蔵山古墳』倉敷考古館、一九五九年。
(9) 小笠原好彦「家形埴輪の配置と古墳時代豪族の居館」（『考古学研究』一二四、掲載）一九八五年。
(10) 福山敏男「神社建築――大社造復原試論」（『神社建築の研究』福山敏男著作集四、所収）一九八四年。
(11) 奈良国立文化財研究所『奈良国立文化財研究所年報　一九六八』一九六八年。
(12) 栃木県教育委員会『下野国府跡』Ⅰ～Ⅳ、一九七九～八五年。
(13) 岩見誠夫・船木義勝・山崎文幸ほか『払田柵跡』Ⅰ、秋田県教育委員会払田柵跡調査事務所、一九八五年。
(14) 盛岡市教育委員会『志波城跡』一九八一～八四年。
(15) 揚鴻勛「西周岐邑建築遺址初歩考察」（『建築考古学論文集』文物出版社）一九八七年。
(16) 窪徳忠『中国文化と南島』南島文化叢書一、一九八一年。
(17) 窪徳忠、注16前掲書。
(18) 福山敏男「出雲大社」（『日本のやしろ』所収）一九六五年。
福山敏男監修「古代・出雲大社本殿の復元」（『出雲』季刊大林№二七、所収）一九八八年。
(19) 堀口捨巳「出雲の大社」（『古美術』昭和二十三年六月号掲載）一九四八年。「昔の出雲大社について」（『今和次郎先生古稀記念文集・民家』所収、一九五九年。

第四章　高殿と古代王権祭儀

一 「タカドノ」表記の検討

1 表記の類別

筆者はこれまでの考察において、古墳時代豪族の居館に関する分析を通じ、居館における首長権執行の場である「ハレの空間」の中心的建物の一つに高床の大型掘立柱建築が存在する例が多いこと、その建物が首長による祭儀と密接なかかわりをもつとみられ、後世の神社建築と繋がりが深いことを明らかにした。

『古事記』『日本書紀』などにおいて、大王《おおきみ》をはじめとする古代首長の宮殿や居館における主要な建物はオオトノ（大殿）やトノ（殿）と呼ばれており、そのうち床《ゆか》のきわめて高い建物にはタカドノ（高殿・高台・楼・楼閣）という呼称が与えられている。筆者はこのタカドノを、上記の大型高床建築に比定できるものと考えている。『記』『紀』『万葉集』『風土記』にみる建築関連用語を整理・検討し、「古代の人びとが建築をどのように把握し、どのような言葉でそれを表現したかを、語そのものの用法のなかに追求」しようとした木村徳国は、タカドノの形態を、「かの床高き大社造の建築形式から、神道的特色である千木・堅魚木や大々とした階段、および縁を支える柱を取り除いたものに、姿はきわめて相似るであろう」と考察している（『上代語にもとづく日本建築史の研究』一九八八）。長瀬高浜遺跡で検出された大型掘立柱建物跡ＳＢ三〇やＳＢ四〇、さらには美園古墳出土の家形埴輪などの遺構や遺物は、まさにそうした外観をイメージさせるものであった。

以下、タカドノに関する『記』『紀』等の記載を検討しつつ、タカドノの性格と、そこでの儀礼を通して、大王をはじめとする古代首長の王権祭儀の姿を明らかにしてみたい。

タカドノの語は、『紀』に一四例あるのに対し、『記』と『万葉集』には各一例しかなく、『紀』がタカドノに関する豊かな伝承を語っている点が注目される。

『紀』におけるタカドノ関係の記事について、タカドノの漢字表記を整理したのが表1である。表記頻度順に羅列すると、「楼」五、「高台」四、「台」二、「高楼」「楼閣」「高堂」「堂」「観」各一となる。多様な漢字表記がなされ、すべてタカドノと訓まれていたのである。これらが同じ建築様式をもつ建物をさすか否かは検討する必要があるが、

表1 『日本書紀』にみるタカドノ表記

	記載個所	表記	所在地
①	神代十段本文	台	海宮
②	神代十段第一	楼	海宮
③	応神22年3月	高台	大隅宮
④	応神22年4月	高台	大隅宮
⑤	仁徳4年2月	高台	高津宮
⑥	仁徳7年4月	台	高津宮
⑦	仁徳38年7月	高台	高津宮？
⑧	雄略即位前8月	楼	山宮
⑨	雄略12年10月	楼閣・楼	朝倉宮
⑩	継体23年3月	高堂・堂	安羅
⑪	欽明23年8月	高楼	高麗王宮
⑫	崇峻即位前6月	楼	穴穂部皇子邸
⑬	斉明2年是歳	観	両槻宮
⑭	斉明4年11月	楼	蘇我赤兄邸

その前にもうすこし整理をしておきたい。

まず継体天皇二十三年三月条には、近江毛野臣《おうみのけなのおみ》を任那《みまな》の安羅《あら》に派遣し、そこに新羅・百済の使者を招集して加羅復興の詔勅を伝えたという記事がある（表1の⑩）。

是《ここ》に、安羅、新に高堂を起《た》てて、勅使《みかどつかひ》を引《ゐ》て昇る。国の主《にりむ》、後《しりへ》に随《た》ちて階《はし》を昇る。国内《くにうち》の大人《たかきひと》の、預《くはは》りて堂に昇る者、一《ひとり》二《ふたり》。百済の使将軍君《いくさのきみ》等、堂の下に在り。凡《すべ》て数月再三、堂の上に謨謀《はか》る。

いわゆる安羅会議の後半部分であり、近江毛野臣を迎えた安羅はタカドノ（高堂）を建て、優位に外交をすすめたと記されている。このなかでタカドノの語は四ヵ所にみえるが、「高堂」と表記するのは最初の一回だけで、後出のタカドノ表記は

三ヵ所とも「堂」である。おそらく「高堂」をもってタカドノと訓ませるのが本来であり、後出の「堂」は簡略化した表記と考えられる。継体紀における朝鮮関係記事のうち、近江毛野臣の南加羅復興と経営に関する諸記載を詳細に分析した三品彰英(1)は、継体天皇二十三年条の記事が『百済本記』など百済関係の文献によったものであることを論証した。したがって「高堂」も、おそらく基壇をもった大陸的な建築と推察され、以下の考察からは除外して論をすすめたい。

また欽明天皇二十三年八月条は、高句麗の王宮に建てられていた西タカドノ（高楼）の階上部に収蔵されていた珍宝の鉄屋を持ち帰ったことを記載する（表1の⑪）が、このタカドノも高句麗の建築であり、右と同様に除外して考察をすすめたい。

さらに『日本書紀』神代第十段「海宮遊行」章は、ヒコホホデミが訪れた海神の宮を次のように描写する。

其の宮は、雉堞《たかがきひめがき》整頓《ととのへそなは》りて、台宇《たかどのや》玲瓏《てりかがや》けり。（本文、表1の①）

其の宮は、城闕《かきや》崇華《たかくかざ》り、楼台《たかどのうてな》壮《さかり》に麗《うるは》し。（一書第一、表1の②）

小島憲之の研究(2)によれば、神代紀は漢籍を熟読していた述作者が、自家薬籠中の漢籍語句を巧使して記述したものであり、右に引用した部分もまさしくそれに該当し、タカドノの性格等を考究する史料としては適さないと考えられる。

次に仁徳天皇七年四月条には次のように記されている。

天皇、台の上に居《ま》しまして、遠《はるか》に望みたまふに、烟気《けぶり》多《さは》に起《た》つ。是の日に、皇后《きさき》に語りて曰《のたま》はく、「朕《われ》、既に富めり。更に愁無《うれへな》し」とのたまふ。（表1の⑥）

この記事は、同四年二月条に発端をなす一連の説話の結末にあたるものである。四年二月条は次のように記載する。

「朕《われ》、高台に登りて、遠に望むに、烟気、域《くに》の中《うち》に起たず。以為《おも》ふに、百姓既に貧しくして、家に炊《いひかし》く者《ひと》無き

か。」（表1の⑤）

この二つの記事の間には、同四年三月に、人民の窮乏を救うため、以後三年間の課役をやめる詔《みことのり》が出され、その結果、五穀は豊かに稔り、人民は救われたと語られている。この四年二月条・同三月条・七年四月条は、治世年次を異にするものの、天皇の人徳を説く一連の説話として述作されたことが明らかであり、四年二月に天皇が「遠に望」んだ「高台」と、七年四月に「遠に望」んだ「台」は、いずれも同一の建物であったと考えてよかろう。おそらく、「高台」は「高」の字によって高い建物であることをことさらに強調し、後出の「台」には自明のこととして「高」を付さなかったとみられる。

雄略天皇十二年十月条によれば、天皇は闘鶏御田に命じてタカドノを建てさせた。

> 天皇、木工闘鶏御田《こだくみつけのみた》に命《みことおほ》せて、始めて楼閣を起《つく》りたまふ。是《ここ》に御田、楼に登りて、四面《よも》に疾走《はし》ること、飛び行くが若《ごと》きこと有り。時に伊勢の采女《うねめ》有りて、楼の上を仰《あふ》ぎ観《み》て、彼《そ》の疾《と》く行くことを怪びて、庭に顚仆《たふ》れて、撃《ささ》ぐる所の饌《みけつもの》を覆《こぼ》しつ。（表1の⑨）

続いて天皇は御田が伊勢采女《いせのうねめ》を奸《おか》したと疑い、御田を殺そうとするが、近侍する秦酒公が琴の音と歌によって天皇に真実を悟らせたため、御田は赦《ゆる》されたという説話がある。

この説話では三ヵ所にタカドノがみえ、同一の建物に「楼閣」と「楼」の二表記が採られている。しかも前者の表記が最初にみえ、あとの二ヵ所はいずれも「楼」と表記されている。「閣」は四方を望む台状の施設を指す漢字であって、「楼」も木を組み合わせた高い建物をさしており、ほぼ同意の文字を重ねることによって当該建物の重厚さや高さを強調したものとみられ、ここにも上述した仁徳紀や継体紀と同じ原則が認められる。

このような整理作業を経たうえで、①②⑩⑪を除いたタカドノ表記をみると、「高台」（「台」を含む）のグループ（③④⑤⑥⑦）と、「楼」（「楼閣」を含む）のグループ（⑧⑨⑫⑭）に大別され、それが『紀』に記載された時代の新旧に

写真45　藤原宮大極殿跡より多武峰を望む
（手前の山は香具山）

対応することが明らかになる。

そしてこの二つのグループに含まれない唯一の例が、斉明天皇二年是歳条の「観」表記（表1の⑬）である。

田身嶺《たむのみね》に、冠《かうぶ》らしむるに周《めぐ》れる垣を以てす。復《また》、嶺の上の両《ふた》つの槻《つき》の樹の辺《ほとり》に、観を起つ。号《なづ》けて両槻宮《ふたつきのみや》とす。亦は天宮《あまつみや》と曰ふ。

同じ斉明紀には「有馬皇子、赤兄が家に向きて、楼に登りて謀る」（斉明天皇四年十一月、表1の⑭）とタカドノを「楼」用字で記載している。また表1より明らかなごとく、⑩⑪を除いた雄略紀以降のタカドノ表記は、⑬以外はすべて「楼」と「楼閣」であり、⑬の「観」表記が特異な例としていっそう注目される。おそらく「楼」とは違った性格や形態をもつ建物であったがゆえに、「観」と表記されたのであろう。「観」は、黒板勝美[3]が考察して久しい道教寺院（道観）をさすものと推測したい。

近年、福永光司らは、さきに引用した斉明天皇二年是歳条にみる「天宮」に注目し、これを「神仙になったものしか行けない、天上世界の宮殿」（福永光司・千田稔・高橋徹『日本の道教遺跡』一九八七年）と考え、それを多武峰《とうのみね》（田身嶺）に造ることによって「不老長寿をもたらしてくれる神仙を迎えようとした」とみて、その所在地を多武峰に求めようと現地調査を行なった。筆者も、上述のような「観」用字の特異性をも考えあわせ、この説に賛成したい。「観」をもってタカドノと訓じることは、それがかなり高い建物であったことを推測させる。斉明女帝はそれを山上に建てるにあたり、文字どおり「天宮」を意識したのであろう。

「冠らしむるに周れる垣を以て」造営した両槻宮を、人びとは「石の山丘を作る」と謗《そし》ったと『紀』は伝える。このことは従来の宮殿と異なった外観を想像させ、中国的な建築を伴う土木工事ではなかったかと考えさせるが、⑩⑪

と同様、本論での検討はこれに留めておく。

ここに、上述の「高台」表記と「楼」表記の大別は瞭然となった。しかも前者はすべて後者よりも古い時代にかかわる記事に現われ、雄略紀以降に後者の表記が採られている。タカドノ表記をめぐるこの大別は、「高台」と「楼」の形態や建築様式の相違、または年代差による用字の相違によるものではなく、『日本書紀』編纂のうえでの用字法の違いに起因している。

2 「タカドノ」の表記と『日本書紀』の編纂

『紀』に用いられた文字や語法を詳細に検討すると、『紀』全三〇巻がいくつかにグループ分けでき、各グループによって編集にあたった人や時が異なっていたことが明らかになる。従来、太田善麿[4]や小島憲之[5]をはじめ多くの学者が書紀区分論を提出してきたが、本論とのかかわりで言うならば、安康紀と雄略紀の間に大きな区分を設定する点では諸説一致している。「高台」と「楼」という表記の違いはここに起因するのであり、両者は同じ建築様式、同じ性格をもつ建物と考えられる。

平城宮第一次大極殿院南門の東側に、築地回廊によって南門と連絡された大型の掘立柱建物跡ＳＢ七八〇二が、平城宮第七七次発掘調査（一九七三年）によって発掘された[6]。奈良朝前半の神亀年間から天平勝宝年間まで存続したこの建物は、五間（二二・九メートル）×三間（一一・五二メートル）の総柱東西棟建築である。柱の掘り方が三・五メートル×二・五メートルの長方形で深さが二・七五メートルという超大型であり、この遺構こそ、金沢文庫本『続日本紀』にみる、天平八年（七三六）正月十七日、聖武天皇が群臣とともに宴を催した「南楼」と推定される。また大極殿院の東外郭には、同地域の築地回廊内からの排水をうける南北溝ＳＤ三七一五があり、その下流に設けられた堰ＳＸ八四一一から、神亀より天平初年にかけての宮殿の造営を物語る木簡が出土し[7]、そのなかに「西高殿」「東高殿」

「高殿料」などの文字がみえ、この「東高殿」が上述のＳＢ七八〇二に該当するとみられている。したがって、「楼」は「高殿」とも表記される場合が奈良時代にあったと考えられる。すなわち、「楼」をタカドノと訓むことは、『紀』の編纂時にはすでに存在していたと考えてよかろう。『万葉集』巻第一に載る柿本人麻呂の歌に「やすみしし　わが大君　神ながら　神さびせすと　芳野川　たぎつ河内に　高殿を　高しりまして　のぼり立ち　国見を為せば……」とあるのも参考になる。タカドノの漢字表記に「高台」や「楼」を採用した背景には、中国の都城や建築の大きな影響があったものと思われる。しかしその一方で「高殿」が日本的表記として存在した点も確認しておきたい。

次に、タカドノの機能や性格について、さきに整理した「高台」「楼」関係の記事を中心に検討し、古代王権祭儀の一端を追求してみたい。

二　タカドノと王権祭儀

1　国見

タカドノ関係の記事を概観すると、タカドノが眺望の場として利用される例が九例中六例にのぼり、注目される。

A　応神天皇二十二年三月条（表1の③）

天皇《すめらみこと》、難波に幸《いでま》して、大隅宮に居します。丁酉に、高台に登りまして遠に望す。時に、妃兄媛侍り。西《にしのかた》を望《おせ》りて大きに歎く。（中略）「近日《このごろ》、妾《やつこ》、父母《かぞいろは》を恋《おも》ふ情有《こころはべ》り。便《すなは》ち西望《おほ》せるに因《よ》りて、自づからに歎かれぬ。（中略）」仍《よ》りて淡路の御原の海人《あま》八十《やそ》人《たり》を喚《め》して水手《かこ》として、吉備に送《つかは》す。

B　応神天皇二十二年四月条（表1の④）

兄媛《えひめ》、大津より発船《ふなだち》して往《まか》りぬ。天皇、高台に居しまして、兄媛が船を望して、歌《みうたよみ》して曰《のたま》はく、

　淡路嶋　いや二並び　小豆嶋《あづき》　いや二並び　寄ろしき嶋嶋　誰《だ》かた去れ放《あら》ちし　吉備なる妹《いも》を　相見つるもの

C　仁徳天皇四年二月条（表1の⑤）

朕、高台に登りて、遠に望むに、烟気《けぶり》、域《くに》の中に起《た》たず。以為《おも》ふに、百姓既に貧しくして、家に炊《いひかし》く者無きか。

D　仁徳天皇七年四月条（表1の⑥）

天皇、台の上に居しまして、遠に望みたまふに、烟気多に起つ。是の日に、皇后に語りて曰はく、「朕、既に富めり。更に愁無し」とのたまふ。

E　崇峻天皇即位前紀（表1の⑫）

佐伯連丹経手《にふて》等、穴穂部皇子の宮を囲《かく》む。是《ここ》に、衛士《いくさびと》、先づ楼の上に登りて、穴穂部皇子の肩《みかた》を撃つ。皇子、楼の下《しも》に落ちて、偏の室《かたはらや》に走《に》げ入れり。衛士等、挙燭《ひとも》して誅《ころ》す。

F　斉明天皇四年十一月条（表1の⑭）

有馬皇子、赤兄《あかえ》が家に向《ゆ》きて、楼に登りて謀《はか》る。夾膝《おしまづき》自づからに断《を》れぬ。是に、相《しるまし》の不祥《さがなきこと》を知りて、倶《とも》に盟《ちか》ひて止《や》む。

これらの記事のうち、応神・仁徳両紀の四例では、大王が「（遠《はるか》に）望」むという行為がタカドノを場としてなされている点で共通している。これはタカドノと「望」む行為とが密接に関連することを推察させる。おそらくこの「望」は、『漢書』に例をとると、郊祀志に「山川に望秩す(8)」とあり、さらに礼楽志の郊祀歌に「よき時よき日を選びて　ここに望祭す　膋《あぶら》と蕭《よもぎ》をば焼きて　四方の神々を迎う　天上の門は開かれ　天降り来て神霊の遊ぶ……」とある

望秩や望祭、または望祀・望衍などと呼ばれた古代中国の祭儀、すなわち、はるかな山川を望み、その神々に幣を奉って祀る祭儀と同種の祭儀が、わが国でも行なわれていたことを示すものと考えられる。

『万葉集』巻第一の、いわゆる舒明天皇の国見歌は、わが国におけるこのような「望」む祭儀の存在を窺わせる史料である。

天皇、香具山に登りて望国《くにみ》しましし時の、御製の歌

大和には　群山あれど　とりよろふ　天の香具山　登り立ち　国見をすれば　国原は　煙立ち立つ　海原は　かまめ立ち立つ　うまし国ぞ　あきづ島　大和の国は

ここでは、詞書《ことばがき》の「望国」は歌のなかの「国見」と同訓であり、かつ同じ行為をさしている。国見とは、大王《おおきみ》をはじめ各地の首長たちが、最も生命力の旺盛な春先に、眺望のよい高地に登り、四周を遠望して、おのれの支配する土地（国土）を讃《ほ》め、国土の繁栄と首長の長命を祈る予祝儀礼である。舒明天皇の国見歌はそうした国讃め歌の代表歌とされている。こうした儀礼は、民間で春のはじめに行なわれる「春山入り」の行事のなかの花見・国見という予祝儀礼が、首長儀礼へと昇華したものと考えられ[9]、中国の望祭と起源を同じくするものとみられる。応神天皇二十二年条（A）が三月のこととして、また仁徳天皇四年条（C）が二月のこととして語られるのも、そこに春の予祝儀礼が片鱗を留めていたためと考えられる。

さらに応神天皇二十二年四月条にみえる歌が「淡路嶋　いや二並び　小豆嶋　いや二並び　寄ろしき嶋嶋」という国讃めの詞章とみられる歌である点も、この説話が国見儀礼を根底にもつことを示している。

応神天皇二十二年三月条（A）および四月条（B）が語るところは、吉備氏出自の妃兄媛《えひめ》が望郷の念禁じがたく、淡路の御原の海人を水手として吉備に帰らせたという内容である。しかるに『古事記』仁徳段にも、吉備地方出自の妃とみられる女性の帰国譚がみえる。それは吉備海部直《あまべのあたい》の女黒日売《くろひめ》が容姿端正のゆえに宮中に喚《め》し上げられたが、皇

后・石之《いわの》日売《ひめ》の嫉妬のために帰国するところとなり、天皇は黒日売を追って淡路島を経て、吉備にまで至ったという説話である。そして淡路島で天皇が「遙望」して歌ったのが、

おしてるや　難波の崎よ　出で立ちて　我国見れば　淡島　自凝島《おのごろ》　檳榔《あぢまさ》の　島も見ゆ　放《さけ》つ島見ゆ

というまさに国見歌であり、ここにもまた舒明天皇の国見歌と同様に、「望」と「国見」の対応が認められる。

この応神紀と仁徳記にみる吉備地方出身の妃に関する伝承は、本来は一つの説話として旧辞に記されていたものが、『記』『紀』において違った天皇段にとり込まれる過程で潤色を加えられたとみられるが、元来は応神天皇や仁徳天皇に関連づけられた伝承ではなかったかもしれない。

また仁徳紀のタカドノ関係の二つの記事（C・D）において天皇がながめた「烟気」は、まさに舒明天皇の国見歌に「登り立ち　国見をすれば　国原は　煙立ち立つ」とある「煙」と同じ意味をもち、国土の息吹きや生命の躍動する姿が煙に象徴されているのである。その点からも、仁徳天皇がタカドノに登って「遠望」した行為は国見儀礼と考えられる。

上述したように、国見儀礼は民間での「春山入り」を遠源とし、舒明天皇の国見歌にもみるごとく、本来は眺望のきく山に登って行なわれる儀礼であった。仁徳紀におけるタカドノでの国見伝承は『記』仁徳段にほぼ同様の記載をみるが、その冒頭部には「天皇、高山に登りて、四方の国を見たまひて」とあって、「高山」が国見を行なった場とされており、『記』の方が古い伝承を伝えているとみられる。このような高地・高山での国見は、それが儀礼化する過程において、首長の居館や大王の宮殿の一画に建てられたタカドノで行なわれるようになったとみられるが、応神・仁徳両紀の記事はそうしたタカドノでの国見儀礼を物語る説話である。

『万葉集』でただ一例のタカドノもまた国見との関連で歌われている。

やすみしし　わが大君　神ながら　神さびせすと　芳野川　たぎつ河内に　高殿を　高しりまして　のぼり立ち

国見を為せば　たたなはる　青垣山　山祇の　奉《まつ》る御調と　春べは　花かざし持ち　秋立てば　もみちかざせり
ゆき副ふ　川の神も　大御食《おほみけ》に　仕へまつると　上つ瀬に　鵜川を立ち　下つ瀬に　小網《さで》さし渡す　山川も　依
りて奉れる　神の御代かも（『万葉集』巻第一―三八）

柿本人麻呂の作になるこの歌では、本来は天皇が奉祭する対象である山川の神々が逆に天皇に御調を奉る側になり、いわゆる天皇讃歌となっている。ここではすでに国見の本質は失われているが、「高殿を　高しりまして　のぼり立ち　国見を為せば」と、タカドノが国見の場であることが形式化しつつも語られている。

このように眺望のきく高い建物であったタカドノは、戦時に際してその高さがきわめて有効とされ、物見や軍議の場として活用された。崇峻天皇即位前紀の穴穂部皇子邸襲撃事件（E）や、斉明四年条の有馬皇子の変にかかわる記事（F）にみるタカドノは、そうした現実的な用途を示している。さらにこのEおよびFの記事は、タカドノが天皇の宮殿だけでなく、穴穂部皇子邸や蘇我赤兄邸などの王族や有力氏族の屋敷にも建てられていたことを語っている。

2　饗宴・避暑

タカドノは国見儀礼のほか、さらに多様な祭儀の場であった。仁徳天皇三十八年七月条（表1の⑦）は、それを考察するための豊富な内容を含んでいる。

秋七月に、天皇と皇后と、高台に居しまして避暑りたまふ。時に毎夜《よなよな》、菟餓野《とがの》より、鹿《か》の鳴《ね》聞ゆること有り。其の声、寥亮《さやか》にして悲し。共に可怜《あはれ》とおもほす情《みこころ》を起したまふ。月盡《つこもり》に及《いた》りて、鹿の鳴聆《きこ》えず。爰《ここ》に天皇、皇后に語りて曰《のたま》はく、「是夕《こよひ》に当りて、鹿鳴かず。其れ何に由りてならむ」とのたまふ。明日《くるつひ》、猪名《ゐな》県の佐伯部、苞苴《おほにへ》獻れり。天皇、膳夫《かしはで》に令《のりごと》して問ひて曰はく、「其の苞苴は何物ぞ」とのたまふ。対《こた》へて言《まう》さく、「牡鹿《しか》なり」とまうす。問ひたまはく、「何処の鹿ぞ」とのたまふ。曰さく、「菟餓野のなり」とまうす。時に天皇、以為《おもほ》さく、是《こ》の苞苴は、必ず其《か》の鳴きし鹿ならむとおもほす。（中略）乃ち有司《つかさ》に令《のりごと》して、（佐伯部を）安芸《あぎ》の渟田《ぬた》に移郷《つかは》す。

傍線部にみるように、タカドノは「避暑《あつきことをさけ》」る場でもあった。そうした利用法は、タカドノが壁面の開放的な高床式建築であったことを想像させる。それは美園古墳や人見塚古墳から出土した高床式の家形埴輪にみる建築様式と、相通ずるものであったにちがいない。

タカドノでの「避暑」に関連して、次に掲げる顕宗天皇元年六月の記事は注目される。

六月に、避暑殿に幸《いでま》して、奏楽《うたまひきこ》しめす。群臣《まへつきみたち》を会《つど》へて、設《あ》へたまふに酒食《さけいひ》を以てす。

この記載にみる「避暑殿《すずしきとの》」と呼ばれた建物がタカドノに該当するものであることは、さきの仁徳天皇三十八年七月条からほぼ明らかであり、六月という時節からみて、まさに納涼のために利用されたのであろう。しかも群臣を集めて奏楽・酒宴が催されたというのであるから、かなり規模の大きな建築であったことが窺える。

タカドノでの饗宴については、雄略天皇即位前紀（表1の⑧）にもみえる。

三年の八月《はつき》に、穴穂天皇（安康）、沐浴《みゆあ》まむと意《おもほ》して、山宮に幸《いでま》す。[A]遂に楼に登りまして遊目びたまふ。因りて酒《おほみき》を命《め》して肆宴《とよのあかりきこしめ》す。爾《しかう》して乃ち情盤楽極《みこころとけたのしびきはま》りて、間《まじ》ふるに言談《みものがたり》を以てして、顧《ひそか》に皇后に謂《かたら》ひて曰はく、「吾妹《わぎもこ》、汝《いまし》は親《むつま》しく昵《むつま》しと雖《いへど》も、朕《われ》、眉輪王《まよわのおほきみ》を畏《おそ》る」とのたまふ。[B]眉輪王、幼年くして楼の下に遊戯びて、悉《ふつく》に所談《ものがたりこと》を聞きつ。既にして穴穂天皇、皇后の膝《みひざ》に枕したまひて、昼酔《ひるゑ》ひて眠臥《みねぶり》したまへり。是《ここ》に、眉輪王、其の熟睡《とけてみね》ませるを伺ひて、刺し殺《し》せまつりつ。

先に父の大草香皇子を安康天皇によって討たれた眉輪王が、タカドノでの天皇と皇后の会話からそれを知り、仇を討つ事件を記している。タカドノでの大酒宴を語っているのは傍線部Aであり、「遊目《あそ》び」とは、宴曲を奏し歌舞、飲食、女遊びなどをすることをさす。これらの行為のなかから生起する感情の高揚や自己解放が生命力を強化する（タマフリ）と古代の人びとは考えていたのであり、「遊目び」はそうした呪術的性格をもつ祭儀の一種とみることができる。また「肆宴《とよのあかり》」は文字どおり、豊富な酒食によって顔面が赤らむさまを示す言葉で、(10)「遊目び」と同様、一種のタマフリ行為と認識でき、のちにそれは、新嘗祭の翌日（十一月下の辰の日）天皇が神とともに新穀を共食したあと、それを群臣に下賜し（強化された天皇のタマを群臣に分与し）、吉野国栖の奏楽や五節の舞が奏上されるという豊明の節会へと発展する。したがって前掲の史料は、天皇によるタマフリ儀礼として大酒宴がタカドノにおいて催されたことを示している。Ａに続く「情盤楽極り」という表現にタマフリのさまが認められる。さきに考究したごとく、天地の生命力が最も盛んな活動をみせる春先に生命躍動する国土を「見る」国見儀礼も、「見る」行為を通してその生命力をわがものとせんとするタマフリの儀礼であり、タカドノをめぐる共通した思想の存在が窺える。

棒線部Ｂは、タカドノの下で眉輪王が「遊戯《あそ》」んでいたと記している。天皇や皇后がタカドノに登っていて、その存在に気づいていない点からすると、「楼の下」とはタカドノの床下をさしているとみられ、このタカドノが開放的な床下を有し、かつ床の高い建築であることを物語っている。それは中国の楼閣建築のごとく高い基壇上に建てられたものではなかったであろう。

3　鹿鳴聴聞

再び仁徳天皇三十八年七月条にもどって考察をすすめたい。この説話は天皇と皇后が、タカドノにおいて、菟餓野から毎夜聴えてくる鹿の声に心動かされるところから始まる。岡田精司(11)は鹿に関する伝承を検討し、鹿が古代人に霊獣として認識されていたことを考察したうえで、「稲作にかかわる秋の首長儀礼として、鹿を〝見る〟、鹿鳴を〝聞く〟という呪的な行事の存在」（岡田精司「古代伝承の鹿」『古代史論集』上、直木孝次郎先生古稀記念会、一九八八年）を推測し、その儀礼を「稲魂の増殖にかかわる一種のタマフリ」と考え、それが大王による儀礼へと昇華して、仁徳紀などの鹿鳴を聴く説話の発生母胎となったと論じている。聞くべき意見である。さらに岡田は、「大王が声を聞いていた鹿を殺した佐伯部が、処罰されて安芸国へ追放されることも、単なる王者の気まぐれではなく、大王の執行する呪的行為を妨げた罪による」という明晰な解釈をくだしている。

鹿鳴聴聞の儀礼を語る史料の一つに『播磨国風土記』餝磨郡の地名伝承がある。

餝磨《しかま》と号《なづ》くる所以《ゆえ》は、大三《おほみ》間《ま》津《つ》日子《ひこ》命、此処《ここ》に屋形を造りて座《ま》し時、大きなる鹿《しか》ありて鳴きき。その時、王《おほぎみ》、勅《の》りたまひしく、「牡鹿《しか》鳴くかも」とのりたまひき。故《かれ》、餝磨の郡《こほり》と号く。

オオミマツヒコは『播磨国風土記』では国占めの神として見える人物であり、したがって「屋形」はその神が坐す神聖な建物と考えられる。この地名起源譚は「シカマ」という郡名のうち、「シカ」についてのみその由来を語るにすぎない。このように不十分な起源譚であるにもかかわらず、それによって郡名の由来を説こうとしたのは、鹿鳴が呪力あるものとされていたからであり、さらに鹿鳴聴聞の行為が、秋に行なわれる首長祭儀のなかでもとりわけ重要な儀礼と認識されていたからであろう。

もうひとつ、『播磨国風土記』から、鹿鳴聴聞にかかわる地名起源譚を紹介しておきたい。

（賀古の郡）
四方《よも》を望み覧《み》て、勅りたまひしく、「此の土《くに》は、丘と原野と甚《いと》広大《ひろ》くして、此の丘を見るに鹿児《かこ》の如し」とのりたまひき。故、名づけて賀古の郡といふ。み狩せし時、一つの鹿、此の丘に走り登りて鳴きき。其の声は比々《ひひ》といひき。故、日岡《ひおか》と号く。

この史料の後半は鹿鳴の「比々」という声による地名起源譚である。「丘に走り登りて鳴」いた鹿は、まさに国占めを宣しているのである。また前半は、その丘の形が鹿の姿に似ていることから「賀古（鹿児）」という郡名の由来を説いた起源譚であり、これも鹿に関連した地名説話である。また郡名付称の契機が、主語は不明ながら、丘（日岡）に登って「四方を望み覧」るという国見儀礼にある点も注意される。おそらく日岡は賀古郡地方における地域王権祭祀の行なわれる場であって、それゆえにこそ、この丘に関連して国見や聴聞という呪的行為による地名起源が語られるようになったのであろう。

このほかにも『播磨国風土記』は、鹿が「鳴く」「舌を出す」「海を泳ぐ」「山の岑に立つ」等々、鹿の何らかの動作によって地名の由来を語る伝承を随所に載せている。鹿がその土地の精霊であり、呪力ある神聖な動物とみられていたからであろう。

『尾張国風土記』逸文には、川嶋社の縁起として、神が白鹿となって現われるという記述があり、鹿は神の化身ともみられていた。さきの『播磨国風土記』の「丘に走り登りて……比々」と鳴いて国占めを宣した鹿もまた神にほかならない。したがって、鹿鳴を聴くことは神の声を聴くことなのである。

『万葉集』巻第八の「秋雑歌」の冒頭に次の歌がみえる。

崗本天皇の御製の歌一首

夕されば小倉の山に鳴く鹿は今夜は鳴かずい寝にけらしも　（一五一一）

この歌の第三句が「臥《ふ》す鹿は」と変わるだけの歌が、同じ『万葉集』巻第九の巻頭に、「右は、或本に云はく、岡本天皇の御製なりといへり。正しく指すところを審《つまびら》かにせず。因りて累《かさ》ね載す」と注して、「泊瀬朝倉宮御宇大泊瀬稚武天皇の御製の歌一首」という詞書きのもとに載せられている。岡本天皇とは岡本宮に都した舒明天皇か斉明天皇のいずれかであり、泊瀬朝倉宮御宇大泊瀬稚武天皇とは雄略天皇である。すでに『万葉集』編纂の時点で、いずれの天皇の作とするか、確たる所伝が失われていたのであろう。『万葉集』巻第一の巻頭も雄略天皇の作歌であり、巻第九の巻頭にも雄略天皇の作とする歌がみられる意味については、岸俊男の考察(12)がある。

いずれにせよ、天皇の作として語られてきたこの歌については、「夕になれば、小倉の山に鳴く鹿は、今夜は鳴かない。寝たのであらう」（土屋文明『万葉集私注』巻第八）という、単なる秋の叙景歌としての解釈だけでは不十分であり、仁徳天皇三十八年七月条にみたような、大王による鹿鳴聴聞儀礼の情景を歌ったものとして把握する必要がある。

鋭敏な感知能力と俊敏さをそなえた鹿は、古代の人びとには、こまやかにかつ鋭く神意を感じとる動物として把握されていたと思われる。また弥生時代以来、鹿の肩甲骨を用いて卜占を行なう習慣があり、現在でも群馬県富岡市の一宮貫前《ぬきさき》神社では、毎年十二月八日（以前は二月と十二月の初の辰の日）に鹿占神事が行なわれている[13]が、これも神意を告げる動物として鹿が認識されていたからであろう。

『朝野群載』巻六に収められた「中臣祭文」には「祓戸の八百万の御神達は佐乎鹿の八つの御耳振立て聞こしめせと申す」とあり、愛知県北設楽郡設楽町の田峰《だみね》田楽（従来は旧暦の一月十七日の昼から翌日の未明に及ぶ行事であったが、現在は二月十一日の朝から夜半にかけて行なわれる）の夜田楽の祭文でも「玉の御宝殿さを鹿が八つの御耳に聞入中おうあざやかにあざやかに……」と唱えられる。「御耳振立て聞こしめせ」という言葉には、鹿が耳をピンと立てて周囲の状況を知ろうとする姿が端的にとらえられている。鹿が八つの耳を持つということは、その耳が神意をもらすことなく聞き知る耳であるとともに、神として人びとの祝詞《のりと》をもらすことなく聞きとどける耳[14]でもあるということであろう。仁徳天皇六十七年十月条には次のような説話が語られている。

> 河内《かふち》の石津原《いしつのはら》に幸して、陵地《みささぎのところ》を定めたまふ。丁酉に、始めて陵を築《つ》く。是の日に、鹿《か》有りて、忽《たちまち》に野の中より起りて、走りて役民《えたみ》の中に入りて仆《たふ》れ死ぬ。時に其の忽に死ぬることを異《あやし》びて、其の痍《きず》を探《もと》む。即ち百舌鳥《もず》、耳より出でて飛び去りぬ。因りて耳の中を視るに、悉《ことごとく》に咋ひ割《か》き剝《は》げり。故、其の処を號けて、百舌鳥耳原と曰ふは、其れ是の縁《ことのもと》なり。

仁徳天皇による陵墓地の卜定とその地名起源譚であるが、ここには神意をいち早く知り、また人びとの祈詞をあまねく聴く耳をもつ鹿が、百舌鳥によって耳の中を咋い破られたため、その霊力を失って死を迎えることが語られている。鹿にとって耳は霊力の象徴であった。さらにこの説話の本質を考えるなら、鹿は土地の精霊であり、その鹿の死によって仁徳天皇は奥津城の地を得たことになる。

このような『万葉集』や『日本書紀』にみる大王の鹿鳴聴聞にかかわる伝承に対して、さきに考察した『播磨国風土記』にみるオオミマツヒコによる鹿鳴聴聞の伝承は、大王が実修した聴聞儀礼と同様の祭儀が地方豪族によっても行なわれていたことを示しており、そこに「屋形」と表現された建物も、タカドノと同型式のものと推察される。

また、鹿の鳴く時期は十〜十一月の交尾期であり、このころが稲の収穫期とほぼ重なっていることから、首長による鹿鳴聴聞を豊穣儀礼の一つとして捉えることもできよう。

仁徳天皇がタカドノで聴いた鹿鳴は、トガ（菟餓）野の鹿が妻呼ぶ声であった。トガ野は『紀』神功皇后摂政元年二月条において、麛坂《かごさか》・忍熊《おしくま》両王が、仲哀天皇の死を聞いて、誉田皇子《ほむたのみこ》（応神天皇）と神功皇后を伐つための兵を挙げる際、「若し事を成すこと有らば、必ず良き獣を獲《え》む」と、ウケヒ狩を行なった土地である。しかるに赤い猪が出現し、麛坂王を喰い殺してしまった。ウケヒ狩りによる神意は凶と出たわけである。しかるに忍熊王はさらに軍を進め、結局、武内宿禰と和珥《わに》臣の祖武振熊《たけふるくま》に伐たれてしまう。ほぼ同様の説話は『記』仲哀段にも記されている。狩猟によって神意を知ろうとするウケヒ狩は、どの山野でも行なうことができた祭儀とは考えられない。神聖な地とみなされた山野がその舞台とされ、その地で狩猟を行なってはじめて神意を知ることができたのである。

『日本書紀』は仁徳天皇三十八年七月条につづいて、「俗曰」として、トガ野の雌雄の鹿による「相夢（夢あわせ）」の説話を収めている。のちに詳述するように、「夢あわせ」もまた神意を知る祭儀の一つであった。鹿鳴聴聞・ウケヒ狩・夢あわせという呪的祭儀の舞台がいずれもトガ野であったことが注目される。平林章仁[15]は、トガ野は「王家の禁苑的猟場であっただけでなく、祈狩や夢あわせといった呪術的卜占の行われる宗教的聖地」であったと推察している。聞くべき考察である。

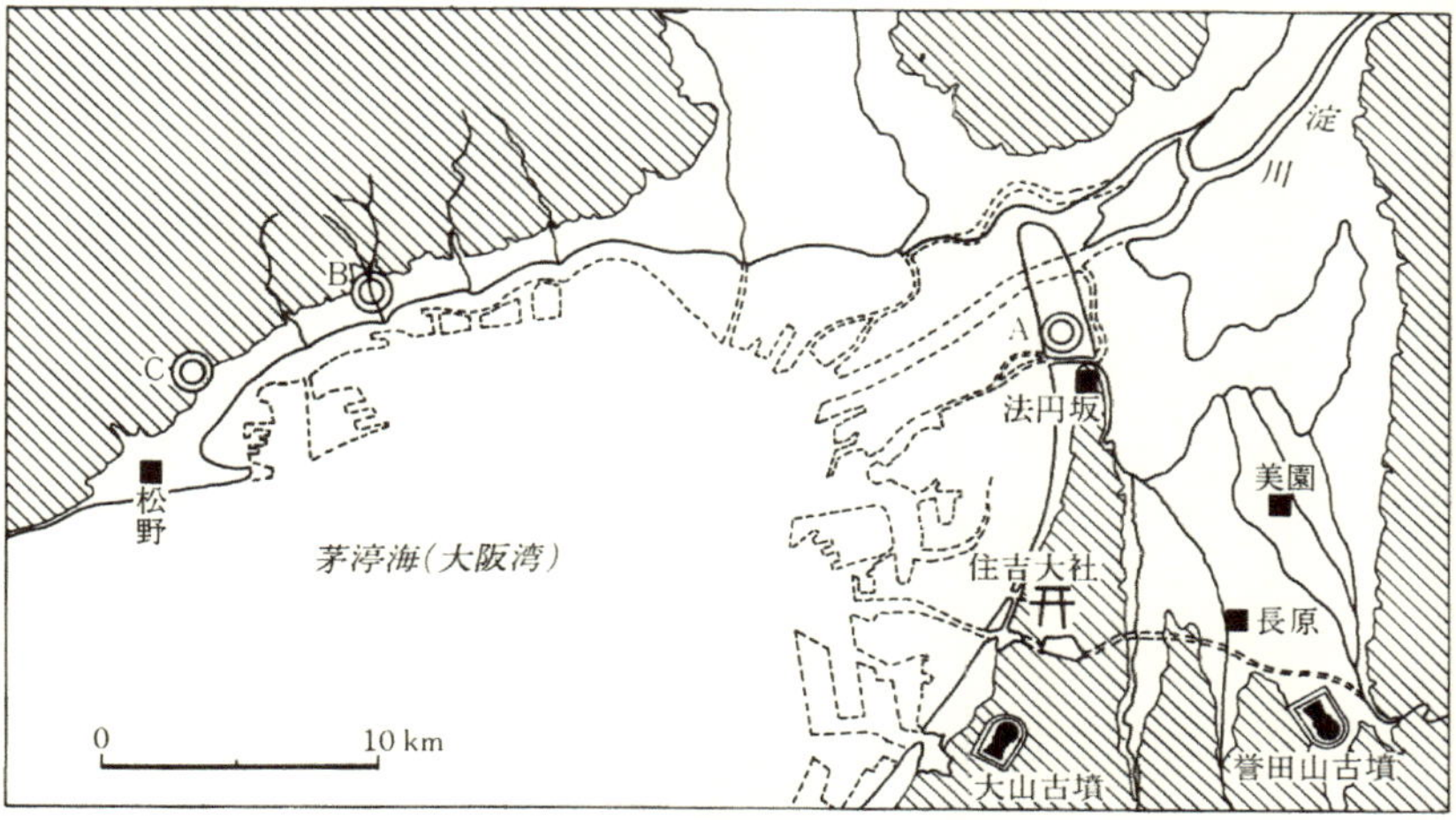

図51　トガ野の比定地と関連遺跡

なお、トガ野の遺称地については次の三説がある。

A　仁徳天皇の難波高津宮が存在したとされる現在の難波宮跡から大川（難波堀江と推定される）を挟んで北へ約二・五キロの地にある現在の大阪市北区兎我野町（旧摂津国西成郡）。

B　現在の神戸市灘区を貫通して南流する都賀川周辺の、もと都賀野村および都賀浜村付近（旧摂津国兎原郡）。

C　『釈日本紀』所引の『摂津国風土記』逸文には、雄伴郡にあるトガ（刀我）野を舞台として仁徳紀の「夢あわせ」と同内容の説話が話られ、それゆえにトガ野を夢野と呼んだという地名起源譚が載せられているが、この夢野の遺称地は現在の神戸市兵庫区夢野町（旧摂津国八田部郡）であり、したがってこの地をトガ野とみる。

トガ野を特定することは困難である。しかし、仁徳天皇四年条や七年条において国見が行なわれたタカドノは高津宮に建てられていたと推定され、この国見と鹿鳴聴聞の祭儀は同じ建物で行なわれたと考える方が妥当であろう。B・C説の地は、高津宮からはるかに遠く、聴聞儀礼にとってはA説の地が都合のよい距離にある。したがって筆者はA説を採ることにして後考を待ちたい。

4 ウケヒ寝

仁徳天皇は毎夜、トガ野の鹿鳴を、タカドノにおいて皇后と共に聴いていた。これまで検討してきたタカドノでの種々の祭儀には、このように天皇が后妃と共に実修する例を散見することができる。まず応神天皇は国見に際し、兄媛を伴っていた（応神天皇二十二年三月条）。また眉輪王の変に先立つ安康天皇のタカドノでの様子を、『紀』は「穴穂天皇、神牀《かむどこ》に坐して昼寝したまひき。爾《ここ》に其《そ》の后《きさき》に語りて曰く、云々」（安康段）と述べ、『記』は「天皇、皇后の膝《みひざ》に枕したまひて、昼酔《ひるゑ》ひて眠臥《みねがり》したまへり」（雄略天皇即位前紀）と述べて、いずれも天皇の傍らに皇后が存在したことを明示している。なかでも仁徳紀、雄略紀、安康記の記載は、タカドノでの祭儀における天皇と后妃との同衾《どうきん》行為を窺わせ、さらには性的儀礼の存在を暗示している。さきに鹿鳴聴聞の儀礼を豊穣儀礼の一つとして性格づけたが、同時に、タカドノでの同衾行為もまさに豊穣儀礼の実修にほかならないことを強調しておきたい。

さらに安康記が、昼寝の場を「神牀」と具体的に記載している点に注目したい。これは単なる「牀」ではなく、「神」字が冠されているところから、タカドノでの同衾行為を理解するうえで重要な役割を果たすものと考えられる。『記』が天皇と皇后による同衾の場を「神牀」と記すことの理解に苦しんだ本居宣長は、次のような注釈を加えた。

神牀は、中巻水垣宮段（崇神段）にも云々、天皇愁歎而坐二神牀一之夜大物主大神顕二於御夢一曰云々とあり、但彼は御命を祈請て斎はりて坐ところなればこともなきを、此は后と昼御寝坐るは神牀似つかはしからず聞ゆれば、若神字は誤にやあらむ、【故師は御牀なるべしとぞ云れし、そは寝とあれば殊に御牀とは云でもあるべきが如くなれども、此は昼なれば御牀には坐まじき時なるに坐る故に殊に云るにもあらむか、】されど諸本並神と作るうへに水垣宮段にも此目あれば、今は本の随にてあるなり、さて神牀としてつら〳〵思ふに、此時何事にまれ神の御命を請賜ふこと有て、神牀には坐けむに、其斎を怠りて昼しも后と御寝坐むは甚有まじきわざなるを、此天皇は、

> 大日下王の妃を取来て后とし給ふが如き、不義《よから》ぬ御為《みしわざ》もあれば、此も此后を深く寵賜ふあまりに、御物斎をも犯し賜へるにて、此時所念かけぬ害に遭て崩坐ぬるは、神の御咎にやありけむ、猶よく考ふべし、（『古事記伝』四十之巻）

神意を聞く場である神牀において同衾行為がなされる点を、宣長はまったく理解できなかったのである。さきにみたように、后妃と神牀における同衾は儀礼として必要な行為であった。

宣長も指摘したように、「神牀」は『記』崇神段にもみえる。

> 此の天皇の御世に、役病《えやみ》多《さは》に起りて、人民《たみ》死にて盡きむと為《し》き。爾《ここ》に天皇愁ひ歎きたまひて、神牀に坐しし夜、大物主大神、御夢に顕れて曰《の》りたまひしく、「是は我が御心ぞ。故、意富多多泥古《おほたたねこ》を以ちて、我が御前を祭らしめたまはば、神の気《け》起らず、国安らかに平らぎなむ。」とのりたまひき。（中略）即ち意富多多泥古命を以ちて神主と為《し》て、御諸山《みもろ》に意富美和《おほみわ》の大神の前を拝き祭《いつ》りたまひき。（中略）此れに因りて役《え》の気悉に息《や》みて、国家《あめのした》安らかに平らぎき。

この記述のなかの「神牀」は、天皇が夢のなかでオオモノヌシ大神の託宣を受けるための牀であったがゆえに、「神」を冠されたと理解される。このように夢の中で神の託宣を受けようと祈って就寝する行為を「ウケヒ寝」[16]という。

上記の崇神段と同じ内容の説話は『紀』崇神天皇七年二月条にもみえる。

> 天皇、乃ち沐浴斎戒《ゆかはあみものいみ》して、殿《みあらか》の内を潔浄《きよまは》りて、祈《の》みて曰《まう》さく、「朕《われ》、神を礼《ゐやま》ふこと尚未だ尽《ことごとく》ならずや。何ぞ享《う》けたまはぬことの甚しき。冀《ねが》はくは亦夢《いめ》の裏《うち》に教へて、神恩《かみのみうつくしび》を畢《つく》したまへ」とまうす。是の夜の夢に、一の貴《む》人《ち》有り。殿《みあらかのほとり》戸に対《むか》ひ立ちて、自ら大物主神と称《なの》りて曰《のたま》はく、（以下略）

この記事に続いて崇神記と同じ内容の託宣がくだされる。この崇神紀の記事で注目したいのは、夢に神託を得るに

は、

沐浴斎戒

殿内の清浄化

神に託宣を下すよう祈る（ウケヒ）

という一定の祭式のうえでの手続きを天皇自らが行なって牀に就くことが必要とされた点である(17)。その牀がすなわち「神牀」であり、そこで得られた夢に神が降臨すると考えられた聖なる場である。

このような「ウケヒ寝」によって神託を得るに際しての一定の祭式的な手順は、崇神天皇が王位継承者を決めるにあたり、トヨキイリヒコ、イクメイリヒコの両皇子に「ウケヒ寝」を命じた折にも、「二の皇子、是に命を被りて、浄沐して祈みて寝たり。各夢を得つ。」（『紀』崇神天皇四十八年正月条）とみえている。安康天皇がタカドノでの祭儀に臨むに際し、『紀』が「穴穂天皇、沐浴《ゆあみ》まむと意《おもほ》して、山宮に幸《いでま》す。遂に楼に登りまして遊目《あそ》びたまふ」と記すのも、この「ウケヒ寝」に伴う儀礼の一端を伝えたものと理解される。

タカドノでの大王と后妃による同衾行為は、大事を決するに際して神の託宣を得るための「ウケヒ寝」であり、その牀に聞こえくる鹿鳴こそ、夢の中に示現する神の声であった。

5　夢あわせ

大王と后妃の同衾は垂仁紀でも語られている。

冬十月《かむなづき》（中略）、天皇、来目《くめ》に幸して、高宮に居します。時に天皇、皇后（狭穂姫《さほ》）の膝に枕して昼寝したまふ。是に、皇后既に事を成《と》げたまふこと无《な》し。而《しかう》して空しく思はく、「兄王《このかみのおほきみ》（狭穂彦）の謀《そむ》く所は、適是時《ただいま》なり」とおもふ。即ち眼涙《なみだ》流《くだ》りて帝《みかど》の面《おも》に落つ。天皇、則ち寤《おどろ》きて、皇后に語りて曰はく、「朕《われ》今日夢みらく、錦色《にしき》なる小蛇、朕が頸に繞《まつは》る。復大雨《またひさめ》狭穂より発《ふ》り来て面《かほ》を濡《ぬら》すとみつるは、是何の祥《さが》ならむ」とのたまふ。皇后（中略）「（中略）今日の夢《みゆめ》みたまふは、必ず是の事の応《こたへ》ならむ。錦色なる小蛇は、妾《やつこ》に授けたる匕首《ひもかたな》なり。大雨の忽《たちまち》に発《ふ》るは、妾が眼涙《なみだ》なり」とまうす。（『紀』垂仁天皇五年十月条）

いわゆるサホヒコの謀反を記した前半部である。これに続いて、天皇は上毛野君の遠祖八綱田に命じてサホヒコを撃たせ、サホヒコとサホヒメは稲城に籠って火中に没し、燃えさかる炎の中から皇子誉津別《ほむつわけ》命（『記』では品牟都和気《ほむつわけ》命・本牟智和気《ほむちわけ》王）が救い出される。

この記事のなかで、垂仁天皇がサホヒメの膝に枕して昼寝する様子は、雄略天皇即位前紀にみる安康天皇のタカドノでの姿とまったく同じであり、垂仁は、ウケヒ寝で夢を得るのと同様の祭式的手順によって夢をみたのである。したがって、垂仁が夢を得た場は、タカドノに設けられた「神牀」であったと考えられ、『紀』が「来目に幸して、高宮に居します」という書出しでこの説話を記している点も興味深い。すなわち、「高宮」とは「タカドノのある宮」を意味する宮号か、またはタカドノそのものをさす語とみることができるからである。仁徳后イワノヒメが故郷を偲んだ歌に「我が見が欲し国は　葛城高宮　我家のあたり」とある「葛城高宮」も、このような視点から再検討する必要があろう。

三品彰英[18]は、サホヒコ・サホヒメのサホとは「神聖なる穂」であり、皇子ホムチワケの名はホ（穂）ムチ（貴・霊）ワケ（御子）、すなわち「稲魂の御子」の意で、「御祖サホヒメが稲積みの中から御子ホムチワケを産む光景は、そのまま穀母と穀童の姿を髣髴させるものがある」（『古代祭政と穀霊信仰』一九七三年）と論じ、「クメ（久米・来目）」が「コメ（米）」と同語である点をふまえ、「来目の高宮」は「稲米儀礼の宮」の意であると指摘した。筆者はタカドノが国見などの予祝儀礼の場であるとともに、聴聞や同衾などの行為による豊穣儀礼の場であることを指摘したが、これらは「稲米儀礼」が政治的に昇華したものと理解できる。そしてこのような考察をふまえるなら、「来目の高宮」にタカドノが存在したことはよりいっそう確実になる。さらにいえば、「来目の高宮」は来目の地に建てられたタカドノかもしれない。

この説話では、垂仁天皇の夢に神が直接に託宣を下したのではなく、夢をみたあとで吉凶をはじめその夢の意味するところを皇后が解くという、いわゆる「夢あわせ」が行なわれたのである。天皇は夢の内容を話したあと、「是何の祥ならむ」と発問し、それを受けてサホヒメが夢あわせを行なっている。『記』でも同内容の説話が語られ、夢あわせに関する部分では、天皇が「如此《かく》の夢は、是れ何の表《しるし》にか有らむ」と発問し、サホヒメが『紀』と同様の夢あわせをし、最後を「必ず是の表に有らむ」と結んでいる。夢あわせの夢も、神託を得るための夢と同様の祭式的手順を経たのちに得ることができると考えられていたとみられ、それは古代の人びとが、いかなる夢も神のなせる業と見ていたことを示している。このような『記』『紀』の垂仁段における夢あわせの伝承は、おそらく「神牀」で大王が得た夢について、同衾した后妃が夢あわせをする儀礼が存在したことを物語っている。夢あわせにおける后妃の役割は、神の授けた夢の意味を解くことであり、その性格はまさに巫女といえよう。

夢あわせといえば、さきにも触れた『紀』仁徳天皇三十八年七月条の鹿鳴聴聞の儀礼にかかわる説話に続く、トガ野の鹿の夢あわせの説話が著名である。

トガ野において、雌雄の鹿が共に臥したあと、雄鹿が「吾《われ》、今夜《こよひ》夢みらく、白霜《しらしも》多《さは》に降りて、吾《わ》が身をば覆ふと」と語り、続いて「是、何の祥《さが》ぞ」と雌鹿に発問する。それに答えて雌鹿は「汝《いまし》、出行《あり》かむときに、必ず人の為に射られて死なむ。即ち白塩《しほ》を以て其の身に塗られむこと、霜の素《しろ》きが如くならむ応《しるし》なり」と夢解きをする。結局、雌鹿が解きあわせ（夢あわせ）たとおり、雄鹿は猟人に射殺されることになる。

『記』『紀』の垂仁段の夢あわせと同じ過程がここにも語られており、両者の伝承を通して儀礼としての夢あわせの姿をみることができる。夢あわせの説話が同じ仁徳天皇三十八年条でタカドノにおける祭儀の記述に続いて語られるのは、いずれもがトガ野の鹿にかかわる伝承であるとともに、夢あわせもまた鹿鳴聴聞の儀礼と同様に、タカドノで行なわれた同衾による呪的祭儀だったからであろう。

6　小子部栖軽の雷捕捉説話の再検討

『日本霊異記』上巻第一縁は、小子部栖軽《ちいさこべのすがる》が雄略天皇に命じられて飛鳥を舞台に雷を捉える説話であるが、その導入部に注目したい。

小子部栖軽は、泊瀬朝倉宮に二十三年天の下治めたまひし雄略天皇の随身、肺脯の侍者なり。天皇、磐余《いはれ》の宮に住みたまひし時、天皇、后と大安殿に寝て婚合《まぐはひ》したまへる時に、栖軽知ら不《ず》して参ゐ入りき。天皇恥ぢて輟《や》みぬ。時に当りて空に雷鳴る。即ち天皇、栖軽に勅して詔はく「汝、鳴神を請け奉らむや」とのたまふ。

この説話において、雷は「鳴神」「雷神」「鳴雷神」などとも表現されており、また栖軽が捕捉した雷について、「時に雷、光を放ち明《て》り炫《かがや》けり。天皇見て恐り、偉しく幣帛を進《たてまつ》」ったと記されていることから、雷が神であったことは明らかである。『紀』雄略天皇七年条にも同様の説話があり、ここでは三輪山の神である大蛇が雷の姿となって示現したとある。「寝て婚合したまへる」とは同衾することを指している。大安殿において天皇と皇后が同衾するに際し、なぜ「時に当りて空に雷」が鳴ったのであろうか。

『記』『紀』における天皇と后妃による同衾の場が「神牀《かむどこ》」と認識できるという点は、さきに考察したところである。そして神牀は「沐浴斎戒」（『紀』崇神天皇七年二月条）した天皇が臨む「潔浄」（同条）な場に設けられた牀であり、そこに神が降臨する。すなわち、大安殿では同衾による呪的儀礼が実修されていたのである。しかるに栖軽は天皇と皇后が同衾の最中に殿内に入り、その祭儀行為を妨げたのであって、それはすなわち、まさに神牀へ来臨せんとする神を妨害したことにほかならない。ために神は来臨することなく去ろうとしたのであり、それゆえに天皇は再び祭儀を

写真46　雷丘

実修するため、栖軽に神（雷）を連れてくるように命じたのである。こうした考察を経てはじめて、大安殿での同衾行為と雷との関係、さらに栖軽による雷神捕捉行が、脈絡ある説話として理解できる。

古墳時代において、タカドノの内に、祭儀としての同衾を実修するための牀（神牀）が設けられたことは、すでに論証したところであり、神牀において神の来臨を待ち、そこで実修された夢見における神託授受や夢あわせ、さらには鹿鳴聴聞や国見などの諸祭儀は、古墳時代的な王権祭儀ということができる。

したがって『日本霊異記』が雄略朝のこととしてこの説話を伝えることに矛盾はない。しかし、その舞台はタカドノではなく、浄御《きよみ》原《はら》宮以降の宮殿建築として名がみえる大安殿である。岸俊男[19]は「大安殿こそ路寝（『路』は大の意）の日本的表現」であると考察するとともに、それを内裏正殿とみた。おそらくこの説話が伝承される過程で、タカドノ祭儀の伝統は衰退し、大安殿の名がタカドノにとって替わったと考えられる。

大王と妃による同衾行為を伴う祭儀が実修されんとするタカドノに、神が雷の姿となって降臨しようとする『日本霊異記』巻頭説話の情景を念頭にうかべつつ、佐味田宝塚古墳[20]出土の家屋文鏡のA棟、すなわち入母屋型屋根をもつ高床式建物を再びとりあげて検討することにしたい。

A棟とその周辺の図像について、再度簡単な説明を加えておこう。A棟の一方の妻側には手《て》摺《すり》をつけた階段が、他方の妻側には露台が設けられ、そこには貴人にかかわる建物を示すキヌガサが長い竿の先にとりつけてさしかけられている。さらにこの高床式建物の棟端には千木が、大棟と軒まわりには網《あ》代《じろ》をかぶせて補強した押縁が表現されている。また高床の下は蓆《むしろ》か網代様の仕切りが壁をなし、ここが閉鎖的な空間であったことを窺わせる。階上部の窓とみ

図52　家屋文鏡に表現されたタカドノ（A棟）

られる部分には中間に二本の平行線がみられ、閉じられていることを示しているようである。屋根の左右には空間いっぱいに雷電文が表現され、右側の雷電文中には人物像（座像とみられる）が配されている。

筆者は第一章において、A棟が古墳時代の豪族居館の「ハレの空間」に建てられた祭儀実修の建物であると考察したが、本章での文献を中心とした考察は、この高床式の祭儀用建物こそタカドノであることを示している。

そして家屋文鏡に表現された高床式建物（A棟）とその周辺文様からなる情景が、『日本霊異記』の語る情景とあまりに共通していることに驚かざるをえない。すなわちA棟には、首長がすでに籠っていることを示すキヌガサがさしかけられ、入母屋型屋根の左右上方には、雷電がまさに光を放ち、雷鳴を伴いながら、タカドノへと落下せんばかりに表現されている。さらに雷電文の内側には、タカドノへとまさに降臨せんとする神の姿がある。タカドノのなかでは、首長が妃と神牀に同衾し、神の来臨を待っているのであろう。タカドノでの王権祭儀が古墳時代前期にまで遡ることを、家屋文鏡の鏡背文は語っている。

タカドノに来臨した神は、神牀の首長に託宣を下し、夢あわせの夢を与え、また豊穣を授ける存在として絶大な信頼と畏敬の念をもって崇められていたことは、上述した諸史料から窺い知れる。しかるに『日本霊異記』では、さきに引用した部分に続いて次のように話が展開する。すなわち、栖軽は神（雷）を捕えるが、天皇はその神威を恐れて解放する。その後、栖軽が死ぬと、天皇はその墓辺に

「雷を取りし栖軽が墓」という文を刻んだ柱を立てさせた。ところがこれを怒った雷神はこの柱に落ちかかり、裂けた柱に挟まって再び捕えられたあとで解放される。

このようにやや間の抜けた存在として説話化された神の姿からは、神に絶対的な畏敬の念をいだいていた古墳時代人の思想は失せており、『日本霊異記』成立の平安時代初頭頃には、古墳時代的な王権祭儀はもはや遠い過去のものとなり、伝承のうえでもその本質が忘れ去られたことを物語っている。

家屋文鏡のA棟がタカドノを表現したとすれば、第二章でその性格に至るまで詳細な検討を加えた、A棟と同じ形態をもつ美園古墳や人見塚古墳出土の高床式家形埴輪[21]もまたタカドノの表現であるといえよう。なかでも美園古墳出土の家形埴輪は、その高床部の四周外壁の中央柱に、辟邪の目的をもって懸けられたとみられる革製の盾を写実的な線刻画で表現している。また外壁部分のみならず、外側から見ることの困難な高床部の屋内壁面にまで赤色顔料が塗られ、神聖かつ清浄な空間であることを強調している。そしてその屋内には、床より一段高く牀とみられる施設がつくりつけられ、表面には網代文様が丁寧に施され、写実的な表現であることを推察させる。また外壁の中程に横位に張り出した小屋根状の施設には、キヌガサの竿を差し込んだとみられる小穴がうがたれているなどの諸点において、これが首長による祭儀用建物＝タカドノであることは間違いなかろう。したがって、その屋内につくりつけられた牀は「神牀」を表現したものにほかならない。

筆者は美園古墳出土の高床式家形埴輪にみるこうした諸特徴から、これが新嘗や首長権継承儀礼（大王家にあっては大嘗）を実修するための建物であることを考察した。それは季節のうえでも鹿鳴聴聞の儀礼とかかわりあう豊穰儀礼であり、稲の王たる性格を具備する古代首長たちがタカドノにおいて執行する最も重要な祭儀であった。

三　タカドノ祭儀の遡源

1　弥生絵画とタカドノ祭儀

家屋文鏡や長瀬高浜遺跡の大型高床式建物の事例は、タカドノを場とする王権祭儀が古墳時代前期にはすでに実修されていたことを示している。さきに考察したタカドノ祭儀には、新嘗儀礼をはじめ、豊穣や予祝を目的とした農耕儀礼としての性格が強く、その点からもタカドノ祭儀が稲作に伴う王権儀礼として成立したことは間違いないと思われる。したがって、稲作を生業の中心とした弥生時代にタカドノ祭儀が存在した可能性は高いと思われる。そこで、弥生時代において実際にタカドノ祭儀が行なわれていたか否か、行なわれていたとすればいかなるものであったかを、考古資料によって検討してみたい。

弥生土器には、線刻、浮文貼付け、スタンプなどの手法により、土器表面に絵画や記号を表現した例がしばしば見いだされる。こうした絵画土器は弥生時代中期後葉の時期を中心として盛行し、人物・動物・家屋・船・直弧文・記号など、多種多様な図柄が認められる。このような土器絵画は、弥生人の精神文化の研究に多くの情報を提供してくれる。

土器絵画に表現された数多くの画材のなかでは、鹿と家屋がきわだって多く、続いて人物像や人の顔があげられる。土器絵画の多くは土器片に一つの図柄を残すにすぎず、土器片の接合・復原ができないため、そこに表現された図柄が単独で一個の土器に描かれていたのか、それとも複数の図柄からなる絵画の一部なのかを特定することができない

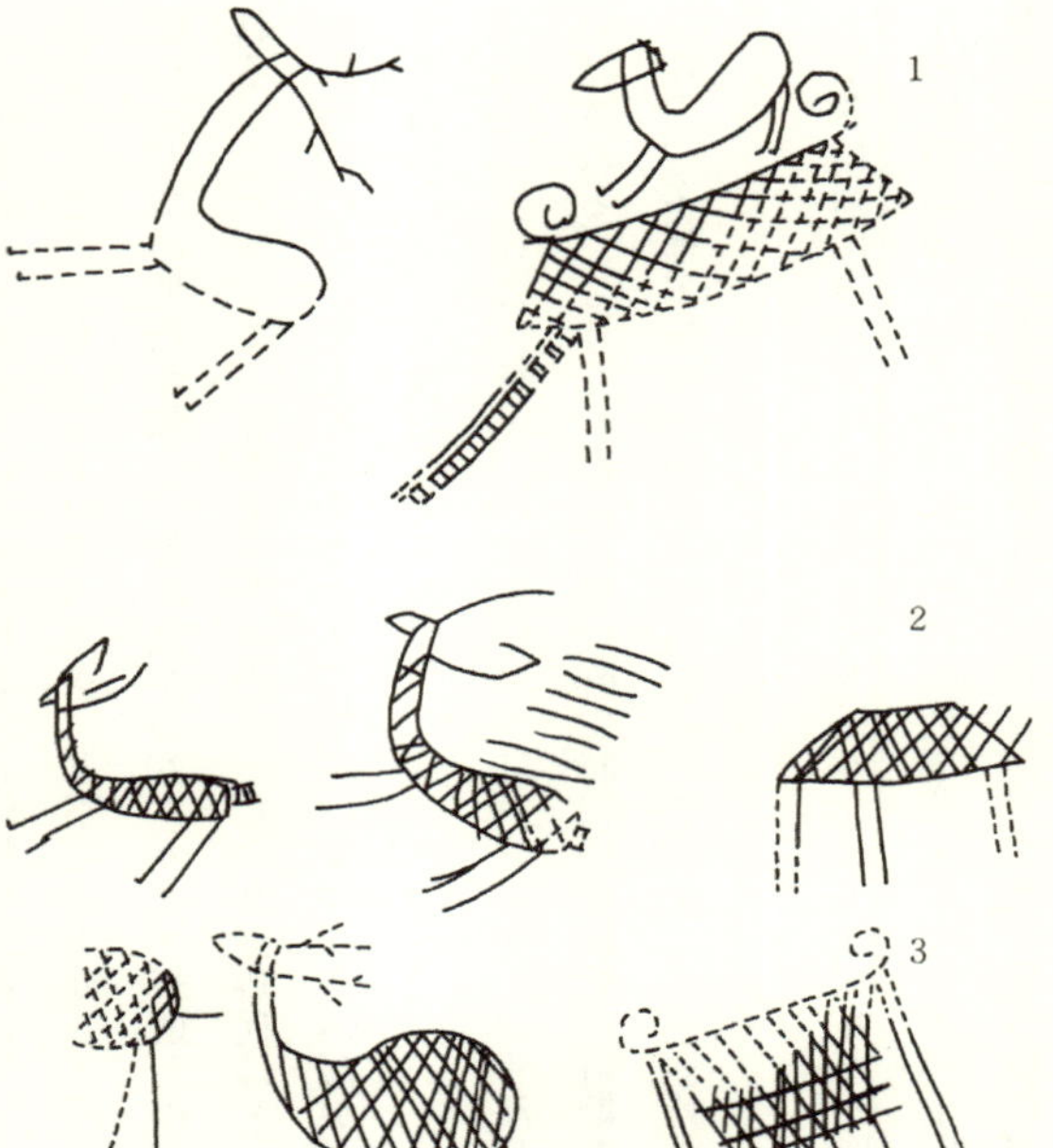

図53　土器絵画に表現された鹿と家屋（縮尺不同）
1 唐古・鍵（奈良）　2・3 清水風（奈良）　4 東奈良（大阪）
5 川島川床（兵庫）

ことが多い。したがって土器絵画の分析と研究には、なお多くの限界があることも事実である。そうしたなかでも、複数の図柄から構成される土器絵画をみると、家屋と鹿を共に表現した事例が非常に多く、しかも家屋の形態がほとんど高床式建物である点が注目される。高床式建物と鹿――土器絵画にみるこの図柄選択の傾向を、ただ単に弥生人が最も好んだ情景描写とみることはできない。

奈良県下最大の弥生時代集落遺跡である唐古・鍵遺跡（奈良県磯城郡田原本町）の第二二次調査[22]（一九八五年）において出土した大型壺形土器の肩部には、鹿・鳥・人物・家屋が一本のヘラ状工具によって伸びやかに大きく描かれてい

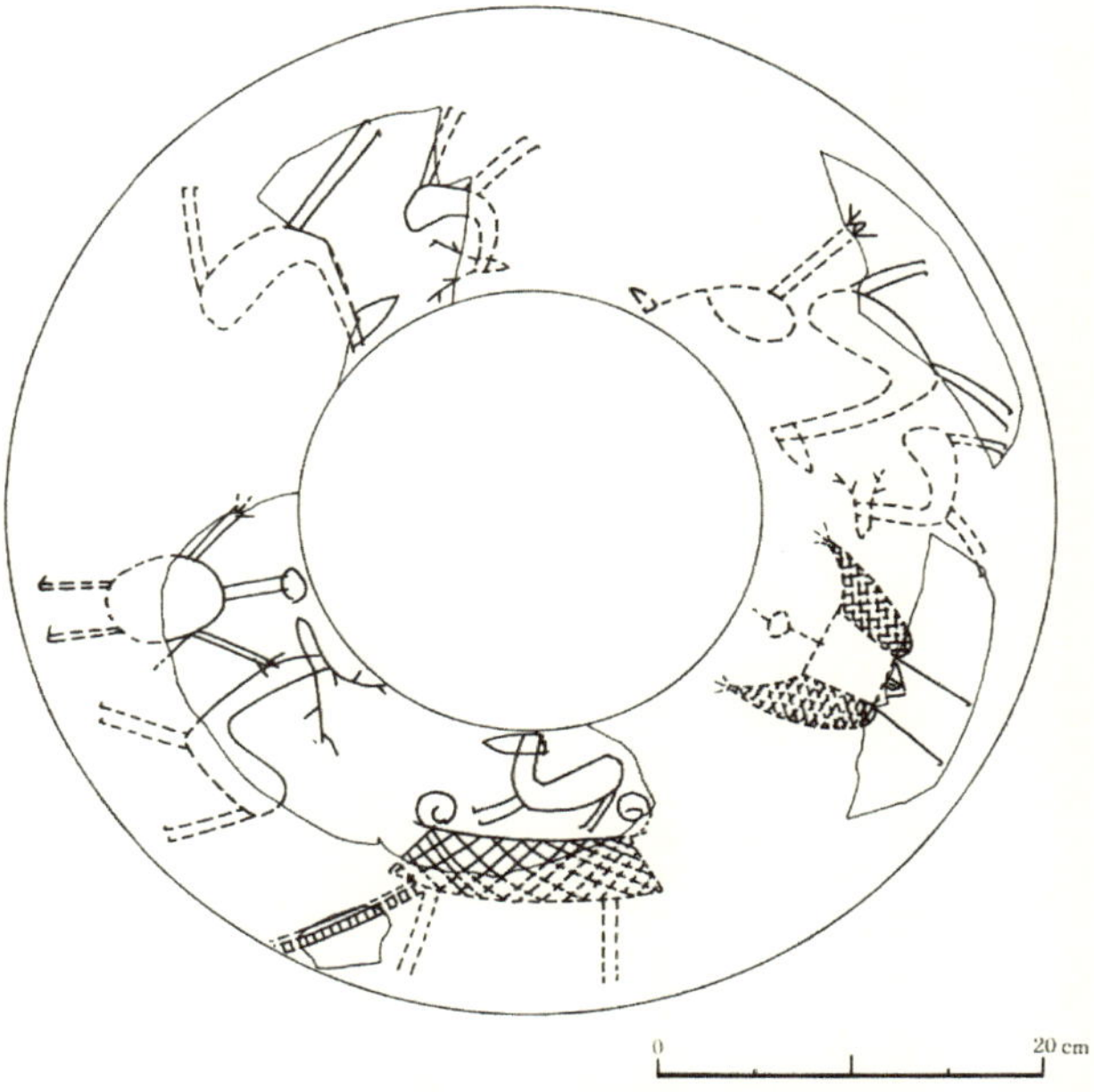

図54　唐古・鍵遺跡第22次調査出土の土器絵画

る。一個の土器に描かれた複数の図柄のほぼすべてを明らかにできる数少ない資料であるが、そこにも鹿と高床式建物が登場する。この土器の図柄を検討し、弥生人の思想を明らかにしながら、タカドノ祭儀の存否と実態をみていこう。

まず最も数多く描かれているのが鹿であり、合計六頭がいずれも頭を左に向けて表現されている。これらの鹿は二頭ずつ組をなしており、しかもうち二組が雌雄の組合せであり、残る一組も、頭部と胴部を欠損するが、同様に雌雄一対と推測される。なお、鹿は各組とも一方の鹿をやや小さく描いているが、雌雄の別を表わすものではないようで、各組の鹿の大小が何を意味するかは不明である。

鳥は足先部分のみが遺存しており、その種別は不明であるが、伝香川県出土の絵画銅鐸や兵庫県神戸市出土の桜ヶ丘四号銅鐸と五号銅鐸にその足先表現が共通しており、鷺または鶴が描かれていたものと考えられる。

人物は二人描かれている。一人は縦長の楕円形に表現された胴部（下半身欠損）から両手を斜め上方に挙げ、その先端には三本の指が表現されている。また長い頸部の先端には楕円を小さく横位に描いて頭部としている。顔の表現はない。この人物の左手先端部は、人物の側を向く大きな角をもった雄鹿の首を描いた線と一部重なっており、この鹿を捕えている図にもみえるが、両手を大きく広げて鹿の行く手をはばんでいるようにも受けとれる。

もう一人は下半身部分のみが遺存し、両脚とその間に女性器が表現されている。また腰部の両外側には、内部を斜格子文で充填した、外縁が円弧をなす文様の一部が認められる。この女性像の欠損部分は、唐古・鍵遺跡に隣接する清水風遺跡出土の土器絵画にみられる人物像から容易に復原できる。

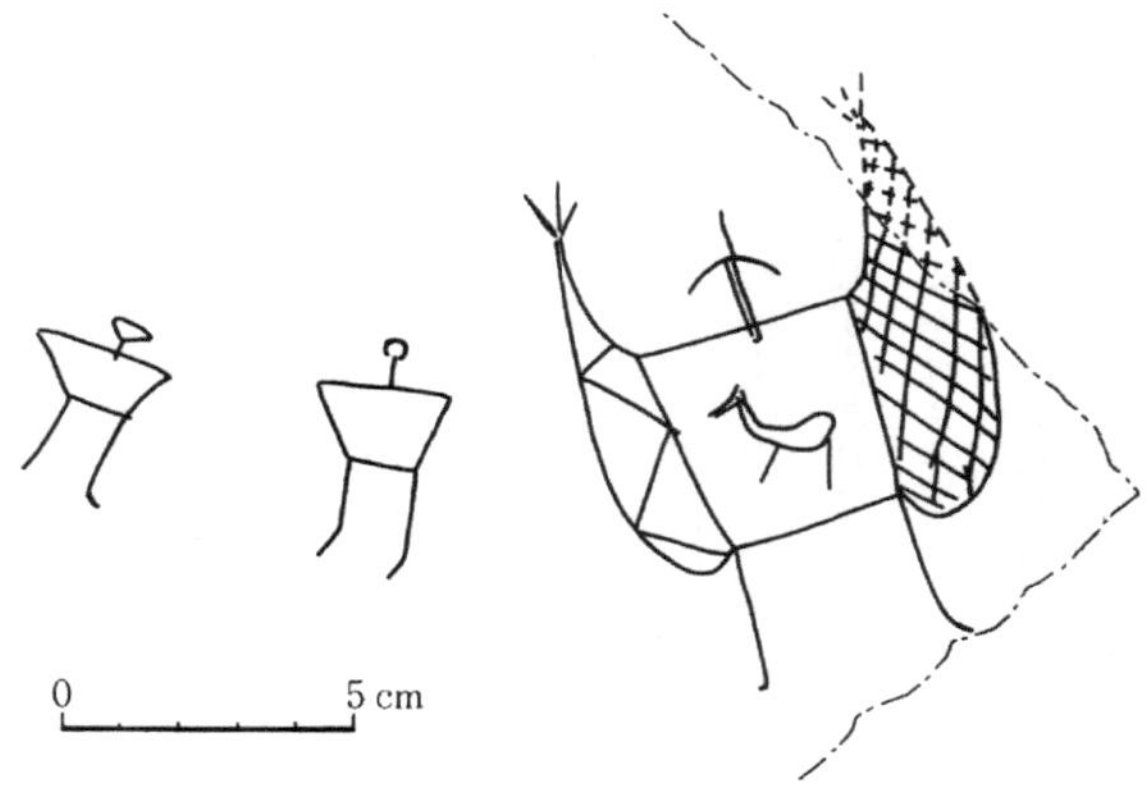

図55　清水風遺跡出土の土器絵画

清水風遺跡[23]は奈良県天理市にあり、溝状遺構から多数の絵画土器を出土したことで知られる集落遺跡で、唐古・鍵遺跡の分村とみられる。清水風遺跡出土の当該人物像は、逆台形の胴部をもち、両手を高々と挙げ、それにつれて袖が大きく袋状をなして広がり、その先端には三本の指が表現されている。指の表現は先の楕円形の胴部をもつ人物像にも共通するところである。袖全体に一方は斜格子文、他方は三角文と、左右に違った文様が施されているのも目をひく。長く延びた頸部の上に円弧で頭部をあらわし、頭上には鳥の羽根をかざしたとみられる縦線がある。春成秀爾[24]は弧形をなす奇妙な頭部表現を鳥の仮面をかぶった姿とみ、その上の縦線を嘴《くちばし》とみて、この人物を鳥装した司祭者と考えた。逆台形をなす胴部中央には、鹿とみられる動物が大きく描かれている。この人物が袖を大きく振りあげる様は、領巾《ひれ》を振ってタマフリを行なう司祭者の姿を思わせるが、神意をいち早く知り、ある場合には神自身に化する鹿をその胸に描くことは、まさに司祭者の性格を象徴するものといえる。

唐古・鍵遺跡出土の土器絵画にみる女性像の腰部両側に表現された、中を斜格子文によって充填した円弧状の外縁線は、清水風遺跡出土の土器絵画の司祭者像にみる袖の基部に該当するものに相違なく、また胴部の外形も、女性器の上部のちょうど土器の欠損している部分に横方向の線が認められ、これが胴部下端を示していることから、清水風遺跡のそれと同様に逆台形に復原できる。したがってこの女性像は、陰部を露出させ、両手を高々と挙げて袖を振る姿態をとる司祭者、おそらく巫女《みこ》を表現したものと考えられる。

ひるがえって再びもう一人の人物をみると、胴部は楕円形、両腕や頸部は二本線をもって表現する点で、一本線によって脚を表現する女性司祭者像とは対照をなしており、これは男性を表わしたものと理解することができる。この土器絵画では、鹿が雌雄一対に表現されたのと同様に、人物像も男女が組をなして描かれたことは間違いなく、男性は女性司祭者と対をなす性格の人物とみられる。

写真47　高倉（奄美大島大和村大和浜）

家屋は屋根を深く葺きおろした高床式建物である。外壁の表現はみられず、ごく低い外壁をもつが屋根の葺きおろしが深いために側面からはみえないか、南西諸島や伊豆諸島の屋根倉（高倉）のように外壁が存在せず、葺きおろした屋根に床《ゆか》をぶつける構造であるかのいずれかであろう。棟端には蕨手《わらびて》状の飾りが大きく表現されている。また梯子《はしご》には手摺《てすり》が表現され、段は残存する破片に描かれただけで一一段を数え、かなり床の高い建物を表現しようとしている。古代の家屋を表現した考古資料のうちで手摺を表現した例は、本例のほかには上述した家屋文鏡のA棟のみであり、その点からも、この土器絵画のなかに描かれた高床式建物の性格を窺うことができる。梯子は床下に接続するようで、屋根倉のように床に出入口が存在したとみられる。唐古・鍵遺跡出土の土器絵画のなかには、本例と同様の形態をもつと推察できる高床部をもつ建物の、床の中央部にとりつく梯子を表現した例もある。こうした入口の事例は、第二章で詳述した美園古墳出土の高床式家形埴輪の高床部の床中央にあけられた、方形の穴の性格を理解するうえに役立つと思われる。さらに、唐古・鍵遺跡や清水風遺跡出土の土器絵画には高床式建物を図柄とした例が非常に多く、しかもその大半が高床部分の規模に比較して床下が異常に高く、表現できるかぎり床高の高床式建物を描こうとする志向さえ感じさせ、そこには古代の出雲大社本殿にみられたような、床高の祭儀用建築の建造を極限まで追求するという古代人の意志を認めることができる。従来こうした高床式建物の性格を穀物倉（稲倉）とみる説が一般的であるが、土器絵画にみるこのような諸特徴は、それが単なる倉ではないことを語っている。

報告者によれば、さきに検討した女性司祭者像は男子像の左側に配された図柄と考えられている。しかしこの女性像を描いた破片の右下隅には、右上方向から延びた線の先端が八ミリの長さで遺存している。いまこの線の表現を、すでに出土した土器絵画のなかに矛盾なく配置しようとするならば、この線の表現は、高床式建物の右方向に配された二匹の鹿のうち、前方（左）のやや小さく表現された鹿の前脚の先端に比定できると考えられる。したがって女性司祭者像は高床式建物のすぐ右に描かれていたことになり、高床式建物とそのまわりに配された雌雄の鹿を挟んで男性像と対峙する形で配されていたことになる。

このように各図柄を復原し、図柄相互の配置を検討したとき、高床式建物を中心としてその周辺に配された、雌雄を一対として描かれた人物や鹿、とりわけ男性と女性器をあらわにした女性司祭者（巫女）の存在は、性的行為を伴う祭儀、すなわち豊穰儀礼を象徴的に表現したものと理解される。また豊穰を象徴するかのように、高床式建物の棟の真上に雌鹿が、建物の左側に大きな角を振り立てた雄鹿が配されたのであろう。あるいはこの雌雄の鹿によって、高床式建物に降臨する神の姿を表現しようとしたのかもしれない。この高床式建物は中央にやや大きく描かれており、男性と巫女的性格をもつ女性とによる性的行為を伴う祭儀を実修する場であったと考えられ、さきにみたタカドノを舞台とする古墳時代的な王権祭儀に共通するところが多い。この建物こそ、弥生時代のタカドノであったにちがいない。さらに言えば、タカドノとは反対の側に描かれた二組の雌雄の鹿は、タカドノからやや離れた水辺（鷺《さぎ》または鶴とみられる水辺の鳥が描かれている）をすみかとする、鹿鳴を発する雄鹿とそれに従う雌鹿なのであろう。

このように弥生時代におけるタカドノ祭儀の存在を指摘できるとすれば、一九三七年に実施された唐古・鍵遺跡に対するはじめての本格的な発掘調査[25]において出土した、高床式建物とその梯子を昇る二人の人物を描いた土器絵画が再検討されなければならない。高床式建物の棟部分と床下部分が欠損するものの、図柄の主要部はほぼ残存している。強い妻ころびをもつこの切妻高床式建物には、さきにタカドノに比定した家屋図と同様に外壁表現はない。棟部の欠損のため、棟端飾りの有無は不明である。妻入りの建物であるらしく、一方の妻側には梯子がかけられており、その中程に、両手で梯子をつかまえながら高床部へと昇ってゆく二人の人物像とみられる図柄が描かれている。二本線で表わされた長い頸部と、その上に小さな点で頭部を表現する手法は、さきに検討した土器絵画の男性像に共通する表現法である。下の人物がやや大きく描かれ、男性を表現したものとみられる。筆者はこの土器絵画こそ、高床式建物での祭儀に臨まんがために昇段する男女をあらわしたものと考える。

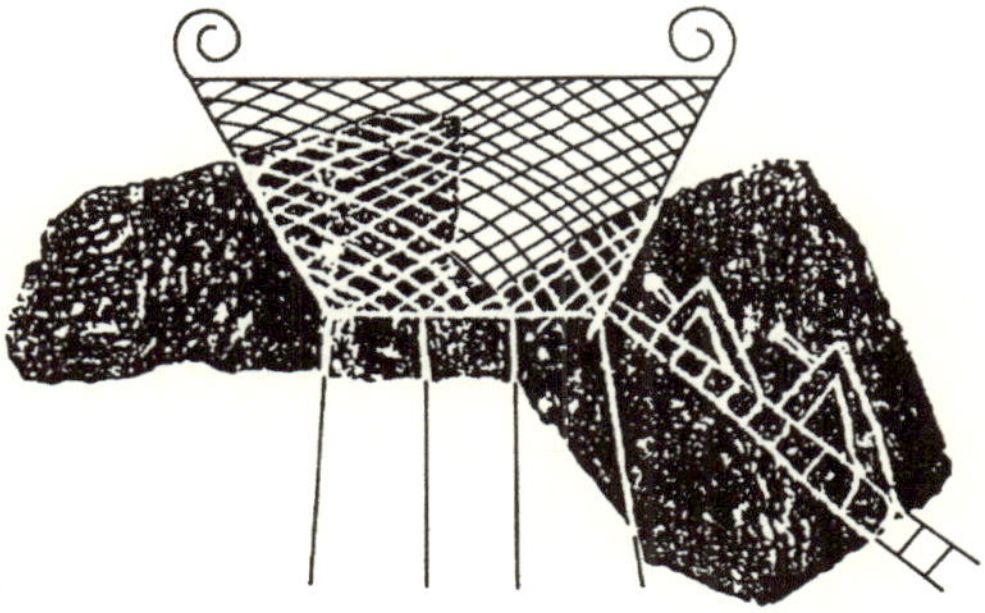

図56　高殿へ登る二人の人物を描いた土器絵画

女性司祭者（巫女）とみられる人物像の姿態について、もう少し検討したい。さきに検討した清水風遺跡や唐古・鍵遺跡出土の土器絵画にみる司祭者像と同様に、体部を逆台形に表現する人物像を描いた土器絵画に坪井遺跡[26]（奈良県橿原市）の例がある。弥生時代中期後半の壺形土器の肩部にあたる破片に描かれた資料である。体部から脚部の表現は清水風遺跡の例に共通している。この人物像では、左肩から頭上にかけて弧状に幅広の羽根状の物体が表現されてい

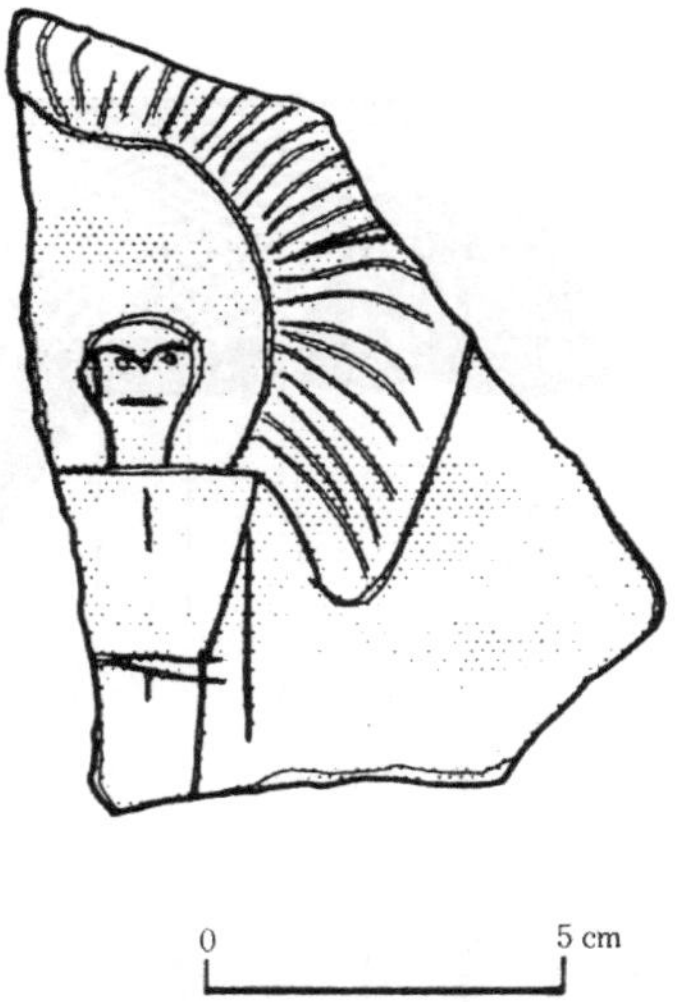

図57　領巾振る司祭者
（坪井遺跡出土の土器絵画）

る。この羽根状の物体は人物の頭上をこえて右肩の上方にまでおよび、その先端を丸くおさめている。また、その内側は全体にゆるやかな弧状を描いて並行する線によって埋められ、風になびくかのような表現を観察できる。左手がまっすぐ下に垂れている点から、この羽根状の物体は左肩に着装されていたことになる。人物像の体部右寄り部分は欠損していて不明であるが、この羽根状の物体が、左肩から大きく右肩の上に延びていることから、右肩には同様の物体を着装していなかったものと推定され、したがってこれは左肩にだけ着装された装身具と考えられる。そして風になびくかのごとき表現から、布帛によってつくられたものと推定される。

金関恕[27]や春成秀爾[28]はこの人物像を、穀霊や人間の霊魂の運搬者と考えられた鳥の姿態をとる鳥装の司祭者とみる。もしそうだとすれば、この人物は正面から描かれている以上、左肩だけでなく右肩にも羽根を着装し、これを打ち振る（羽振る）図柄となるはずである。清水風遺跡の司祭者は、両手を高々と挙げて袖を大きくなびかせ、指も鳥を表わすかのように三本に描かれ、頭上には羽毛をかざすなどの表現から、鳥装の姿態とみることができた。しかし、この坪井遺跡例を同様の姿態をとる人物とみなすのはやや問題があると思われる。

2　袖振る司祭者と領巾振る司祭者

一般に弥生時代の土器絵画にみる人物像は、その大半が両手をひろげて上に挙げる姿に表現されており、これが何らかの意味をもつ姿態であることは容易に推察される。清水風遺跡や唐古・鍵遺跡出土の土器絵画もその例外ではない。さきに検討した清水風遺跡の土器絵画の司祭者像を詳細に見ると、高々と挙げた両腕を通している袖の文様が左右で異なっており、しかも左袖が大きく表現されていることに気がつく。また唐古・鍵遺跡出土の人物画のなかには、右腕を一本線で表わすのに対し、左腕は二本線でその外縁を描き、内部を平行線によって細かく充塡する例（図58の3）があり、これが袖の文様の表現でなければ、さきの坪井遺跡例から、左肩に装着した布帛を左手に取ってなびかせている姿と理解することができる。しかもこの人物は、右手をも振り挙げている。したがって坪井遺跡例の人物も、その右腕を高く振り挙げていた可能性が高い。

弥生土器にみる人物像の大半は両手を振り挙げる姿態をとるが、それは袖を振ったり、肩に装着された布帛を振ったりする人物を表現したものであることがほぼ明らかになった。袖を振る所作も、布帛を振る所作も、身につけた布帛を振る行為であることに変わりはなく、同じ目的をもって実修されたものといえる。しかも清水風遺跡や唐古・鍵遺跡の絵画では、明らかに司祭者の姿をもつ人物がこの所作を行なっているのであり、それが呪的な性格をもつ儀礼であったことを窺わせる。袖を振るのと同じ効果をもって振られる布帛は、『記』『紀』『風土記』『万葉集』などの古典に散見される「領巾《ひれ》」にほかならない。

図58　弥生時代の人物画（1 清水風，2〜4 唐古・鍵）

「領巾」は「比礼」「比列」などとも表記されるが、「領《くび》の巾」の意であり、肩から前面左右に長く垂れ下げ

写真48　褶振峯（鏡山）

る一種の付属衣料で、この垂れ下がった部分が、本来の装身効果のほかに、手を振る際にそれを用いて遠方からも認めやすくするなどの役割を果たした。

『肥前国風土記』松浦郡条には褶振峯《ひれふりのみね》の地名伝承として、「大伴の狭手彦《さでひこ》の連、発《ふな》船《だち》して任那《みまな》に渡りし時、弟日《おとひ》姫子《ひめこ》、此《ここ》に登りて、褶《ひれ》を用ちて振り招《を》きき。因りて褶振の峯と名づく」と語られている。またこれと同じ説話に素材を採った歌が『万葉集』巻第五にみえる。

遠つ人松浦佐用比売夫恋に領巾《ひれ》振りしより負へる山の名（八七一）

山の名と言ひ継げとかも佐用比売がこの山の上に領巾を振りけむ（八七二）

万代に語り継げとしこの嶽に領巾振りけらし松浦佐用比売（八七三）

これらの歌に付せられた詞書には、「（松浦佐用比売が）高山の嶺に登りて、遙かに離れ去く船を望み、悵然《うら》みて肝を断ち、黯然《いた》みて魂を銷《け》つ。遂に領巾を脱ぎて麾《ふ》る」とある。この詞書からは、さきの風土記の一節とともに、別れゆく相手の魂を、領巾を振ることによって招き寄せようとする姿が浮かんでくる。

領巾（比礼）といえば、オオクニヌシがスセリヒメと結婚するにあたり、その父スサノヲから数々の試練を受けた際、スセリヒメから蛇比礼、呉公蜂比礼を授けられ、この比礼を三度振ることによって蛇、呉公《むかで》、蜂の災から逃れたという（『記』神代）。

また新羅の王子アメノヒボコが帰化した際に将来した八種《やくさ》の神宝（伊豆志の神宝）のなかに、浪振る比礼、浪切る比礼、風振る比礼、風切る比礼と呼ばれる四種の比礼がある。これらはその名称から、振ることによって波や風を起こしたり鎮めたりする力をもった呪具と考えられる。

袖もまた領巾と同様に、振ることによって呪的効果を生むと信じられていた。万葉歌には多くの事例をみることができる。

袖振らば見ゆべき限り吾はあれど其の松が枝に隠ろひにけり（巻第十一―二四八五）

日の暮に碓氷の山を越ゆる日は夫のが袖もさやに振らしつ（巻第十四―三四〇二）

これらは別れ行く人や愛する人の魂を招きよせる行為であるが、同時に鎮魂の呪的な意味もあり、後者の場合には旅の安全を祈る習俗ともなっている。なかでも「柿本朝臣人麻呂、妻の死りし後、泣血哀慟《なきかなし》みて作れる歌」と詞書のある長歌、「……玉ほこの　道行く人も　一人だに　似てし行かねば　すべをなみ　妹が名よびて　袖ぞ振りつる」（巻第二―二〇七）は、まさに亡き人への招魂・復活の願いをこめた「袖振」の呪術が存在したことをよく語っている。『肥前国風土記』の「褶振」や柿本人麻呂の歌にみる「袖振」には、まさにタマフリの呪術的要素が強く感じられる。

ひるがえって唐古・鍵遺跡出土のタカドノを中心とする豊穣儀礼を描く土器絵画において、タカドノを中にして男女が袖を振りあうタマフリの儀礼は、稲魂を招き寄せる呪術的行為にほかならないであろう。おそらく、このような絵画土器のほとんどが豊穣儀礼を表現していると考えてよかろう。そして、このような図柄をもつ土器の多くは貯蔵機能をもつ壺形土器であり、その中には来たる新しい年に播種される斎種が保管されていたのであろう。

3　アメノウズメ説話の古代学

ここで再び、唐古・鍵遺跡出土の土器に描かれた女性司祭者の姿態に注目したい。女陰も露わに両手を振り挙げてタマフリの祭儀を実修するその姿は、『古事記』が語る天岩戸隠れの神話におけるアメノウズメの所作を髣髴《ほうふつ》させる。すなわち、スサノヲの乱暴に怒って天岩戸にこもったアマテラスが、オモヒカネの深謀による数多くの儀礼ののちに再び姿を現わすという筋であるが、その後半部にアメノウズメが現われる。

天宇受売命、天の香山《かぐやま》の天の日影を手次《たすき》に繋《か》けて、天の真拆《まさき》を鬘《かづら》と為《し》て、天の香山の小竹葉《ささば》を手草《たぐさ》に結ひて、天の石屋戸《いはやと》に汗気《うけ》伏せて踏み登杼呂許志《とどろこし》、神懸《かむかが》り為《し》て、胸乳《むなち》を掛き出で裳緒《もひも》を番登《ほと》に忍《お》し垂れき。爾《ここ》に高天の原動《とよ》みて、八百万の神共に咲《わら》ひき。(『古事記』上巻)

「胸乳を掛き出で裳緒を番登に忍し垂」れたアメノウズメの所作を松村武雄は、「女陰が持つ邪霊祓禳力と、さうした滑稽態が醸し出す笑の呪力とによって、萎え凋んだ季節若くは太陽の勢能を復活させるための真面目な呪術宗教的な儀礼」(『日本神話の研究』第一巻、一九五四)と考察した。その前段にみる「汗気」とは中が空《から》の槽《おけ》のことで、それを踏みとどろかすのは、魂をゆり動かすタマフリの儀礼であるとともに、アメノウズメが神がかり状態となるための所作でもある。アメノウズメが司祭者(巫女)であったことは明らかである。この神話は、令制において鎮魂祭や大嘗祭に奉仕する女官猿女《さるめ》を貢進する猿女君が、アメノウズメを祖とする伝承をもつことと大いに関連するものであり、『古事記』の記述には、古く猿女の実修した所作が反映しているものと思われる。

このようなアメノウズメの所作は、『日本書紀』でも語られている。すなわち天孫降臨のとき、天八達之衢《あまのやちまた》に、「鼻の長さ七咫《ななあた》、背《そびら》の長さ七尺余り。(中略)且口尻明《またくちわきあか》り耀《て》れり。眼は八咫鏡《やたのかがみ》の如くして、艴然赤酸醤《てりかがやけることあかかがち》に《の》似れり」という姿のサルタヒコが現われて行く手を遮る。多くの神々はこのサルタヒコの邪視に堪えることができなかった。そこで「目人に勝ちたる者」であるアメノウズメが、「胸乳《むなち》を露《あらは》にかきいでて、裳帯《もひも》を臍《ほそ》の下《しも》に抑《おした》れて、咲噱《あざわら》ひて向きて立つ」所作をすることによってサルタヒコの邪視を弱らせ、その辟邪の眼によってサルタヒコの邪眼を打ち破ることとなる(神代第九段一書第一)。ここにも「女陰が持つ邪霊祓禳力と、さうした滑稽態が醸し出す笑の呪力」が力を発揮するのである。また、「目人に勝ちたる者」が司祭者の性格の一端を示している点にも注目しておきたい。唐古・鍵遺跡出土の女性司祭者の絵画に表現された女陰は、単に同じ土器に描かれた男性との性的儀礼の存在を窺わせるだけでなく、袖振の所作を加えたタマフリの呪的行為として、陰部を露出する所作が行なわれたことを示している。

女性司祭者が陰部もあらわにタマフリの所作をする姿を表現したとみられる考古資料がもう一点ある。大阪府豊中市野畑字釘貫の畑地から出土した巫女形埴輪がそれである。古墳時代中期後半から後期初頭の時期のものとみられるこの巫女形埴輪の形態を、報告者の文によってみておきたい。

　土偶は首、両手、両足先などを欠失して、現在の高さ四〇センチを測る。胸部における二つの乳房のふくらみ、股の付け根の木葉形陰刻などの見られるところから女性像であることがわかる。筒袖の着物のうえに、右肩から左の脇下にかけておすい（襲）と呼ばれたものに当るであろうとされる袈裟様のものを着け、その上に襷を掛け、前面にだらりと結び垂れた紐をしている。首には前面中央に曲玉一顆を配し、その他は丸玉ばかりを連ねた首飾りを装うている。これに似通った服飾の女子像は一般に司祭者たる巫女と認められている。（豊中市史編纂委員会編『豊中市史』史料編一、一九六〇）

木葉形に陰刻された女陰は、唐古・鍵遺跡出土の土器絵画にみる女性司祭者のそれと同様の表現法を採っている。現在、この埴輪を一目みてその女陰の存在を認めることができるが、それは意須比《おすひ》（襲衣）の下端部分が欠損しているためで、それを復原すると、女陰は見え隠れする程度である。

図59　女陰を表現した巫女埴輪

　陰部を表現した巫女形埴輪はこの豊中市野畑例が唯一といえるが、だからといってこの姿態が巫女の特別な姿であるとは考えられない。なぜなら、巫女形埴輪のほとんどが、椅子に座ったり、意須比から下の部分を単なる円筒にするといった姿に作られたため、股間部分まで表現することがなかったからである。したがって筆者は、女陰を露呈した姿態（意須比によって隠すことはあったと思われる）は祭儀に臨んで巫女がとる一般的な姿であったと考えている。

　この巫女形埴輪は両手先部分を欠損するが、両手を前に出した姿態をとっていることは確かであり、多くの事例がそうであるように、おそらく手には聖水を入れたとみられる壺や杯を捧げていたと推察される。そしてこの巫女形埴輪と向きあうように、男子首長をあらわす人物埴輪が立てられていたのであろう。女陰を明示した巫女形埴輪と、それと対をなす男子首長の埴輪が並び立てられたさまは、唐古・鍵遺跡出土の土器絵画にみるタカドノを挟んで相対して表現された女性司祭者と男子像の関係にきわめて共通するところがある。おそらくこの弥生土器絵画の男性は、巫女とともに祭儀を実修する首長の姿を表現したものであろう。

『魏志』倭人伝は、これまで検討してきた土器絵画よりやや新しい弥生時代後期のわが国の状況を知るうえで欠くことのできない文献史料である。それは卑弥呼の居館について、「宮室・楼観・城柵、厳かに設け、常に人あり、兵を持して守衛す」と描写する。筆者はこの「楼観」こそ、土器絵画にみる高床式建物であり、首長による祭儀の場＝タカドノに該当するものとみている。

また倭人伝は卑弥呼について、「鬼道に事《つか》え、能《よ》く衆を惑わす。年已《すで》に長大なるも、夫壻《ふせい》なく、男弟あり、佐《たす》けて国を治む」と記載する。「鬼道」とは、『魏志』を収める『三国志』では五斗《ごと》米道《べいどう》という宗教集団が信奉したものとされており、また「衆を惑わす」は人びとを制御するという意と思われる。[29]卑弥呼が宗教的首長であったことは明らかである。そして邪馬台国の統治にあたっては男弟がこれを佐けたという。おそらく宗教的首長である卑弥呼に対し、男弟は政治的首長だったのであろう。すなわち聖権と俗権を分離[30]して邪馬台国の統治はなされていたのである。唐古・鍵遺跡出土の土器絵画にみる巫女と男性首長の姿もまたこの関係を物語っている。卑弥呼と男弟はタカドノに昇り、マツリゴトを執行したのであろう。

四　タカドノ祭儀と古代王権

本章では、『日本書紀』のタカドノ関係の記載を中心として、古墳時代の首長が実修したタカドノでの王権祭儀の姿を復原的に考究するとともに、その遠源がすでに弥生時代の農業祭祀にあることを推察した。

あらためてタカドノにおける王権祭儀を整理すると次のようになる。

①春先に行なわれる国見
②秋における鹿鳴聴聞
③ウケヒ寝による神託の授受
④夢あわせ（夢占い）
⑤新嘗
⑥首長権（王権）継承

これらの祭儀のうち①②⑤⑥は予祝や豊穣のためのタマフリ的性格をもつものであり、祭儀に続いて群臣や共同体成員による饗宴が催され、首長に授けられた躍動する新しいマナ（生命力）が彼らに分与される。

また①と②は、同じタマフリ儀礼ではあっても、実修される季節や時間を異にするだけではなく、前者が春先の生命躍動する国土を「見る」儀礼であるのに対し、後者は鹿鳴を「聴く」儀礼であるという、対照的な呪的王権儀礼となっている点が注目される（表2）。

なお、長瀬高浜遺跡や松野遺跡、三ッ寺Ⅰ遺跡にみる「ハレの空間」の出入口の構造は、そこに建つ祭儀用建物とさらにはその空間を直接外部から「見る」ことを拒否する構造となっており、それは大社造建築の平面プランにつながるものである。ここにも「見る」ことに呪術的な意味を感じとった古墳時代の人びとの心を垣間見ることができる。

表2　国見と鹿鳴聴聞の比較

① 国見	② 鹿鳴聴聞
予祝儀礼	豊穣儀礼
春	秋
日中	夜間
見る呪的行為	聴く呪的行為

さらにこれらのタカドノ祭儀は、首長がその妃を伴として行なう儀礼であり、多くの場合に同衾が祭式として重要な行為であったことが『紀』のタカドノ関係記事の随所に窺えるとともに、①②⑤⑥の豊穣儀礼としての性格が、なおそのことを裏づけている。だからこそタカドノには牀が設けられたのであり、それは稲魂や託宣をもたらす神が降臨する場でもあったがゆえに「神牀」と呼ばれたのである。そこに同衾する妃は、たとえば「夢あわせ」の場合のように、まさに神託を下す巫女としての性格を明確にもっている。

このようなタカドノ祭儀は弥生時代中期の土器絵画にも描かれており、本来は農耕儀礼として民間にひろく実修されていたものが、古墳時代において地域首長権が拡大・伸張するとともに首長祭儀として昇華され、より政治的性格が付加されて、『記』『紀』などにみる大王《おおきみ》によるタカドノ祭儀が成立したのである。

補章　「見る呪術」と「聴く呪術」

さきに古墳時代の王権祭儀には「見る呪術」と「聴く呪術」のあることを指摘した。こうした呪的信仰は時代が遡るほど多様さを増すことになるが、弥生時代にも同様の呪術が存在したことを考古資料にみることができる。

弥生時代には、人間の顔面あるいは眼だけを銅鐸や土器の表面に表現する例がある。広島県福田銅鐸や伝岡山県足守銅鐸、伝島根県出土銅鐸は、いずれも横帯文銅鐸と呼ばれる高さ一七センチから二〇数センチの比較的小型の銅鐸である。その名称のとおり、鐸身に内側を細かな斜格子文や綾杉文で充塡した幅広の帯を横方向に数本走らせることによって、二つあるいは三つの大きな区画をつくり、その最上段の区画いっぱいに大きく両眼を杏仁形に表わしている。伝島根県出土銅鐸は眼だけでなく、眉や鼻も表わしており、顔全体を表現したとみることができよう。なおこれらの銅鐸は、吊り手の鈕《ちゅう》の形態が外縁付紐と呼ばれる範疇に分類され、比較的古式の形態をもつと考えられている。内部に棒状の舌《ぜつ》を吊りさげ、鐸をゆすることによって舌と鐸が触れあって音を発したと推察されており、機能のうえでは「聴く呪術」において使用された呪具である。

さらに弥生土器には、壺などの体部や高杯の外面に大きく人面を線刻した例がある。愛知県亀塚遺跡や岡山県一倉《いちくら》遺跡・鹿田《しかた》遺跡などから出土した遺物である。その顔面には、側頭部から眼を通って頬から顎近くに至る数本の細かい平行線が表現されており、入墨を表わしたものと推察される。眼の存在が特に非常に強調される顔面装飾である。同様の人面は、山口県綾羅木郷遺跡や岡山県津寺遺跡から出土した土偶や、香川県仙遊《せんゆう》遺跡の箱式石棺の蓋にも線刻されていた。

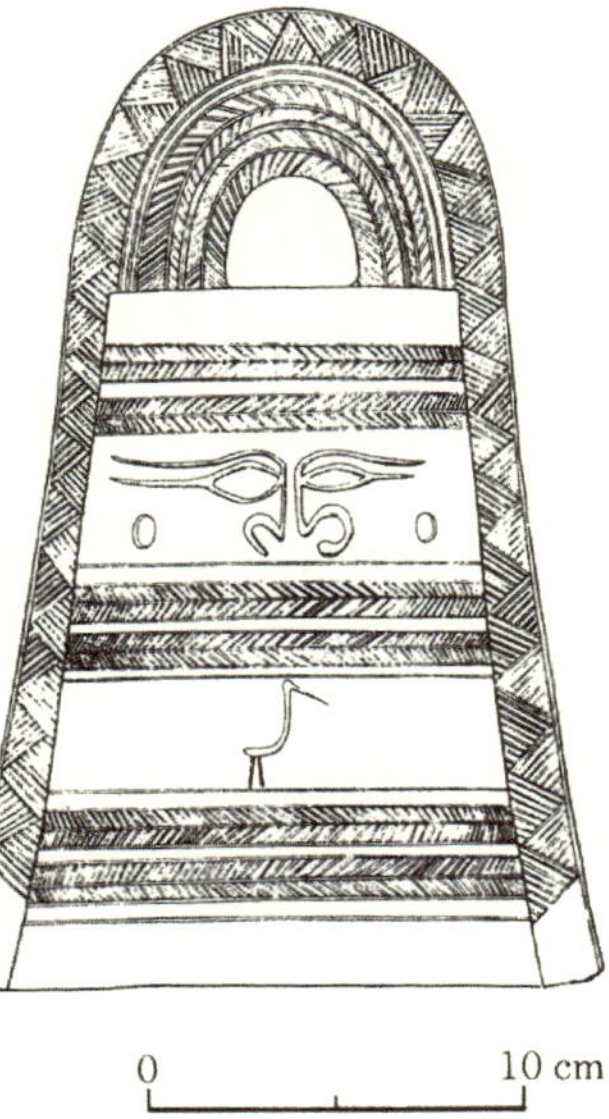

図 60　人面文の銅鐸

さらに岡山県を中心とした中国地方各地から秤《はかり》の分銅の形をした全長一〇センチ前後の板状品が出土し、分銅形土製品と呼ばれている。そのまま

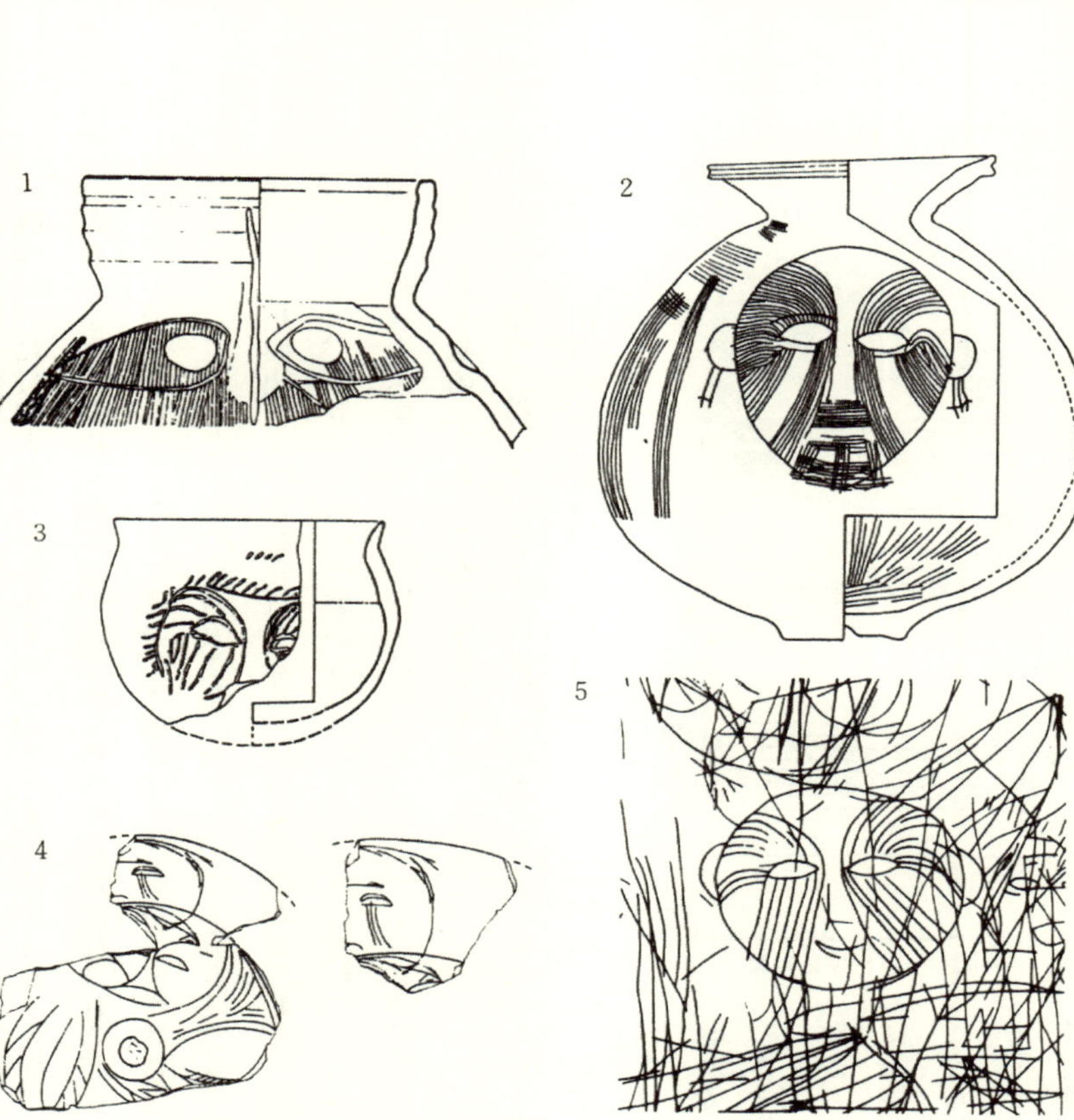

図61　弥生時代の人面画（1 亀井〔大阪〕，2 亀塚〔愛知〕，3 一倉〔岡山〕，4 鹿田〔岡山〕，5 仙遊〔香川〕）（縮尺不同）

表現したり、眼だけを表現したり、また櫛描きや刺突による文様を施したりしているが、なかでも人面を表現した例が多くみられ、さきの土器などに描かれたような入墨様の装飾はみられないものの、いずれもが微笑《ほほえ》みや笑いの表情をみせている。この分銅形土製品は首から吊り下げたり、飾留として身につけられた遺物である。

これらの人面や眼が、銅鐸や土器の表面や、首から吊り下げたり飾留となる分銅形土製品の表面に描かれるということは、その人面なり眼が、「見られる」ことを意識した図像であることを示しており、この点に注意すべきであろう。分銅形土製品の表情が非常に微笑ましいのも、それを「見る」相手を意識しての表現といえる。眼を表現した横帯文銅鐸もその点では「見る」銅鐸であるといえる。またこれら人面や眼を表現した考古資料の大半は、中国地方に出土例が集中しており、この地方を中心として、人面や眼に呪的効果を期待する祭儀や慣習・信仰が存在したと考えられる。

この人面や眼のもつ意味を理解するうえで、『記』『紀』神代巻が語るアメノウズメとサルタヒコの対決の説話は興味深い。『紀』によれば、天孫降臨に際し、天八達之衢《あめのやちまた》に「八咫鏡《やたのかがみ》の如くして、絶然《てりかがやけること》赤酸醤《あかかがち》に似」た眼をもつサルタヒコがいた。伴をする八百万《やおよろず》の神々は、いずれも眼力でサルタヒコに勝つことができなかった。そこで「目人に勝ちたる者」であるアメノウズメが派遣され、サルタヒコに対して「其の胸乳を露にかきいでて、裳帯《もひも》を臍《ほそ》の下《しも》に抑《おし》れて、咲嚔《あざわら》ひて向きて立」って対決し、その眼力に勝つことができたという。アメノウズメの眼とサルタヒコの眼の

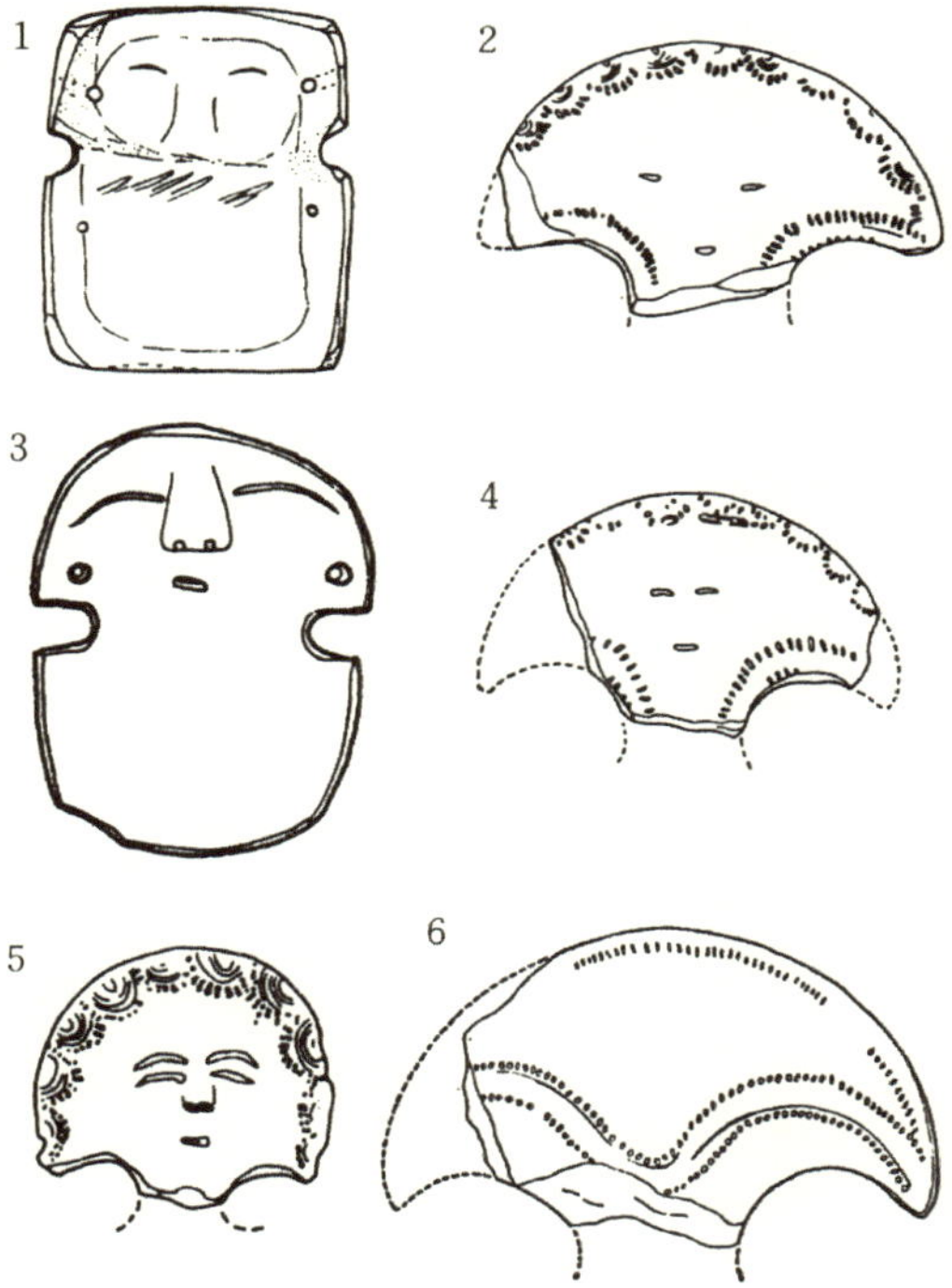

図62　分銅形土器に描かれた人面
1　上東〔岡山〕
2, 5, 6, 7　用木山〔岡山〕
3　上米積〔鳥取〕
4　さくら山〔岡山〕

対決であり、「絶然赤酸醬に似」たサルタヒコの眼は邪眼を意味している。アメノウズメは露わな姿態をとりつつ嘲笑うことによってその力を弱めるとともに、自ら眼力を発揮してサルタヒコに勝ったのである。「目人に勝ちたる者」という表現はアメノウズメの眼がもつ呪力の強さを表わしている。

両者の対決は『記』にもほぼ同じ筋書で語られるが、そこではアメノウズメは「面勝つ神」と表現されている。相手と面と向きあっても圧倒されない顔をもつ神という意味であろう。さきの弥生時代の諸遺物にみる人面と眼は、まさにこの『記』『紀』にみるアメノウズメの「面」や「眼」のように、邪眼の呪力に打ち勝つ呪力をもっているのである。

従来、このような考古資料の人面や眼には「邪視文」という名称が与えられているが、この名称では、その人面や眼が邪顔や邪眼をもっているということになる。これは間違った命名であり、実際は逆に「邪視を抑える人面」であり「眼」なのである。すなわち、「辟邪視文」なのである。したがって、分銅形土製品の人面も同じ意味をもっており、そこにみる微笑みや笑いの表現も、アメノウズメが「咲噱《あざわら》」ったのと同様、邪悪なるものの力を笑いによって弱らせる意味をもっているのである。その分銅形土製品を身につけることで、悪霊から身を護ることができると信じられていたのであろう。分銅形土製品は「護符」であったと考えられる。

大阪府の瓜生堂遺跡も多くの絵画土器を出土した弥生時代の遺跡である。同遺跡の場合もまた鹿を描いた土器絵画が多い。そのなかの一つに、首を大きく立て、頭をまっすぐ上に向けて鳴く姿態をとる鹿を線刻で表現した甕形土器がある。頭の左右には角が一本線で表わされ、雄鹿であることがわかる。この絵画土器は破片であり、他の部位にいかなる絵が表現されていたかは不明であるが、あるいはこの雄鹿と対をなす雌鹿が配されていたのかもしれない。こうした図柄は、弥生人が雄鹿の鳴く姿や鳴き声になんらかの霊意を感じとったがゆえに描かれたのであろう。筆者は、妻呼ぶ雄鹿の鳴き声が豊穣をもたらすという観念がすでに弥生時代には生まれていたと考える。

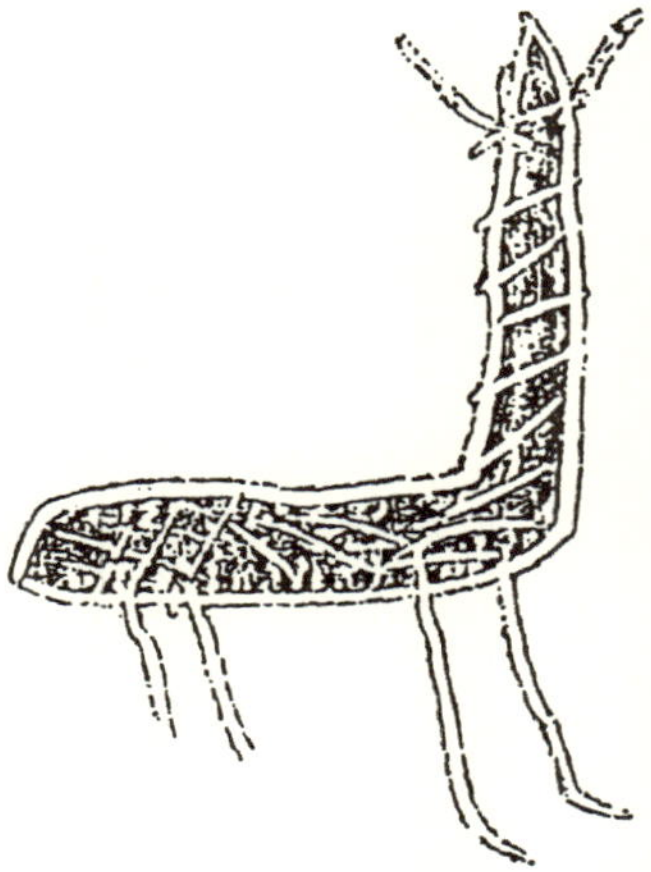

図63　鳴く鹿(瓜生堂遺跡出土土器絵画)

長瀬高浜遺跡の「ハレの空間」では、古墳時代前期後半から中期初頭にかけて三度の造替をくりかえしつつ、最後には非常に床《ゆか》の高い大型の祭儀用建物SB四〇が出現した。この建物に付属するとみられる特別な性格の竪穴式建物(首長の住居または祭儀を実修するうえでの付属屋)が廃絶した跡の竪穴内の埋土からは、一点の小型銅鐸が出土している。高さ八・八センチのこの銅鐸には、鈕の部分にS字形をした渦文の連続文がみられるが、鐸身は無文であり、上述の眼を表現した銅鐸のような「見る」ことを意識した銅鐸ではなく、おそらく舌《ぜつ》を内側に吊るして音を発した祭器(呪具)とみられる。しかも鈕の内縁は、その中央部が著しい磨滅を呈しており、かなり長期にわたって吊り下げられ、音を発する祭器として使用されていたことを物語っている。おそらくSB四〇を含む三代にわたる祭儀用建物の高床部に垂下され、祭器として利用されていたものと推察できる。

この銅鐸は、当然ながら弥生時代に製作されたものであり、長瀬高浜遺跡の集落を支配した首長が、はるか弥生時代にさかのぼる父祖以来、連綿とこの小型銅鐸を祭器として利用してきたことが考えられる。弥生時代の祭器である銅鐸は、そのほとんどすべてが古墳時代に入る前に地下へ埋納されたり破砕されたりし、古墳時代の祭器として使用されることはなかった。そのなかにあって、この長瀬高浜銅鐸は稀有な例である。弥生時代において銅鐸は共同体にとっての祭器という性格を強くもっていたのに対し、長瀬高浜銅鐸は、祭儀用の高床式建物、すなわちタカドノでの首長による王権祭儀に使用される祭器として機能しつづけたのである。

古墳時代の王権祭儀に琴が重要な役割をはたしたことは、仲哀天皇の琴の音につれて神功皇后が神がかりして託宣を下す『記』の説話や、椅子に座す首長とみられる人物が琴を弾じる姿態をとる人物埴輪などから明らかにしたところである。弥生時代においても、静岡県登呂遺跡出土の板作りの琴や、福岡県辻田遺跡出土の共鳴槽をとりつけたとみられる二点の琴などの出土例があり、古墳時代の例からみて、祭儀の場で使用された楽器であることは確かであろう。

なお『紀』雄略天皇十二年条には、天皇は闘鶏御田《つげのみた》にタカドノを造らせた折り、御田が伊勢采女を奸《おか》したものと疑い、これを殺そうとしたところ、近侍する秦酒公《はたのさけのきみ》が琴の伴奏による歌で真実を語り、御田は赦されたという説話がある。ここにもまた琴の伴奏によって神託を得る祭儀が暗示されているようである。また、この説話の冒頭に闘鶏御田によるタカドノ建造が語られることは、琴を用いた祭儀がタカドノで実修されていたことを推察させるものである。おそらく、后妃が巫女としての性格を発揮するとき、神がかりする楽器として琴が使われたのであろう。

注

(1) 三品彰英「『継体紀』の諸問題」(『日本書紀研究』第二冊所収)一九六六年。
(2) 小島憲之『上代日本文学と中国文学』上、一九六二年。
(3) 黒板勝美「我が上代に於ける道家思想及び道教に就て」(『史林』八巻一号掲載)一九二三年。
(4) 太田善麿『古代日本文学思潮論』Ⅲ、一九六二年。
(5) 小島憲之、注2前掲書。同氏は日本古典文学大系『日本書紀』上(一九六七年)における解説で、さらに詳細な区分論を展開している。
(6) 奈良国立文化財研究所『平城宮発掘調査報告』Ⅺ、一九八二年。
(7) 加藤優「一九七六年度発見の平城宮木簡」(『奈良国立文化財研究所年報　一九七七』掲載)一九七七年。
(8) 顔師古は「望、謂在遠者望而祭之」と注している。
(9) 土橋寛『古代歌謡と儀礼の研究』一九六五年。『古代歌謡の世界』一九六八年。
(10) 日本古典文学大系『日本書紀』下、推古天皇二十年正月条の注による。

(11) 岡田精司「古代伝承の鹿」(直木孝次郎先生古稀記念会編『古代史論集』上、所収)一九八八年。
(12) 岸俊男「古代の画期　雄略朝からの展望」(『日本の古代』六、所収)一九八六年。
(13) 田島桂男「一宮貫前神社」(『日本の神々』一一、関東、所収)一九八四年。
(14) 松村武雄『日本神話の研究』第四巻、一九五八年。
(15) 平林章仁「日本古代における肉食・狩猟・祭祀」(日野昭博士還暦記念会編『歴史と伝承』所収)一九八八年。
(16) 金子武雄『上代の呪的信仰』一九六八年。
(17) 西郷信綱『古代人と夢』一九七二年。
(18) 三品彰英『古代祭政と穀霊信仰』三品彰英論文集第五巻、一九七三年。
(19) 岸俊男「難波の都城・宮室」(『難波宮と日本古代国家』所収)一九七七年。この論文は同氏の『日本古代宮都の研究』(一九八八年)に再収されている。
(20) 梅原末治『佐味田及新山古墳研究』一九二一年。
(21) 大阪府教育委員会・大阪文化財センター『美園』(近畿自動車道天理~吹田線建設に伴う埋蔵文化財発掘調査概要報告書)一九八五年。
渡辺昌宏「大阪府美園遺跡一号墳出土の埴輪」(『考古学雑誌』第六七巻第四号掲載)一九八二年。
(22) 藤田三郎『昭和六〇年度　唐古・鍵遺跡第二二・二四・二五次発掘調査概報』田原本町埋蔵文化財調査概要四、田原本町教育委員会、一九八六年。
(23) 井上義光・木下亘『清水風遺跡発掘調査概報』(『奈良県遺跡調査概報』一九八六年度、奈良県立橿原考古学研究所編、所収)一九八七年。
(24) 春成秀爾「銅鐸のまつり」(『国立歴史民俗博物館研究報告』第一二集掲載)一九八七年。
(25) 末永雅雄・小林行雄・藤岡謙二郎『大和唐古弥生式遺跡の研究』京都帝国大学文学部考古学研究報告第一六冊、一九四三年。
(26) 橿原市千塚資料館『企画展　貫頭衣を着た人々のくらし』(展示図録)一九八三年。
(27) 金関恕「弥生時代の年中行事」(『シンポジウム弥生人の四季』所収)一九八七年。「邪馬台国の人々の暮らし」(『邪馬台国の謎に挑む』所収)一九八八年。

(28) 春成秀爾、注24前掲書。
(29) 杉本憲司・森博達「『魏志』倭人伝を通読する」(『日本の古代』一、所収) 一九八五年。
(30) 三品彰英『邪馬台国研究総覧』一九七〇年。

あとがき

静岡県の西端近く、浜名湖の北に位置する引佐《いなさ》郡引佐町井伊谷《いいのや》は、江戸時代の名族井伊氏の本貫地として知られている。筆者が古代学的に地域史復元を試みるフィールドの一つとしてこの地に入ったのは、一九七九年であった。以来一〇年、引佐町歴史と文化を守る会の会員諸氏や、町当局の全面的な支援を得て、古墳時代を中心とした遺跡調査を続け、古墳時代の遺跡分布が空白であった井伊谷において、西遠江最古の築造とみられる北岡大塚古墳をはじめ、馬場平古墳、谷津古墳など、大型首長墓の累代的な築造過程が明らかになってきた。そして四〜五世紀に、この地を本拠として浜名湖北部一帯をひろく支配した豪族の存在が実証され、「国造本紀」にみる遠淡海国造との関連をも考慮させるまでになった（『引佐町の古墳文化』I〜IV、引佐町教育委員会）。

井伊谷の地は、その名からも、『和名類聚鈔』にみる遠江国引佐郡渭伊《いい》郷に比定され、式内渭伊神社が現在も鬱葱《うっそう》たる社叢のなかに鎮座している。またここには、井伊氏の祖共保の出生伝承を語る石組井戸が現在も町指定史跡として顕彰され、さらに井大明神社や鰻井戸など、井泉を祭祀の対象とする神社や伝承が随処に伝えられており、「渭伊」の地名が本来「井」に由来することを窺わせるに十分である。渭伊神社境内にミヅハノメノミコトを祭神とする水神社が祀られるのも、渭伊神社が井泉を祀る古代「井」郷の産土神としての性格を今に伝えるものであろう。

渭伊神社本殿の背後には、高さ七メートルにもおよぶ二つの巨岩が露頭となって並び立つ磐座があり、その周辺が古墳時代中期から平安時代後期に至るまでの長期間、連綿と続いた祭祀の場であったことが、最近の調査で明らかになった。おそらく、さきに紹介した井伊谷の丘陵上に築かれた大型首長墓を奥津城とした首長とその後裔が、この聖地における祭祀の執行者であったと考えてよかろう。換言すれば、古代井伊谷に蟠踞《ばんきょ》した首長にとって、井水祭祀は王権にかかわる重要な祭儀だったのである。

この古代「井」郷での研究成果を踏まえて、かねてから古代氏族とその王権祭儀に関心をもっていた筆者は、古墳時代の豪族居館発掘の嚆矢《こうし》となった三ッ寺I遺跡に注目した。そこからは、「正殿」とみられる大規模な建築遺構を囲むように八本柱の覆屋をもつ井戸と、導水施設を伴う二基の石敷祭祀場が検出されている。これらの遺構に接したとき、居館を経営した豪族にとって、井水の祭祀が王権にかかわる重要な祭儀であったことを確信するとともに、居館遺跡研究の必要性を強く認識した。

それ以降、筆者は各地で次々と発掘されるようになった居館遺跡の研究を基礎として、家形埴輪をはじめとする従来の考古資料にも再検討を加えつつ、古代氏族とその王権祭儀の研究を中心テーマに古墳時代の復元をすすめてきた。本書は、そうした日頃の成果をまとめて書き下したものである。

本書の内容に関連して、筆者がすでに発表した論考は以下のとおりである。論文名・掲載文献・発行所・発表年・本書における関連部分を整理しておく。

「豪族の居館と集落」『日本の古代』五（前方後円墳の世紀）、中央公論社、一九八六年、第一章一・四。
「家形埴輪考」横田健一先生古稀記念会編『日本書紀研究』第一五冊、塙書房、一九八七年、第二章一。
「古代地域王権と水の祭儀」日野昭博士還暦記念会編『歴史と伝承』永田文昌堂、一九八八年、第一章三。
「タカドノ考」『古代文化』第四一巻第九号、古代学協会、一九八九年、第四章一・二・三・四。

終わりに臨み、本書の刊行に一方ならぬ御尽力を下さった野本寛一先生、また幾度かの研究発表を許され懇切なご助言をいただいた横田健一先生・岡田精司先生・森浩一先生をはじめ、日本書紀研究会や古代学研究会の諸学兄に深甚の謝意を表したい。さらに、考察をすすめるうえでの基礎資料となった多くの遺跡や遺物については、各地域で発掘調査等に従事されている考古学研究者に負うところが多い。本書はこれらの方々の努力の成果に支えられたものであることを銘記しておきたい。また、編集の労をおとり下さった白水社編集部の関川幹郎氏に深く御礼申しあげて筆をおく。

一九八九年十一月

寧楽、田村第跡の茅屋にて

辰巳和弘

高殿の古代学　豪族の居館と王権祭儀　〈オンデマンド版〉

2014年7月1日　発行

著　者　辰巳和弘

発行者　及川直志

発行所　株式会社　白水社
〒101-0052 東京都千代田区神田小川町 3-24
営業部 03-3291-7811　編集部 03-3291-7821

印刷・製本　デジタル・オンデマンド出版センター

ISBN 978-4-560-08379-6　Printed in Japan

著者略歴
一九四六年生
一九七一年同志社大学大学院文学研究科修士課程修了
考古学専攻
同志社大学校地学術調査委員会調査主任
主要著書
『日本の古代遺跡1・静岡』（保育社）
『埴輪と絵画の古代学』（白水社）
『地域王権の古代学』（白水社）

高殿の古代学——豪族の居館と王権祭儀

一九九〇年二月一〇日第一刷発行
一九九六年四月二五日第三刷発行

著者 © 辰《たつ》巳《み》和《かず》弘《ひろ》

発行者 藤原一晃
印刷者 田中宏明
発行所 株式会社 白水社
東京都千代田区神田小川町三の二四
電話 営業部〇三（三二九一）七八一一
編集部〇三（三二九一）七八二一
振替 〇〇一九〇—五—三三二二八
郵便番号一〇一

理想社・松岳社製本

ISBN 4-560-02227-5
Printed in Japan

索　引

ア　行

カ　行

サ　行

タ　行

ナ　行

ハ　行

マ　行

ヤ　行

ラ　行

ワ　行

挿図出典一覧

図2　下城正・女屋和志雄ほか『三ッ寺Ⅰ遺跡』群馬県教育委員会・群馬県埋蔵文化財調査事業団（1988年）より作図.

図3　図2文献より作図.

図4　千種浩ほか『松野遺跡発掘調査概報』神戸市教育委員会（1983年）より作図.

図5　図4文献.

図6　鹿田雄三・相京建史・中沢悟ほか「荒砥荒子遺跡の方形区画遺構」(『研究紀要』1掲載，群馬県埋蔵文化財調査事業団，1984年）より作図.

図7　渋谷忠章・小柳和宏ほか『小迫辻原遺跡・小迫墳墓群（九州横断自動車道建設に伴う発掘調査概報・日田地区Ⅴ）』大分県教育委員会（1988年）より作図.

図9　中澤貞治『原之城遺跡発掘調査報告書』伊勢崎市教育委員会（1987年）より作図.

図10　西田健彦ほか『丸山・北原』群馬県教育委員会（1987年).

図11　図2文献より作図.

図12　若狭徹・飯島克己『二子山古墳』群馬町教育委員会（1985年).

図13　後藤守一「上野国愛宕塚」(『考古学雑誌』第39巻第1号掲載，1953年).

図14　図13文献.

図15　福島武雄ほか「八幡塚古墳」(『群馬県史跡名勝天然記念物調査報告』第2輯所収，群馬県，1932年）より作図.

図16　森貞次郎『岩戸山古墳』(1970年）に加筆.

図17　清水真一『奈良県桜井市上之宮遺跡第三次発掘調査概報』桜井市教育委員会(1988年）より作図.

図18　近藤義郎編『岡山県の考古学』(1987年）に加筆.

図19　新東晃一・田仲満雄「下市瀬遺跡」(『中国縦貫自動車道建設に伴う発掘調査』1所収，岡山県教育委員会，1974年）より作図.

図20　図19文献.

図21　図2文献より作図.

図24　渡辺昌宏「大阪府美園遺跡1号墳出土の埴輪」(『考古学雑誌』第67巻第4号掲載，1982年).

図25　羽合町教育委員会・羽合町歴史民俗資料館『重要文化財　長瀬高浜のはにわ』(1986年）より作図.

図26　図24文献.

図27　末永雅雄・島田暁・森浩一『和泉黄金塚古墳』(1954年).

図28　西谷真治・鎌木義昌『金蔵山古墳』倉敷考古館（1959年).

図29　福岡県教育委員会『特別史跡王塚古墳の保存』(1975年).

図30　原口長之・高木正文「長岩横穴墓群」(『熊本県装飾古墳総合調査報告書』所収，熊本県教育委員会，1984年）に加筆.

図31　河合町教育委員会ほか『馬見丘陵の古墳』(1988年).

図32　後藤守一・相川龍雄「多野郡平井村白石稲荷山古墳」(『群馬県史跡名勝天然記念物調査報告』第3輯所収，群馬県，1936年）より作図.

図33　西谷真治・置田雅昭『ニゴレ古墳』京都府弥栄町文化財調査報告第5集，弥栄町教育委員会（1988年).

図34　小笠原好彦「家形埴輪の配置と古墳時代豪族の居館」(『考古学研究』124掲載，1985年).

図35　図33文献.

図36　杉崎茂樹・田中正夫・若松良一ほか『瓦塚古墳』埼玉古墳群発掘調査報告書第4集，埼玉県教育委員会（1986年）より作図.

図38　伊達宗泰「勢野茶臼山古墳」(『奈良県史跡名勝天然記念物調査報告』第23冊所収，奈良県教育委員会，1969年）より作図.

図39　鳥取県教育文化財団『長瀬高浜遺跡発掘調査報告書』V（1983年）より作図.

図40　池田保信『櫟本高塚遺跡発掘調査報告』櫟本高塚遺跡発掘調査団（1989年）より作図.

図41　斎藤忠ほか『伊場遺跡遺構編』浜松市教育委員会（1977年）に加筆.

図42　群馬県埋蔵文化財調査事業団『年報』3（1984年).

図43　図39文献.

図44　橋本博文「古墳時代首長層居宅の構造とその性格」(『古代探叢』Ⅱ所収，1985年).

図47　岩見誠夫・船木義勝・山崎文幸ほか『払田柵跡』I，秋田県教育委員会払田柵跡調査事務所（1985年）に加筆.

図48　揚鴻勛「西周岐邑建築遺址初歩考察」(『建築考古学論文集』所収，1987年).

図49　大林組広報室「出雲」(『季刊大林』No. 27，1988年).

図50　堀口捨巳「昔の出雲大社について」(『今和次郎先生古稀記念文集・民家』所収，1959年).

図53　(1)藤田三郎『唐古・鍵遺跡第22・24・25次発掘調査概報』田原本町教育委員会（1986年).（2)(3)井上義光・木下亘「清水風遺跡発掘調査概報」(『奈良県遺跡調査概報』1986年所収，1987年).（4)奥井哲秀「東奈良遺跡出土の絵画土器」(『考古学雑誌』第66巻第1号掲載，1980年).（5)中溝康則「兵庫県揖保郡太子町川島川床遺跡出土の弥生中期絵画土器」(『考古学雑誌』第66巻第1号掲載，前出).

図54　図53(1)文献より作成.

図55　図53(2)(3)文献.

図56　末永雅雄・小林行雄・藤岡謙二郎『大和唐古弥生式遺跡の研究』(京都帝国大学文学部考古学研究報告第16冊，1943年）に加筆.

図57　橿原市千塚資料館『企画展　貫頭衣を着た人々のくらし』(展示図録，1983年).

図58　図53(2)(3)文献，図53(1)文献，図56文献より作図.

図59　豊中市史編纂委員会編『豊中市史』史料編1，1960年).

図60　梅原末治「新出土の銅鐸の鎔范片其他」(『古代学研究』25号，1960年).

図61　大阪文化財センター『亀井遺跡』(1982年). 天野暢保「愛知県亀塚遺跡出土の人面文土器」(『考古学雑誌』第67巻第1号掲載，1981年). 高田明人「一倉遺跡」(『総社市史』考古資料編，総社市，1987年). 栄一郎・山本悦世ほか『鹿田遺跡』I(岡山大学構内遺跡発掘調査報告第3冊，岡山大学埋蔵文化財調査研究センター，1988年). 笹川龍一『仙遊遺跡発掘調査報告書』善通寺市文化財保護協会(1986年).

図62　(1)柳瀬昭彦・江見正己「上東遺跡」(『岡山県埋蔵文化財発掘調査報告』16所収，1977年). (2)(3)(5)(6)(7)神原英朗ほか『用木山遺跡』(岡山県営山陽新住宅市街地事業用地内埋蔵文化財発掘調査概報4，山陽町教育委員会，1977年). (3)清水真一「福市・青木遺跡」(『えとのす』18掲載，1982年).

図63　大阪市立博物館『動物の考古学』展示図録(1987年).

〔以上の他の図はすべて筆者による.〕

写真提供者一覧

写真 1〜3, 15	(財)群馬県埋蔵文化財調査事業団
写真 5	奈良県磯城郡田原本町教育委員会
写真 10	奈良県桜井市教育委員会
写真 16	奈良県北葛城郡河合町教育委員会
写真 17〜19, 21, 22	宮内庁書陵部
写真 23	芝山はにわ博物館
写真 25, 28	(財)大阪文化財センター
写真 29	堺市博物館
写真 30, 31	群馬県歴史博物館
写真 32	相川考古館
写真 34〜36	埼玉県立さきたま資料館
写真 44	出雲大社千家国造家
写真 43, 47	野本寛一

〔以上の他の写真はすべて筆者による.〕